法学教育研究

Legal Education Research

2021 第三十四卷 杨宗科 主编

法律出版社
LAW PRESS·CHINA
北京

本书各篇文章中的观点均属作者个人观点，不代表主办单位或其他机构、个人的观点。

法学教育研究　（第34卷）

理论探讨

教学研究

Contents

· Exploration of Theories ·

· Teaching Research ·

· Education and Law ·

理论探讨

面向“制度上游”的法学教育

刘　诚*

摘　要：法律是一种由特定时代的社会及其生产方式决定的政治话语形态。进入积极国家时代，权利被赋予了新的内涵，立法、行政和司法与承担了大量的“制度上游”的政策形成职能。与之相适应，法学教育的理念、内容和培养目标也应当相应调整。面向“制度上游”的法学教育，应当回应位于立法、规则设计、政府规制、公共政策制定、决策等政策形成活动的需求，培养具备实质法治思维，拥有社会科学眼光、技术和方法的立法—决策型人才。

关键词：法学教育　制度上游　实质法治　社科法学　立法—决策型人才

一、问题的提出

按照法律职业主义的叙事，法学教育是针对法律职业者的教育，应当主要面向法律实务，传授解决具体纠纷的法律职业技能，培养法律职业市场所需

* 刘诚，中山大学法学院副教授，博士生导师。研究方向：行政法学、立法学。

求的专业法律从业者。由此,法学教育的目标是:通过传授实体法、程序法的知识以及解释、适用这些法律的能力,培养未来法律职业所需的律师、法官和检察官。① 在实践中,各国法学教育都在不同程度上落实上述以司法为中心的人才培养目标,法学教育的侧重点主要放在理解法学教义和解释法律规范。以德国为例,在法学院9个学期的学习中,学生分阶段学习基础部门法课程(基础阶段)、重点研究方向(强化学习阶段)和复习以民法、公法、刑法为主要内容的司法考试(司法考试准备阶段)。② 在美国,20世纪初成立的美国法学院协会(Association of American Law Schools,AALS)是负责评估和协调美国法学教育的权威机构,其宗旨是"通过法律教育促进法律职业的发展";20世纪20年代开始,更具职业导向的美国律师协会(American Bar Association,ABA)开始介入对法学教育的评估,进一步强化美国法学教育的职业化倾向;③20世纪70年代以来,随着法院逐渐成为美国政治舞台的中心,在"大法官说了算"的氛围里,法学教育更是成为以法院为中心的职业教育。在中国,法学教育也致力于培养司法化的纠纷解决能力,关于请求权基础、法律文本阅读、法律推理、法律解释的法教义学是法学教育的基本内容,④"总体上,我们

---

① 参见《教育部 中央政法委员会关于实施卓越法律人才教育培养计划的若干意见》,载中华人民共和国教育部官网,http://www.moe.gov.cn/srcsite/A08/moe_739/s6550/201112/t20111223_168354.html,最后访问日期:2021年4月6日;徐显明:《中国法学教育的发展趋势与改革任务》,载《法制资讯》2010年第1期;李化德:《英国的法学教育》,载《现代法学》1996年第6期;何美欢:《理想的专业法学教育》,载《清华法学》2006年第3期;郑永流:《知行合一,经世致用——德国法学教育再述》,载《比较法学研究》2007年第1期;程洁:《耶鲁法学教育的近距离观察与体验》,载《法学》2006年第6期;葛云松:《法学教育的理想》,载《中外法学》2014年第2期。

② 参见葛云松:《法学教育的理想》,载《中外法学》2014年第2期。

③ 参见龙卫球:《美国实用法律教育的基础》,载《北大法律评论》2001年第1辑。

④ 参见苏力:《法律人思维?》,载《北大法律评论》2013年第2期。孙笑侠教授认为,法学有3个"向度":法规范学、社会法学、哲理法学,而法规范学(法教义学)是其中的主流和基础,至少应当是法学教育的主流,因为法学教育应当是职业型教育,只有法规范学才能让学生具备从事法律职业的基本功。参见孙笑侠:《法学的本相——简论法科教育转型》,载《中外法学》2008年第3期。葛云松教授甚至指出非诉律师中的大量业务,其实没有什么"法律含量",属于高薪的"低级"工作,此类业务不需要什么"高级"技能,所需知识也无须在法学院学习。参见葛云松:《法学教育的理想》,载《中外法学》2014年第2期。

法学院现在的课程设置仍然是以诉讼和法庭为中心的”⑤。

然而,法律职业并不限于解决纠纷。法律职业是多元的,“我们培养的学生今后的就业方向多种多样:有的将成为法官;有的将参与立法案的提议与起草;有的将成为政府律师;有的将创设私营企业或者社会组织;有的将从事国际贸易并且维护世界的和平;有的将成为国家公务员,任职于行政机关乃至领导行政部门;有的则将成为‘公益’律师”。⑥ 具体来说,除了法官、律师和检察官等司法职业,法律职业还包括分配权利和资源的立法、政府规制和公共政策制定活动;企业的法务活动也主要集中于如何在事前防范纠纷,如何以非诉方式解决纠纷,如何防范商业风险以及如何设计市场机制使利益最大化;⑦大量非诉讼业务和政府法务也进入律师行业;法院也出现了大量的政策型诉讼,不仅需要法官根据法律来确定权利和义务,还需要法官来介入权利和资源分配,即使在非政策性的常规诉讼中,法官适用规则解决纠纷也或多或少地须考虑判决社会效果、可行性。

根据古德诺的区分,国家权力包括“政治”与“行政”两项职能,“政治是政策形成或国家意志的表达,行政则是对这些政策的执行”。⑧ 据此,贯穿于由政治和法律所建构的国家权力运作过程中的法律职业也可以分为两类:一类是位于“制度下游”的司法和执法活动,它们是执行国家意志的行为;另一类是位于“制度上游”的立法、规则设计、政府规制、

---

⑤ 赵晓力:《2010 年清华法学院开学典礼致辞》,载豆瓣官网,http://www.douban.com/group/topic/14144346/,最后访问日期:2021 年 4 月 6 日。

⑥ [美]欧文·M. 费斯:《耶鲁所理解的法律》,许书咏译,载谢进杰主编:《中山大学法律评论》第 8 卷第 1 辑,法律出版社 2010 年版。

⑦ “法律人的判断是一种关于事实对法律规则相对重要性的感觉,而且也是关于它们对于商业的重要性的感觉(越多越好),因为法律和商业是紧密联系在一起的,在给人提供意见时律师经常须考虑其商业后果,而不仅仅是法律后果。”参见[美]小奥利弗·温德尔·霍姆斯:《霍姆斯读本——论文与公共演讲选集》,刘思达译,上海三联书店 2009 年版,第 3 页。

⑧ 在书中,古德诺将执行国家意志的功能称为行政,包括司法行政和政府行政。[美]弗兰克·古德诺:《政治与行政——政府之研究》,丰俊功译,北京大学出版社 2012 年版,第 7~16 页。

公共政策制定、决策等“政策形成”活动,它们是表达国家意志的行为。⑨与事后解决纠纷的司法和执法不同,位于制度上游的“政策形成”所面对的问题并不是社会中的具体纷争,而是关乎多数人利害的、现在和将来的政策性的、公共性的问题。位于制度上游的“政策形成”的任务在于:“设计出法律制度或者规则,由此控制当今社会面临的公共问题、社会问题,或者提供解决这些问题的各种方法、策略,或者就这些方法、策略向法律意思决定者提供建议。”⑩当然,位于制度上游的“政策形成”与位于制度下游的“司法、执法”的区分并不是绝对的,即便是在位于“制度下游”的司法和执法领域,优秀的法官和行政官员也不会完全固守“以国会为师”或者“司法与行政从属于立法”的准则,在特定情况下,他们也会超越“法律人的思维方式”来创制新的规则,从而在事实上成为创造国家意志的立法者。⑪

可见,与解决纠纷的司法、执法一样,位于“制度上游”的政策形成也是一项重要的法律职业活动。基于这一认识,本文认为法学教育应当超越以纠纷解决为导向的职业教育,积极回应“制度上游”环节政策形成的需求。下文将分三个部分展开:第一部分阐述随着福利国家和风险社会的来临,国家治理任务日益繁重和复杂,传统以司法为中心的法律职业教育无法回应国家治理的需求,法学教育要立足于规则制定和公共政策形成的过程,培养拥有参与多元化治理所需的能力的立法—决策型人才;在第二部分,论文讨论了立法—决策型人才培养的主导理念、方法和培养目标;第三部分为结语。

---

⑨ “制度下游”和“制度上游”这对概念来自行政法学。以司法审查为中心构架起来的传统行政法学,主要关注如何由法院来解决私人和政府之间的纠纷,其关注的节点是坐落于整个行政过程中的“下游”,即通过司法审查的这一事后救济来规制政府的行政行为,传统行政法是一种以法院为中心的法学理论。而现代行政法则将研究领域转向位于上游的行政过程和立法过程,注重对行政过程和立法过程的实体性因素予以描述、分析和判断,关注公共政策的形成和实施过程,因为行政官员和立法者才是行政过程的主角。

⑩ 解亘:《法政策学——有关制度设计的学问》,载《环球法律评论》2005年第2期。

⑪ 在司法领域体现为在疑难案件中的法官造法,在行政执法领域体现为包括行政立法在内的行政裁量权行使。

二、取决于时代任务的法学教育

（一）消极国家及其法学教育

在十七八世纪的消极国家时代，国家和法律的设计基本遵循“个人—国家”二元对立的模式，强调通过限制公权力的行使来保障私人权利。为了实现古典自由主义的理想，国家功能以保护其国民的权利不受他人侵犯为限，国家权力被限制在一个很小的范围之内，仅负责治安、税收和军事等有限领域。⑫ 由于国家治理领域有限，国会立法有所作为的空间也很小，主要是同人身、财产和自由等第一代权利相关的民事、刑事以及诉讼立法，⑬甚至可以说，个人与个人之间的边界、个人、社会与国家之间的边界以及对个人权利的保护和对政府权力的限制大都是由民法和刑法来完成的。同时，从功能上看，消极国家时代的立法主要集中在对权利义务的设定，而非分配资源和制定专业技术标准。⑭

行政分支也不例外。在国家和社会治理中，行政机关主要扮演的是执行者的角色，为了避免公民权利受到行政权力的非法侵犯，行政机关应当遵循依法行政原则，对立法机关的萧规曹随和亦步亦趋；禁止授予

---

⑫ “在我们的社会中，绝不允许任何领导、派别、政党或者团体，任何多数人，任何政府享有无限权力。”参见［英］奥克肖特：《政治学中的理性主义》，张汝伦译，上海译文出版社2007年版，第41页。

⑬ 近代以来权利（Rights）的发展经历了3个阶段。十七八世纪在启蒙思潮的推动下，权利主要集中在个人财产人身和自由等方面；19世纪末期到20世纪，在社会主义思潮的推动下，权利从个人权利拓展到有关分配正义的经济社会权利；20世纪60年代以来，在福柯等极端左翼的推动下，同性恋的自由、病人的自由、自杀的自由、女性的自由、少数族群的自由等多元文化自由被纳入法定权利的范畴。

⑭ 法律规范可以分为权利义务设定规范、资源分配规范和专业技术规范。权利义务设定规范的功能是划定权利范围，至于权利范围内的实质问题，比如幼儿园在何地设立、公立医院的规模、城市建筑的外立面标准、建筑节能标准等实质问题，立法者不会考虑。这类规范属于自治型法范畴。资源分配规范的功能则是立法者根据财政能力来分配各种社会公共资源的立法，如设立图书馆、修地铁、建设桥梁、铺设下水道等，立法者主要关心是否分配以及如何分配这些社会性利益。专业技术性规范的功能则是立法者设定专业的标准来实现的规制目标。

行政机关立法权,行政裁量权极为有限,行政活动的方式主要体现为行政征收、行政处罚、行政强制等强制—命令型的具体行政行为;为了确保行政机关在法定权限之内行使权力,法院要依据法律对行政行为展开司法审查。⑮

国家需要机构来裁决纠纷,这个机构就是法院。确保法院在纠纷解决过程中保持中立的原理和技术包括:法院应严格遵守司法从属于立法的议会主权原则,不能考虑政策问题;受过专业训练的法官查明先前存在的法律,根据法律自身的原理,遵循逻辑与体系的要求,以原则、规则、概念等要素来解释和适用法律。

法律是一种由特定时代的社会及其生产方式决定的政治话语形态。法学教育也深深根植于其所属政治、经济、社会的时代背景之中。在古典自由主义的语境中,法学教育的特点如下所示。

其一,形式主义法治思维是法学教育的主导理念。在法理学、宪法学、民法学、刑法学、诉讼法学和行政法学等不同学科里,形式主义法治思维体现为法律形式主义、法律实证主义、概念法学、越权原则、禁止授权原则、法律保留原则、权利保障原则、人民主权原则、分权原则、自由主义伤害原则、行政法是控制权力的法、正当程序、司法审查、立法至上等一系列具有内在一致性的原理。

其二,对不在个人权利范围之内的国家治理问题,形式主义法治既不上心,也无能为力,因而,法学教育的关注点不在于社会性利益分配、社会公正、产业政策、社会稳定、经济效率、政府规制等实质问题,而是确保个人权利(主要是第一代权利)不受国家权力侵犯的形式法治问题。因此,法学院的教诲主要是:法律人应当站在法院立场,手持“法律”的望远镜遥遥审视着既有纠纷。

其三,法学教育围绕着诉讼展开,以法律适用为重点,对立法和行政过程中实质问题的关注也是附带的,主要目的是控权。法学教育的主要内容是培养学生掌握一整套的法教义学的知识和能力,而非处理各种实

---

⑮ See Richard B. Stewart, *The Reformation of American Administrative Law*, Harvard Law Review, 88, 1975, p. 1675.

质问题的知识。法教义学的知识和能力包括:现行主要的实体法、程序法的知识体系和法律解释和适用的能力,从而能够运用这套知识体系来解决纠纷。

(二)积极国家与法学教育的转向

进入19世纪,随着福利国家和风险社会的来临,西方世界普遍认为国家必须从事一切有利于被管理者福祉的事务,国家会犯错误,但不进行干预同样也是一种错误。国家有义务提供福利,解决社会危机、处理突发事件,提供高度专业性和技术性的规制、预防和应对各种社会风险的制度,这些新的任务要求国家不断增加附加职能。“尽管国家在过去只是警察、法官和保护人,但现在已经成为教师、医生、建筑师、筑路工、城镇规划者、公共事业供应商及其他。”⑯托克维尔预言的那个详尽的、细微的、全面的和划一的父权国家成为现实。⑰

法律是一种复杂的政治话语,国家角色和职能的改变也引发了法律领域的变革。

其一,在积极国家时代,西方国家不再沉浸在个人自由至上的氛围中,修正了自由的内涵。19世纪中后期以来,自由的内涵发生了根本变化,第二代人权被纳入了自由的范围。由此,自由不仅仅意味着个人的人身、财产权利,还包括社会保障、劳动保障、公共服务、教育、医疗等各种经济社会性利益。欧洲的社会福利政策、中国和苏联的社会主义以及美国的罗斯福新政是这种自由观在不同性质国家的不同体现。

其二,在积极国家中,国家治理任务日益繁多、专业、复杂,市民社会已经无力通过自治型法来自我调节。这要求立法机关通过大规模的社会立法,来对社会保障、知识产权、国际贸易、证券银行监管、环境保护、城市规划与建设、城市管理、食品安全、安全生产等新兴领域进行监管。

---

⑯ [英]卡罗尔·哈洛、理查德·罗林斯:《法律与行政》(上册),杨伟东等译,商务印书馆2004年版,第29页。

⑰ “……耸立着一个只负责保证他们的享乐和照顾他们一生的权力极大的监护性当局。这个当局的权威是绝对的,无微不至的,极其认真的,很有预见的,而且是十分和善的。如果说它是一种父权,以教导人如何长成大人为目的,那它最像父权不过了。”参见[法]托克维尔:《论美国的民主》(下),董果良译,商务印书馆1997年版,第869~870页。

同时,为回应人们的社会性权利需求,立法机关还要通过立法来分配各种社会资源和利益,权利的社会成本、利益衡量和选择等议题进入立法领域。总之,立法机关不能仅仅满足于从形式上划定权利和权力的边界,而应当主动、理性地回应社会需求,与其他社会控制手段一道重整社会秩序。这就是区别于自治型法和压制型法的回应型法。[18]

其三,为了给社会提供更多更好的公共服务,同立法机关一样,行政机关也要提供福利、住房、规划、教育、医疗、图书馆等公共产品。行政职能的扩大直接改变了行政法的定义,行政法不再是戴雪所说的"控制权力的法",而是韦德所说的"有关行政的法"。否则,光有篱笆(控权法),没有草(公共产品),没办法放牧牛羊;而有草没有篱笆,虽然缺乏安全感,但牛羊仍然有希望成长。[19] 为了提供更好的草以及更便利地提供草,原来捆绑行政机关的法律保留原则、禁止授权原则一一被解缚。行政机关获得了前所未有的裁量空间,它们不再像从前那样仅仅通过个案中的行政执法来展开事后监管,而是进入原本属于立法机关的制度上游领域,制定灵活的授权法规、规章、规范性文件和政策来进行事前监管。

其四,面对时代和社会的需求,即使是以保守而著称的法院也不甘落后。一方面,面对各种新型案件,法官往往也会超越法教义学的桎梏,在个案中制定规则或者选择规则来积极主动地解决新形势下的问题。在常规案件中,法官也并非完全的法条主义者,他们还要关心判决的社会效果、分配权利和资源。比如他们要理解禁止小学放学设置收费补习班的良好意图不仅不会减轻家长的负担,而且可能会增加那些没人带孩子的双职工家庭的负担;他们也得考虑大规模地关闭排污企业固然有利于环境保护,但是很有可能剥夺了很多人的就业机会。另一方面,在司法审查中,法院也更务实,也会适当考虑行政机关的立场,借助审查强度、法律问题和事实问题的区分等技术,灵活处理行政机关制定的规则和专业

---

[18] 参见[美]P. 诺内特、P. 塞尔兹尼克:《转变中的法律与社会——迈向回应型法》,张志铭译,中国政法大学出版社2004年版,第81~85页。

[19] 参见毛玮:《论行政合法性》,法律出版社2009年版,第71~73页。

性规制。[20] 在理论上，19 世纪中后期以来的社会法学派、现实主义法学、利益法学和法律实用主义都是服务于这种司法观的法理学。

因而，在积极国家时代，法律不再是设定权利和义务、划定权力界限的纯粹规范体系，也不再是一套由法院把持的、独立于政治、经济、道德和社会的形式化、中立化领域。法律和社会规范、市场、架构等一样，成为一种解决社会问题的规制手段（the means of regulation），它们弥散到国家权力体系中，由立法、行政和司法等多重的权力主体共同支配、相互合作，通过政策形成的方式对社会形成技术化的治理。[21] 这意味着法学教育的方向和内容必须有重大调整。我们要把目光从位于制度下游、小心翼翼捍卫形式主义法治理想的法官，转向位于制度上游的立法者、行政官员以及那些对判决社会效果足够敏感的法官——面对社会问题，他们的工作重心不是事后“隔岸观火”（fire-watching），而是来到制度上游，通过政策形成来“舍身救火”（fire-fighting）。换言之，法学教育不仅要立足于法院和诉讼的需要，培养法官的司法职业技能，还要立足于规则制定和公共政策形成的过程，培养拥有参与多元化治理所需的能力的立法—决策型人才。

三、法学教育如何面向“制度上游”？

要回应制度上游的社会需求，法学教育须从以下几个方面来自我调整。

---

⑳ 1984 年的谢弗朗案判例则确立了强尊重标准，“在法律没有规定时应一直尊重行政机关”；2000 年的克里斯坦森案和 2001 年的米德案将斯基德莫尔和谢弗朗案的标准予以合并，“斯基德莫尔尊重标准适用于非立法性规则，即解释性规则和一般陈述，和建议书及其他非正式裁决的规则”，“只有在行政机关行使了国会授予它的立法权，通过规定的立法程序发布解释，才有资格获得谢弗朗式尊重，这意味着只有立法性规则才有获得谢弗朗式尊重的资格”。参见杨伟东：《行政行为的司法审查强度研究——行政审判权纵向范围分析》，中国人民大学出版社 2003 年版，第 91 页。

㉑ 参见 Lawrence Lessig, *The New Chicago School*, The Journal of Legal Studies, 27, 1998, p. 661 – 691；李晟：《实践视角下的社科法学——以法教义学为对照》，载《法商研究》2014 年第 5 期。

(一)法学教育的主导理念:从形式法治到实质法治

在消极国家时代,立法机关只局限于划分权利范围,行政法也只负责保护民事基本权利不被政府侵犯,它们都没有被卷入太多国家治理的实质问题,法院还是能够比较顺畅地传送立法机关的意志。因而,通过法治来控制权力的形式主义法治思维并无太多障碍。但是,随着国家职能的扩大,立法、行政已经被深深卷入各种国家治理的实质问题,面对这些专业复杂的问题,形式法治所想象的法院不能发挥预期作用。实质法治就是解决这种危机的产物。

其一,与形式法治思维不同,实质法治思维的着眼点并不在于通过法律(裁判)来控制权力,应该从国家治理而非控制权力的角度去认识法律的功能。在实质法治思维那里,法律并不是独立或者高于政治权力的社会存在,而是实现特定社会目标的工具。

其二,法律是一种与政治动员、利益交换等治理方式相并列的官僚科层制治理手段,是多元国家治理体系中的一个环节。只要最终能够作出让人民满意的成就,例如,公共服务的改善、经济的发展、社会的稳定,是否采取法治手段并不重要。实质法治思维还认为,过度强调法治不仅会出现过于理想不能回应国家治理的现实之需、成本高、程序烦琐等问题,而且也会导致司法卷入日益繁重的纠纷而不堪重负。[22]

其三,实质法治思维认为,应当从封闭教条、与世隔绝的法院中走出来,置身于现实世界,站在立法机关和行政机关立场来思考问题。也就是说,不仅要学习如何分蛋糕的这一事关形式正义的法律人技艺,也要学习如何制作美味蛋糕,以及具有为谁制作蛋糕、制作多大的蛋糕这一事关实质正义的公共决策能力。

---

[22] 笔者在起草《广东省信访条例》过程中,一开始就带着这种法治思维来看待信访,认为信访不是一种纠纷解决机制,大量涉法涉诉信访进入信访渠道是对法治的破坏。因此,应当通过信访立法让信访回归其原本的政治参与功能,成为公民对公共事务提出意见和建议的通道。但是,这种思路没有考虑到:让信访承担纠纷解决功能固然牺牲了法治,但也减轻了法院负担;如果信访抛弃纠纷解决和社会治理的功能定位,回归纯粹政治参与功能定位,将会导致那些原本被信访这一河坝容纳的社会矛盾改道司法,反而加重了法院的负担。法治论者往往很难理解社会矛盾治理的复杂性和难度,他们只看到现象和结果,将信访和破坏法治联系起来,很难接受信访是法治必须承担的代价和额外成本。

其四,在法理学、宪法学、行政法学、立法学、刑法学、民法学等学科中,实质法治思维体现为法律现实主义、社会法学派、绿灯理论、功能主义行政法、法律家长主义以及立法伦理主义对伤害原则限制、刑法主观主义的兴起,对所有权绝对、合同自由原则的限制,等等。

(二)法学教育的方法论:从法教义学转向社科法学

众所周知,培养法官能力,主要是培养其法教义学上的知识和能力,法教义学是培养法官能力的基本方法,因为这套知识体系就是可以直接运用于司法工作的知识,这些方法就是法官在发现法律、解释法律时所运用的方法。㉓ 面向政策形成的法学教育,其方法论也应当作相应调整,因为以司法为中心的法教义学无法提供政策形成的知识和能力。在政策形成领域,决策者不仅要运用法教义学来处理“合法性”问题,更重要的是还须运用政治学、经济学、行政管理学、风险控制、社会治理、政府管制、公共政策等社会科学方法处理“可行性”“科学性”“成本—效益”“社会风险”“政治效果”“利益分配”等“非法律”问题。与仅仅关注合法性问题的法教义学不同,社会科学更关注社会中那些微妙或隐秘的因果联系,作为一种外在于法律的方法,它会给决策者提供更丰富的信息和知识,借助比法教义学更复杂的治理技术来对社会中的人、物与行为实施更为精确的控制。因此,面对复杂和繁重的国家治理任务,现代化的治理术更多倾向于通过社会科学来认识社会中出现的需要法律回应的新问题。我们可以通过几个实例来说明这一点。

例如,某部立法要规定经费保障条款,在立法论证会中,有丰富经验的立法工作者就会意识到,如果财政机关不到场这场论证会就没有什么意义。这种知识显然不是法律知识,它需要我们充分了解中国财政体制和行政管理体制。

又如,为了减轻城市交通和环境压力,行政机关往往会通过限制牌

㉓ 参见[德]拉伦茨:《法学方法论》,陈爱娥译,商务印书馆2003年版,第76~77页;[德]齐佩利乌斯:《法学方法论》,金振豹译,法律出版社2009年版,第125页;葛云松:《法学教育的理想》,载《中外法学》2014年第2期;白斌:《论法教义学——源流、特征及其功能》,载《环球法律评论》2010年第3期;许德凤:《法教义学的应用》,载《中外法学》2013年第5期。

照的手段来限制汽车数量,这时候规制者须考虑:采取限制汽车数量这一措施究竟要实现何种行政目的?这种目的正当吗?车牌竞拍、摇号、电车自动上牌等手段是否有助于实现这一行政目的?哪一种手段对公民权利的侵害最小?目前所采取的手段究竟会产生什么样的收益,又会带来什么样的不利,它在总成本与总收益上是否能达成均衡?所以,在设计限牌制度的过程中,制度设计者须对本地的车辆数量、城市道路容量、环境容量、鼓励新能源汽车的产业政策等有充分的了解,这需要丰富的行政经验;在选择规制手段时,制度设计者既须比较缓解城市交通和环境压力的公益和车主私益,还须考虑何种行政措施的行政成本更低。在这一个案中,制度设计者主要是运用法律以外的社会科学知识和方法来展开制度设计。

再如,广东省车辆通行费年票制是一项存在很大争议的制度。每年年审很多车主都主张废除该制度,理由是对绝大部分只在本地行驶的车辆来说,购买全广东省通行的年票很不合理。但是,制度设计者显然不能仅从这些车主的角度来考虑问题,年票制对不同利益群体的利益、个人利益和公共利益的影响是不同的。对开车的公民来说,年票制侵害了其利益,但它恰恰补贴了不开车的人;年票制激励部分原本想开车的人不开车而选择公共交通,有利于缓解交通拥堵和环境污染;年票制取消或减少大量收费站,降低了道路的运行成本;年票制平衡道路交通流量、提高道路通行效率;年票制也减轻了一部分车主尤其是物流企业和交通运输企业的经营负担。因此,面对车主"权利话语"背后的利益诉求,政府也应当结合自身财政实际,秉持实用主义传统,着眼于长远利益和公共利益,统筹通盘考量年票制。

只有社会科学的训练才能增强法律人的这些能力。"对于法律的理性研究,懂得法条的人可能掌握着现在,但掌握未来的人则是统计学与经济学大师。"㉔与法教义学不同,社会科学方法希望培养法学院学生从法律之外来看待问题的视角以及熟练运用各种社科技术分析和解

㉔ [美]小奥利弗·温德尔·霍姆斯:《法律的道路》,汪庆华译,载豆瓣官网,https://www.douban.com/group/topic/3368924/,最后访问日期:2021年4月6日。

决社会问题，从而“超越单向度的‘法律人思维’，用更为全面的视角和更为实用主义的态度来理解和分析具体的法律问题，得出在现实中后果更为可欲的解决方案”㉕。当然，在法学教育中开展社会科学方法的训练，并不是否定法教义学的职业训练对于法学教育的基础性作用。“……在我们这个世纪初，自由法学派、利益法学已为法律发现及其方法论指出了新的目标，那么，在当代，法律获得的进步理论和口号也未缺席。对它们不应不加以考虑。然而在本质上，对于我来说，传统的方法论，如由萨维尼创立和自萨维尼以来的方法论，仍显得是一个足够坚实的基础，我们时代的法律者可以将之信任为其思想活动的基石。”㉖

（三）法学教育的目标：培养立法—决策型人才

面向“制度上游”的法学教育的目标是培养立法—决策型人才，其核心应在于，立足于复杂多元的社会治理任务，以规则制定和公共政策形成的过程为中心，培养拥有以多元的社会科学视角，从法律之外理解法律问题的能力的决策型人才。从而既能够服务于法治社会建设又能更好应对法律职业市场的需求。

立法—决策型人才的业务能力体现为：其一，他可以跳出法院立场，站在立法机关或者行政机关立场来形成决策。其二，根据实践需要，在规制工具箱中选择命令、市场、沟通、共识和架构等工具，来回应国家治理过程中所面对的各种高度专业化的社会问题。其三，懂得在公共利益和个人利益、当下利益和长远利益之间展开利益衡量。其四，关注议程设定、政策规划、政策决策、政策执行、政策评估政策实现的过程。其五，关注政策的可行性、合理性、社会风险和政治效果。

㉕ 李晟：《实践视角下的社科法学——以法教义学为对照》，载《法商研究》2014年第5期。

㉖ ［德］卡尔·恩吉施：《法律思维导论》（修订版），郑永流译，法律出版社2014年版，第7页。

四、结论

基于上文的分析,笔者得出如下结论:以法院为中心的法学教育无法回应位于"制度上游"的立法、规则设计、政府规制、公共政策制定、决策等"政策形成"活动的需求。法学教育的主导理念、方法以及培养目标要重新调整。要培养具有实质法治思维、掌握社会科学方法处理实质问题的立法—决策型人才。

这一结论并不是否定现有的、以法教义学为核心的法学教育模式。首先,无论在何时何地,控制国家权力、保障公民权利、法律程序、法的安定性、请求权基础等形式法治要素都是法律人的基本价值共识,也是法学院存在的意义之所在。其次,这两种法学教育模式的主导理念、方法论和培养目标虽然有根本不同,但是它们所培养的是不同类型的法律人才,这不是一个非此即彼的选择,而应当是多元共存的局面。也就是说,以法院为中心的法律职业教育侧重于培养法官能力,而面向政策形成的法律职业教育则侧重于培养立法—决策能力,这会让法学院毕业生在职业市场上的选择更加多元化。因此,尽管在学理上,两种教育模式与职业发展路径之间依然存在内在紧张,但面对多元化的法律职业市场,它们也将会长期并存。

On the Legal Education that Faces the Upstream of the Legal System

Liu Cheng

Abstract: Law is a form of political discourse determined by the society and its mode of production in a particular era. In the era of active state, rights have been given new connotations. Legislation, administration and justice have undertaken a large number of functions of upstream policy formation. Correspondingly, the concept, content and cultivation objectives of legal education should also be adjusted. The legal education that orients to "the upstream of the (legal) system" should respond to the needs of policy-forming activities such as, legislation, rule design, government regulation, public policy formulation, and decision-making. It should cultivate the legislation-decision-making talent who have substantive legal thinking, insight of social sciences and technology and study methods.

Key Words: legal education, the upstream of the legal system, practical rule of law, law and social science, legislation-policy decision talent

“一带一路”倡议下中国涉外法治人才培养目标及方案*

王祥修** 赵永鹏***

摘　要:“一带一路”倡议的实施对中国高质量涉外法治人才的需求不断扩大,然而我国涉外法治人才的培养仍处于探索阶段,大批法律服务提供者难以胜任“一带一路”复杂的法律事务。为了打破困局,应当重点培养涉外法治人才的道德底色、法律本色、语言特色和人文亮色,在明确职业型教育、精英培养模式以及鼓励各类高校积极参与的前提下总结提炼涉外法治人才培养目标,通过优化课程体系、培养特色精英以及建立涉外法治人才培养高校联盟等方式,不断提升中国涉外法治人才的供给质量。

关键词:“一带一路”倡议　涉外法治人才　人才培养

2013年,习近平总书记提出共同建设“丝绸之

---

* 基金项目:国家社会科学基金“十三五”规划2019年度教育学一般课题“‘一带一路’倡议下中国涉外法治人才培养”(项目编号:BIA190206)。

** 王祥修,上海政法学院国际法学院教授,法学博士。研究方向:国际私法学、国际经济法学。

*** 赵永鹏,上海财经大学法学院2019级博士研究生。研究方向:国际私法学、国际经济法学。

路经济带”和“海上丝绸之路”的“一带一路”倡议。七年来中国与沿线各国务实合作，在政策沟通、设施联通、贸易畅通、资金融通和民心相通（以下简称“五通建设”）五大领域取得显著成就，为世界经济发展和各国人民共同富裕贡献了“中国方案”。然而，经贸活动的日益频繁使得沿线国家利益诉求和政策法规的差异性被不断放大，阻碍合作项目顺利开展的潜在风险不断增多。为了防范各类风险，发挥法律的保障作用、为利益纠纷的事前预防和事后救济提供优质的法律服务是“一带一路”倡议行稳致远的必然选择。为了满足“一带一路”倡议对高质量法律服务的需求，培养一批能够胜任“一带一路”法律事务的高素质涉外法治人才成为我国的国家目标和“走出去”企业的共同期待。与“一带一路”倡议对涉外法治人才的迫切需求相比，我国涉外法治人才的有效供给严重不足，人才缺口巨大。有研究指出，目前中国律师群体有能力将业务拓展至国外的仅有1%，剩余99%只能将国内法律业务作为主要谋生手段。①法治人才不足及对国外投资法律规范认识不够已经成为中国企业“走出去”过程中面临的重要挑战。在“一带一路”倡议下，应当培养什么样的涉外法治人才以及如何培养涉外法治人才成为处于人才供给侧的高等院校和科研院所的重要课题。本文在总结“一带一路”倡议下中国涉外法治人才必备技能的基础上，探讨了人才培养目标的制定思路，并且根据人才培养目标的要求提出了中国涉外法治人才培养的具体方案。

一、“一带一路”倡议下涉外法治人才的必备技能

解决如何培养“一带一路”建设的中国涉外法治人才，即“怎么培养人”的问题，应当先明确“一带一路”建设到底需要什么样的法治人才，即“培养什么人”的问题。回答好了培养什么人的问题，怎样培养人的

① 参见邹爱华、张燚：《开放理念与中级涉外法律人才培养研究》，载《大学教育》2017年第12期。

问题就迎刃而解了。[②] 想要回答好这个问题,就需要明确"一带一路"法律服务工作者的必备技能要求。关于技能要求,不同学者的观点基本一致,差别只在细微之处。有学者从宏观角度进行论证,认为卓越的"涉外法律人才"必须具有国际化的视角、国际化的知识体系和国际化的思维模式。换言之,高端的"涉外法律人才"一定是"国际化的法律人才"。[③] 有学者从法治人才基本能力的角度出发,列举了涉外卓越法律人才应当具有的五大基本素养。[④] 也有学者将必备素养高度概括为宽广的国际视野、浓郁的本土情怀和娴熟的技术能力。[⑤] 在"一带一路"倡议提出七年后的今天,为了进一步确定"一带一路"倡议下中国涉外法治人才培养目标,有必要再次总结和归纳"一带一路"涉外法治人才的必备技能。

如果将"一带一路"倡议下涉外法治人才比喻为一张画布,涉外法治人才的必备技能将成为画布上最亮眼的色彩。在前人已有研究的基础上,结合近年来"一带一路"建设的新发展以及中国关于涉外法治人才培养的文件精神,可以将"一带一路"框架下中国涉外法治人才的必备技能总结为以下四个方面:坚守传统美德的底色、强化法律技能的本色、发展多种语言的特色、融合多元文化的亮色。

第一,坚守传统美德的底色。"勤于道义,则刚健而日新。"传统美德教育是大学教育的根基,涉外法治人才应当具备中华民族传统道德底色。2017年5月3日,习近平总书记在中国政法大学考察时专门就法治人才道德素养问题进行强调,他指出,全面推进依法治国作为一项历史性工作,需要以中国特色社会主义法治理论为指导,坚持立德树人、德法兼修的教育原则,展示出中国法律人的优秀道德素养。[⑥] 目

---

② 参见黄进:《新时代高素质法治人才培养的路径》,载《中国大学教学》2019年第6期。

③ 曾令良:《卓越涉外法律人才培养的"卓越"要素刍议》,载《中国大学教学》2013年第1期。

④ 参见王祥修:《论涉外卓越法律人才的培养机制》,载《职业时空》2014年第3期。

⑤ 参见罗培新:《"一带一路"法律人才长啥样》,载《解放日报》2017年7月4日,第10版。

⑥ 参见杨军:《"一带一路"法治人才需求与我国法治教育的冲突与调适对策》,载《法学教育研究》2018年第2期。

前全世界共有138个国家同中国签订共建“一带一路”合作文件，合作范围覆盖亚非拉和大洋洲，国家众多、价值多元，涉外法治人才必须坚守民族精神，具备高尚的道德品质，才能具有强烈的家国情怀和复兴意识，在国际化思潮中保持中国本色，将严谨的法治思维应用到“一带一路”建设中。

第二，强化法律技能的本色。扎实的法学知识是涉外法律实务的基石，拥有过硬的法律技能是涉外法治人才应有的“本色”。首先，强化法律本色要求涉外法治人才具有全面、合理的知识结构。在这一知识体系中，处于核心地位的是国际法主要部门，即国际公法、国际私法、国际经济法的基础理论和知识。近现代的中国在国际社会和外交舞台上处于劣势地位，在与外国政府交涉、维护中国国家主权的过程中，国际法就扮演了重要的角色，并且推动形成了中国近现代的法学教育。在社会主义新时代，在“一带一路”框架下的多边国际合作中，国际法依然是国家合作最基本的法治保障和基础，在有关合作的重大问题上发挥重要作用。在“政策互通”的合作领域，急需通晓国际规则的法治人才弥合国家间的政策冲突，为国际合作铺平道路，同时在新的国际规则制定中掌握主动权。但是，在2018年教育部发布的《普通高等学校法学类本科专业教学质量国家标准》中，对法学专业核心课程进行了“10+X”分类设置模式的改造，国际私法、国际经济法并未列入10门专业必须课程，而是由各高校根据办学特色选择开设，供学生自愿选修。这样的课程模式虽然是从各高校的办学实力和培养特色角度出发，但在一定程度上削弱了两门重要国际法学课程在法治人才培养中的重要地位。

其次，强化法律本色要求涉外法治人才熟悉沿线国家的法治文化和法律规则。在“一带一路”法治实务中，仅掌握中国法律和国际法规则还不能够为企业进行海外投资保驾护航，对于合作国家国内法律制度知识的匮乏将使企业无法事先预估法律风险，导致在跨国投资中处于劣势地位，不利于“一带一路”倡议的持续健康发展。同时，“一带一路”沿线各国涉及苏维埃社会主义法系、英美法系、大陆法系、印度法系和伊斯兰法系,几乎当今世界现存的法系均有涉及。[⑦] 不同法系下的法律制度、法治文化千差万别,因此“一带一路”下的涉外法治人才能够做到“专精一面”已属难得,难以做到“面面俱到”。此外,沿线国家法律受宗教法影响极大的特点,加上各国法律政策的不稳定性也对法律服务工作者了解不同国家的法律规范造成极大困难。以往,中国法学教育较多关注大陆法系和英美法系,对伊斯兰法系和印度法系研究不足,为了使涉外法治人才能够真正地参与到沿线法治建设、为经贸合作提供有价值的法律建议、提升法治人才的有效供给、克服“同质化”过剩必须要在不同国家国内法律制度的研究与教学上下足功夫。

最后,强化法律本色要求涉外法治人才有妥善解决法律争端的能力。沿线各国在“一带一路”倡议下进行经济合作所追求的利益各不相同,在项目实施过程中经常受到各种外力的阻挠、干涉,一部分项目遭遇搁浅危机,使中外企业蒙受损失,高效、公正、完善的争端解决机制将对“一带一路”的实施产生极大的推动作用。因此,“一带一路”建设对律师除了在数量上有所需求外,更加迫切的需求是设立和培养一批具有国际视野、专业水准和诚信勤勉的涉外律师。[⑧]

第三,发展多种语言的特色。良好的沟通能力是互联互通、合作共赢的前提和基础,掌握除英语外的另一门外语是涉外法治人才的“特色”。“一带一路”建设涉及国家的国语和国家通用语有近 50 种,再加上这一区域民族或部族语言,重要者不下 200 种。[⑨] 截至 2016 年年初,仍有 11 种语言专业尚未在中国国内高校开设,外语教育的注意力仍聚焦在英语学科上,“一带一路”语言互通之路仍存在现实障碍。从日常用语中抽象、浓缩出的法律语言,是法律工作者在法律实务中的通用语言和日常语言,“一带一路”法律服务的重要内容就是与沿线各国法律同人进行学术探讨和实务互动。面对一些国家,再高超的英语水平也难

⑦ 参见王志华:《“一带一路”法律图谱分析》,载《扬州大学学报(人文社会科学版)》2018 年第 2 期。

⑧ 参见胡晓霞:《“一带一路”建设中争端解决机制研究——兼及涉外法律人才的培养》,载《法学论坛》2018 年第 4 期。

⑨ 参见李宇明:《“一带一路”需要语言铺路》,载《人民日报》2015 年 9 月 22 日,第 7 版。

以发挥作用。在笔者赴吉尔吉斯斯坦国立民族大学进行学术交流的过程中,语言成为中吉两国法学生进行学术交流和互动的障碍,以吉尔吉斯语和俄语为母语、从未受过英语教育的吉尔吉斯法学生和较为擅长英语却不懂俄语的中国法学生几乎无法自主交流,难以进行有效沟通。"一带一路"在为沿线各国带来发展机遇、促进贸易投资自由化的同时,外语刚性化、语种多元化也使法治人才的语言标准发生了巨大变化,要想为"一带一路"供给高质量的涉外法治人才,外语特色必须强化。

第四,弘扬法治文化的亮色。推广中华文化实现文化融合是"一带一路"倡议的应有之意,涉外法治人才应当具备厚重的人文亮色。首先,涉外法治人才应当拥有坚定的法治信仰,从内心深处尊崇法律。法律外交是"一带一路"外交工作的重要组成部分,涉外法治人才是法律外交的重要参加者。只有在中国特色社会主义法治理念的指导下进行理论研究和法律实践,才能在复杂的国际环境中更好地维护国家利益,为"一带一路"建设提供法律保障。其次,随着时代发展,国与国之间的交往不只是硬实力的较量,文化软实力的博弈在国际合作与交流中日益突出。文化是法律生存的土壤,是法律生命力的来源,灿烂的中华文化包含法治文化。法律要素成为"一带一路"倡议下中国文化海外输出的一部分,对"一带一路"建设起到规范、促进和保障的积极作用。涉外法治人才需要做到法律与文化相互融合,在明法的基础上具备人文内涵,在熟悉运用法律规则的前提下熟悉背后的法治精神,做法律服务的提供者和中华文化的传播者,为沿线各国交往贡献力量。

二、"一带一路"倡议下涉外法治人才的培养目标

人才培养目标决定了高等学校人才培养工作的行动方向,具有导向价值,是学校人才培养工作的基本方针与根本目标。[⑩] 为了确保各项培

---

⑩ 参见王严淞:《论我国一流大学本科人才培养目标》,载《中国高教研究》2016年第8期。

养工作有章可循、有本可依,需要制定出符合"一带一路"建设需求的涉外法治人才培养目标。同时,学者对法学教育的类型选择、培养模式以及高校参与涉外法治人才培养工作的资格问题尚未形成统一认识,这也成为需要在人才培养目标中得到明确的前提性问题。因此,"一带一路"倡议下中国涉外法治人才培养目标应当首先解决目标设计的前提性问题,在结合涉外法治人才技能要求的基础上,对现有法治人才培养目标内容进行凝练与总结,制定全面、具体、可执行的涉外法治人才培养目标。

(一)明确涉外人才培养目标中的前提性问题

第一,促进学术型教育向职业型教育转变。《关于坚持德法兼修,实施卓越法治人才教育培养计划 2.0 的意见》实现了对 1.0 版本培养计划的系统升级,突出了法学教育要着力于对"法治人才"培养的要求。从"法学人才"到"法律人才"再到"法治人才"的转变,体现了中国法学教育理念从学术型法学教育到职业化法学教育的转变,培养目标上也从法学人才培养向法治人才过渡。[11] 与强调法学理论教育的法学人才以及理论和实践并重的法律人才相比,法治人才更加突出职业化的特征,是前两类人才基础之上的人才培养质量的升级,强调法治人才对经济社会发展的适应性,法治人才必须具备从事法律实务的能力。这意味着,中国法学教育正转向职业型法学教育,职业型法学教育有利于"一带一路"倡议下的法治人才法律技能的培养,以职业为导向的人才培养为涉外法治人才的有效供给贡献力量。

第二,坚持精英教育模式,避免同质化人才培养。关于法学教育应当是精英教育还是大众教育的讨论,在"一带一路"的语境下也具有现实意义,随着法治人才培养单位的增多和法学专业的不断扩招,法学教育大众化的趋势十分明显。2018 年,首届法律执业资格考试的报名人

⑪ 参见徐显明等:《改革开放四十年的中国法学教育》,载《中国法律评论》2018 年第 3 期。

数达60.4万余人,⑫越来越多的人接受法学教育,法学教育逐步"大众化",这在一定程度上提高了法治人才储备的基数。但是在规模扩大的同时,人才培养质量却未必能够同步得到提升,法治人才质量呈现低端人才过剩、高素质人才稀缺的现象,难以满足司法实务界的需求。其实,教育模式的选择应当取决于社会对法治人才的具体需求。"一带一路"倡议对中国涉外法治人才提出了极高要求,大众教育的培养模式培养出的法律工作者无法从事"一带一路"相关法律服务工作,大众化教育模式仍然无法补足涉外法治人才缺口。因此,"一带一路"的法治人才的培养目标应当坚持以人才能力需求为导向,坚持精英教育模式,培养适应"一带一路"建设需要的精英人才。

第三,打破培养门槛,鼓励各高校积极参与。高等院校是涉外法治人才培养的前沿阵地,肩负着法治人才的"生产"与"输出"的重要任务。在"一带一路"建设对涉外法治人才提出高标准、高要求的背景下,培养适应"一带一路"建设需要的涉外法治人才,是否仅仅是顶尖名校的专利?是否应当为高等院校设置涉外法治人才培养的"准入门槛"?有研究成果基于我国大学分类、学生差异以及对教师水平差别的认识,对法学人才培养目标进行区分对待。将高等院校法学院分为"985高校"法学院、"211高校"法学院以及其他高校法学院3个梯队。由前两类高校分别承担培养我国政治精英、法学研究精英、法学教师精英以及律师型人才的任务;其他高校则以通识教育为目标,为社会储存法律的宣传人和法律职业的辅助人。⑬

以高校的办学层次和办学实力为标准确定高校人才培养目标的方式,有利于理顺人才培养的类型和层级,也在一定程度上避免了对人才培养目标和模式的争论。虽然"一带一路"建设对涉外法治人才的能力提出了较高的要求,但是简单以高校的办学层次为标准制定法治人才培

⑫ 参见蒋安杰、蔡长春:《首次国家统一法律职业资格考试顺利进行》,载中国政府法制信息网,http://www.moj.gov.cn/news/content/2018-09/23/bnyw_40292.html,最后访问日期:2020年11月1日。

⑬ 参见施建辉:《法学人才的不同层次与培养目标和模式的区分对待》,载《法学教育研究》2010年第2期。

养目标,将使绝大多数高等院校被拒之门外。“一带一路”倡议是一个庞大的工程,“五通建设”除了对法治人才的质量提出要求之外,也对人才培养规模提出了现实需求。仅由少数名校承担高素质涉外法治人才培养的任务,难以满足“一带一路”建设对涉外法治人才供给数量的需求。

此外,从沿线国家和辐射范围看,“一带一路”倡议区域性特征明显,中亚五国、南亚各国都是“一带一路”沿线的重要节点。与沿线国家联系较为密切的高校,大多地处边疆地带,虽然边疆地区部分高校的平均办学实力和生源质量较传统的“985”“211”高校有一定差距。但是,由于这些高校与沿线国家具有较强的地缘联系,在学术资源、语言环境、商贸交往等领域具有明显的比较优势。因此,“一带一路”涉外法治人才培养工作为高等院校特别是地缘优势明显的普通高校提供了提升人才培养质量以及“错位竞争”“特色发展”的新契机。不能简单地将学校的“档次”作为划分人才培养目标的唯一标准,从而为高校参与“一带一路”涉外法治人才培养工作设置“隐形屏障”。应当以开放的态度,充分调动高校的人才培养积极性,不断引导有志于为“一带一路”倡议输送优质法治人才的高校制定符合自身办学定位和比较优势的人才培养目标。

(二)涉外法治人才培养目标的凝练与总结

在明确职业型法学教育、精英教育,鼓励高校结合比较优势积极参与涉外法治人才培养工作的之后,还应当结合“一带一路”倡议对涉外法治人才的技能要求,对现有法治人才培养目标内容进行总结,最终提炼出具体的涉外法治人才培养目标。现有的人才培养目标模式和内容如表 1 所示。

表 1　法治人才培养目标的主要类型及内容

目标类型	明德	强技	专精
通识教育 职业教育	合格大学生 区别于一般社会人	法学知识、基础理论 法律职业能力培养	未明确要求 掌握专业职业能力
新型模式	高素质	专业知识全面、专业技能较强 综合素质过硬、竞争能力较强	宽基础、通经济、有专攻、能应变的法学应用型高级人才
复合型模式	适应全球化进程和建设社会主义法治国家的需要	既精通法学理论与实务又懂外语、懂科技、懂世界贸易组织规则	培养涉外型、高层次、复合型的法学专业人才
创新实践型	完善的人文社会素养和职业伦理修养	比较完整、扎实的专业知识和理论基础，较强的法律职业思维和实践能力，全球意识、世界思维和国际交流能力	最优秀和最一流的核心标准
实务型	未明确要求	审理案件、代理各种法律事务	注重实际操作能力的培养

资料来源：参见施建辉：《法学人才的不同层次与培养目标和模式的区分对待》，载《法学教育研究》2010 年第 2 期。

从培养目标的内容表述来看，以上五种理论均不同程度地存在表述模糊、不同的培养目标之间界限不清等问题。但是，通过对具体内容的分析比较，能够发现以上五种理论基本上是从"明德""强技""专精"三个方面展开的。因此，有必要对现有理论进行分析整合，在吸收合理内容的基础上，制定符合"一带一路"需要的涉外法治人才培养目标。

首先，在"明德"方面，除创新实践型人才培养目标直接表达了对"人文社会素养"以及"职业伦理素养"等道德品质的重视之外，其他培养目标对于道德素质的要求都不够明确，对涉外法治人才的道德素养重视程度不够。如前文所述,道德素养在当代中国涉外法治人才培养以及“一带一路”法治工作中处于基础性地位。因此,应当将良好的道德修养作为重要内容在“一带一路”中国涉外法治人才培养目标中予以明确。

其次,在“强技”方面。以上五种类型的人才培养目标,都对法治人才的法律技能提出了要求。具体而言,通识教育和职业教育对法学生的技能要求低于其他类型的培养目标,目前来看并不适合作为“一带一路”下涉外法治人才培养目标制定的重要参考。其他类型的人才培养目标虽然在表达上略显繁复,但是基本涵盖了涉外法治人才必需的法学知识结构、实务能力以及外语水平等技能要素。2014 年,中共中央《关于全面推进依法治国若干重大问题的决定》对涉外法治人才提出了要求,该决定指出“建设通晓国际法律规则、善于处理涉外法律事务的涉外法治人才队伍”。2018 年 1 月审议通过的《关于建立“一带一路”国际商事争端解决机制和机构的意见》指出,注重培养和储备国际化法律人才,建立“一带一路”建设参与国法律人才库,鼓励精通国际法、国际商贸规则以及熟练运用外语的国内外法律专家参与到争端解决中来。以上两份文件是中央关于我国涉外法治人才培养工作的基本要求,是关于涉外法治人才法律技能的直接表述。通晓国际规则、具备处理涉外法律事务的能力以及熟练运用外语成为“一带一路”倡议下中国涉外法治人才“法律技能”的基本内涵。

最后,在“专精”方面,“一带一路”倡议下的法治人才培养应采取精英教育模式的观点已在前文进行了讨论。而新型培养目标、复合型法学培养目标以及创新实践型培养目标在表述上也采用了“高级人才”“高层次人才”“最优秀人才”等措辞,表达了对高层次、精英法治人才培养的追求。因此在人才培养目标的表述上可以参考以上三种人才培养目标的表述方式。此外,由于“一带一路”沿线国家众多,培养出胜任各国法律事务的人才几乎不可能,因此除培养精英人才外,此处的“专精”还应当包含培养“专精一面”或“专精一国”的涉外法治人才的含义。

通过上文的分析能够发现,一项系统全面的涉外法治人才培养目标的制定,需要考虑多重因素。一是应当回应培养目标制定的前提性问题,明确“一带一路”倡议下的中国涉外法治人才培养应当坚持职业型法学教育以及精英教育模式,鼓励各高校发挥比较优势积极参与涉外法治人才培养工作。二是从“一带一路”倡议下涉外法治人才的必备技能来看,传统美德底色、法律技能本色和多种语言特色三个方面的要求,都能够在国家顶层设计和现有的培养目标中找到内涵一致的表述,只有融合多元文化的能力要求还未出现在人才培养目标之中。由于“一带一路”沿线各国法治文化、宗教信仰、风俗习惯的差异较大,具备一定的跨文化交际能力将对法律业务的顺利开展产生积极影响,也在一定程度上提升了涉外法治人才的综合素质,因此有必要在人才培养目标中引入融合多元文化的内涵。三是现有人才培养目标的内容表述基本上是对“明德”“强技”“专精”三个方面的细化表达,其具体内涵可以为人才培养目标的制定提供思路上的指引。按照这个思路,可以将“一带一路”倡议下中国涉外法治人才培养目标归纳为:高等院校应当结合办学实际充分利用比较优势,通过职业型法学教育,培养坚守传统美德、通晓国际国内法律规则、善于解决“一带一路”涉外法律问题以及能够熟练运用外语、善于融合多元文化的“专精一面”或“专精一国”的法治精英人才。

三、“一带一路”倡议下涉外法治人才培养行动方案

“一带一路”倡议为卓越法律人才的培养提供了一个良好契机,紧随“一带一路”倡议的实施,优化现有的卓越法治人才培养机制,意义非常重大。⑭ 从法治人才培养单位的角度看,各高校应当根据国家的整体部署,营造“一带一路”法治人才的培养环境。⑮ 各人才培养单位应当以

⑭ 参见潘俊武、潘洁:《“一带一路”倡议下卓越法律人才培养新探》,载《法学教育研究》2017 年第 3 期。

⑮ 参见聂帅钧:《“一带一路”倡议与我国涉外法律人才培养新使命》,载《重庆高教研究》2019 年第 2 期。

中国经济社会的现实需求为导向,在涉外法治人才培养目标的指引下,制定科学合理的培养方案。结合"一带一路"建设对法治人才的需求以及培养过程中的具体问题,对涉外法治人才培养的行动方案进行如下设计。

(一)优化课程体系,培育德法兼修技能过硬的涉外法治人才

人才培养目标系统、有机、连续、完整地渗透融入课程,是人才培养实现的战略方针。[16] 2019年教育部《关于一流本科课程建设的实施意见》在一流课程评审标准中要求"依据高校办学定位和人才培养目标定位,建设适应创新型、复合型、应用型的人才培养需要的一流本科课程"。各人才培养单位应当促进涉外法治人才培养目标在课程建设中的层层落实,在"明德""强技"两个方面下足功夫,着力培养法科学生的"道德品质"、"法律技能"、"语言能力"和"人文情怀"。

第一,增设道德信仰教育课程,培养德法并重的涉外法治人才。"德法兼修、明法笃行"是习近平总书记考察中国政法大学时的重要命题。[17] 高等院校应当发挥中国特色社会主义法治理论的引领作用,强调法治人才的道德修养的重要地位,打好法治人才的道德底色。同时,高校作为涉外法治人才培养的前沿阵地,必须加强法科学子法治信仰教育,增强学生对依法治国理念的认同,树立良好的法治人格。建立多元化法治教育应当注重课堂教学与课外活动的有机结合:一是增加思政课"思想道德修养与法律基础"课时数量,进行直接的信仰教育。二是法学教师在授课过程中应当引导学生树立正确的法治理念,理解社会主义法治理念的深刻内涵。三是发挥"第二课堂"的功能,举办法律知识竞赛、法律征文活动,辅助课堂教学深化法治信仰教育。

第二,完善法学课程体系建设,培养法律技能过硬的涉外法治人才。首先,人才培养单位应当建立完整法学课程体系,既要重视中国国内法

---

⑯ 参见吕立杰、李刚:《人才培养目标的课程转化路径探析》,载《教育研究》2018年第12期。

⑰ 参见黄进:《培养德法兼修的高素质法治人才,引领中国法学教育进入新时代》,载《中国高等教育》2018年第9期。

的教学,也不能忽视国际法在协调国家之间政治、经济、文化交往关系中的重要作用。开设全面、系统、完整的国际法学课程,是对涉外法治人才培养单位的最基本要求。同时,人才培养单位还应不断丰富和提升教学手段,在借鉴西方案例教学、讨论式教学模式的基础上,探索符合中国教学特色的方式方法。运用国际视角审视国内法律问题,借助不同专业分析方式研究法律问题。此外,还应在传统国际法课堂教学中将国际社会新条约、新协定引入课堂,注重对新理论、新案例的讲授,做到与时俱进。

其次,各人才培养单位应结合自身办学资源,开设“一带一路”沿线国的国内法课程。学校可以将此类课程涉外法治方向作为学生的必修课,同时也可以面向其他法科学生开设选修课,开阔学生的视野,激发学生学习兴趣。

最后,各高校应进行实务课程改革,克服法学实务课授课教师实务经验欠缺以及学生重视程度不够的传统缺陷。对于这些问题,可以通过“专业院校 + 实务部门”的联合培养机制,吸引有授课能力和实务经验的法官、检察官和律师走进课堂,担任部分授课任务;也可以适当调整实务课程的时间安排,尽量避免将实践实训课程安排在升学、就业任务集中的大三下学期至大四学年,将文书写作、法律翻译等实训课程提至大二学年,既能做到实践实训与所学课程相结合,也可以达到提升学习效果的目的。

第三,开设特色语种课程,培养具有外语专长的涉外法治人才。英语在国际交往中的重要地位虽然没有改变,但是,仅掌握英语已经不能满足“一带一路”法律服务的需要。高校在践行“法律 + 英语”模式的同时,可以面向法科学生开设“第二外语”课程,建立“法律 + 小语种”模式。在具体做法上,可以参考美国法学院的教学模式。美国法学院将外语与法律课程相结合,由母语是该类外国语言并且在美国受过培训的律师作为讲师,或者受过专业的法律教育的母语人士作为该课程的讲师。[18] 我国也可探索聘请沿线国家法律人才走进高校课堂,开设外语课

⑱ See Vivian Grosswald Curran, *The role of Foreign Languages in Educating Lawyers for Transnational Challenges*, Penn State International Law Review, 23, 2005, p. 782.

程。外国语言资源优势明显的院校也可面向各语种专业学生开设法学主干课程,培养复合型、国际型涉外法治人才。此外,还要注重不同语种法治人才培养的地域布局。将西北高校建设成中亚语种法治人才培养基地,东北高校致力于俄语、朝鲜语法治人才培养基地建设,西南高校可着眼于东南亚语法治人才培养基地建设。

第四,融合中外多元文化,培养具有"世界眼光、中国情怀"的涉外法治人才。为增强法治人才的文化底蕴,更好地在法律服务过程中传递中国声音、传播中华文化,提升文化自信,应当注重文化融合。可以充分发挥"第二课堂"的积极作用,举办各种类型的文化交流活动,增进中外学生对彼此社会生活、文化传统的理解。例如,上海政法学院通过举办"丝路文化节"活动展示中华优秀传统文化的同时,也将沿线各国风俗习惯、风土人情引入校园,让法科学子受到潜移默化的人文熏陶。

(二)发挥比较优势,培育特色鲜明的涉外法治精英

各高校应当坚持育人特色,结合地缘优势培养"专精一面"或"专精一国"的涉外法治精英。从中国法学本科教育层次来看,开设有法学本科教育的学校可以分为三类,即专业性政法院校、综合性大学法学院和专业大学的法学院。学生在不同的人才培养单位学习法学知识的过程中,必然受到院校风格和学术氛围的影响,从而带有鲜明的院校特色。但是,在"一带一路"人才培养过程中,许多高校为了追求法治人才的复合性特点,一味求全,违背本校教学实际、盲目转型,既没有发挥自身办学优势,也未能补齐自身短板。当前,各高校应当重新审视自身的人才培养方案,充分利用自身优势,对标"一带一路"建设要求,培养具有一技之长的精英型人才。综合性大学应当利用多元学科背景培养学生的人文素养,为国际政治经济交往、文化交流提供优质人才;专业政法院校应当注重法学知识的完整性,利用丰富的司法资源培养法律实务人才,为政治交往和经贸交流提供法律咨询、风险防控和争端解决贡献力量;专业大学的法学院则应做好"法学+其他学科"的"复合型"人才培养工作,为"一带一路"的"五通建设"保驾护航。

同时,由于"一带一路"所涉国家多,覆盖范围广,任何一所法律院校都无法保证培养对口的法治人才。因此,应当注重发挥高校区位优势,利用好与沿线国家的地缘关系,将不同地区的需求与法治人才的培养有机结合,培养"专精一面"甚至"专精一国"的涉外法治人才。例如,西南政法大学依托中国—东盟研究中心,打造具有西政特色的涉外法治人才培养,学生毕业基本掌握一门东盟国家语言,并能熟练知晓东盟国家法律,为中国与东盟地区国家官方民间交流提供了人才保证。

(三)建立人才培养联盟,形成涉外法治人才培养合力

"一带一路"法治人才队伍建设是一项投入巨大、周期漫长的系统性工程。这项系统工程对涉外法治人才素质的要求是系统和多元的,因此,高校在人才培养过程中既要注重学生法学专业技能的培养,又要融合不同学科的知识背景,还要重视对学生人文素养的熏陶,这对一所高校的学科建设和教学资源提出极高要求。以外语特色为例,专业政法院校虽然设有外语学院,但是开设的语种专业较为有限,⑲而语言类大学的法学院又存在司法资源较为欠缺的情况,一所院校仅靠自身的努力难以很好地完成新时代、新背景、新要求下的中国法治人才培养的历史使命。

西方国家的高等教育界较早地开展了建立法学院校联盟的探索,例如,美国、墨西哥、加拿大的九所法学院于 1999 年 8 月成立了北美法律教育联盟(North American Consortium on Legal Education,NACLE)。由于美国、墨西哥及加拿大均是北美自由贸易协议(North American Free Trade Agreement,NAFTA)的主要成员,因此 NACLE 的主要目的是促进 NAFTA 成员之间的跨境法律交流。该联盟开展的具体计划和项目包括师生交流、出版著作、书籍形式等出版物、合作课程、远程信息交流和图

---

⑲ 笔者在立格联盟成员高校官网进行搜索,各专业法学院校开设的外语语言专业情况如下:中国政法大学 5 门(英语、俄语、德语、西班牙语、法语)、中南财经政法大学 4 门(英语、日语、俄语、法语)、华东政法大学 3 门(英语、日语、德语)、甘肃政法大学 1 门(英语)、上海政法学院 2 门(英语、俄语)、山东政法学院 2 门(英语、日语)、河南财经政法大学 2 门(英语、俄语)。与沿线 54 个语种相比,专业政法院校语言教育资源十分有限。

书馆资源共享等。并且NAFTA的各国政府还会授予NACLE捐款。[20]根据当前统计，我国高等教育领域专门针对“一带一路”的高校战略联盟已有多个，[21]但是已成立的高校人才培养战略联盟集中于职业教育、工程教育、标准化教育等学科领域，没有针对“一带一路”建设的法学院校联盟，中国政法类专业院校只有甘肃政法大学加入了丝绸之路大学联盟，因此有必要建立“一带一路”倡议下的中国涉外法治人才培养共同体，即“一带一路”涉外法治人才培养高校联盟。

首先，涉外法治人才培养高校联盟应广泛吸收三个类别的法治人才培养单位，吸收有代表性的专业法学院校、综合性大学和专业大学法学院。特别是语言类、财经类以及其他“一带一路”相关行业领域的知名院校。同时，还应当吸收“一带一路”沿线国家的知名院校，打造成员覆盖面广、学科背景丰富的法治人才培养联盟。其次，联盟应以为“一带一路”建设提供高质量法治人才为目标，在教学资源共享、师资队伍共建、法科学生交流等方面开展务实合作，互通有无，保证人才培养的系统性和全面性。最后，涉外法治人才培养联盟以服务“一带一路”倡议为出发点，成员涵盖国内各类法治人才培养单位和沿线知名学府，其成员的代表性、综合性更强，合作领域更为集中，具有合作建立的重要意义。

四、结语

“一带一路”倡议的成功实施需要大批能够胜任涉“一带一路”法律事务的专门法治人才。加强“一带一路”涉外法治人才培养的研究和实

---

[20] See Jeffery Atik, Anton Soubbot, *International Legal Education*, The International Lawyer, 36, 2002, p. 718.

[21] “一带一路”高校战略联盟主要包括：丝绸之路大学联盟、“一带一路”高校联盟、“一带一路”中波大学联盟、丝绸之路职业教育联盟、“一带一路”职教联盟、中巴经济走廊大学联盟、“一带一路”标准化教育与研究大学联盟、“一带一路”工程教育国际联盟。参见朱以财、刘志民：《“一带一路”高校战略联盟建设的现状、困境与路径》，载《比较教育研究》2019年第9期。

践已经成为国家部委和地方高校的共识，宏观文件的指引和地方高校的实践也陆续开展。但是，中国涉外法治人才培养还有许多问题亟待解决，完善涉外法治人才培养，服务“一带一路”倡议建设还有漫长的道路要走。相信，随着“一带一路”建设的深入推进和中国法治人才培养的不断探索，终将解决涉外法治人才培养的困境，中国涉外法治人才培养的数量和质量终将得到大幅提升。

On the Objectives and Plans of China's Foreign-Related Legal Talent Cultivation under the "Belt and Road" Initiative

Wang Xiangxiu　Zhao Yongpeng

Abstract: The implementation of the "Belt and Road" Initiative has continuously expanded the demand for high-quality foreign-related legal talent in China. However, the cultivation of foreign-related legal talent is still in the exploratory stage. A large number of legal service providers are unable to handle the complex legal affairs of the "Belt and Road" Initiative. In order to break the current dilemma, the authors of this paper should focus on cultivating the talent with moral education, legal education, language education and humanistic characteristics of foreign-related legal talent. The authors also suggest to summarize and refine the training of foreign-related legal talent by taking the clarification the objectives and contents of vocational education, talent cultivating models, and encouraging active participation of various universities as the premise. The goal is to continuously improve the quality of China's supply of foreign-related legal talent through systematic methods, such as, optimizing the curriculum system, cultivating characteristic elites, and establishing foreign-related legal talent training college alliances.

Key Words: the "Belt and Road" Initiative, Foreign-Related Legal Talent, talent cultivation

《法学国标》与涉外法治人才培养关系辨析*

刘坤轮**

摘　要：面对当前我国国际法治人才匮乏的局面，涉外法治人才培养工作究竟应如何开展？《法学国标》和涉外法治人才培养之间是否存在对立紧张关系？通过对我国涉外法治人才培养的演进历史和《法学国标》基本精神的梳理，可以看出，《法学国标》和涉外法治人才培养之间，并不存在一种对立的紧张关系。涉外法治人才培养的主要问题在于培养过程，不在于作为形式的专业设置。未来要切实提升我国涉外法治人才的培养质量，应明确目的性理念和工具性理念之间的逻辑关系，在人才培养协同机制建设、师资队伍涉外实践能力提升、依托《法学国标》做好基础以及完善特色性涉外法律人才培养质量保障体系等方面精准发力，切实实现涉外法治人才的"涉外化""实践化"，真正培养出"具有国际视野、通晓国际规则，能够参与国际法律事务、善于

---

* 基金项目：2019年北京高等教育"本科教学改革创新项目"重点项目"学训一体 实践前置：创新德法兼修法治人才培养机制"的阶段性研究成果（项目编号：JYA20190019）。

** 刘坤轮，中国政法大学法学教育研究与评估中心副教授，法学博士。研究方向：法学教育。

维护国家利益、勇于推动全球治理规则变革”的涉外法治人才。

关键词:涉外法治人才 《法学国标》 涉外实践 协同培养

一、问题的提出

涉外法治人才培养问题日益成为我国法学教育,乃至法治建设的热点问题。在顶层制度设计层面,党的十八届四中全会以来,对涉外法治人才培养的重要意义渐次形成共识,教育部发布的《关于坚持德法兼修实施卓越法治人才教育培养计划 2.0 的意见》(以下简称《卓法计划 2.0》)专设任务点 7,所指向的正是涉外法治人才培养的工作问题。[①] 2020 年 4 月 17 日十三届全国政协在京召开第三十四次双周协商座谈会,专门围绕“建设高素质的涉外法律服务人才队伍”问题协商议政,这些都反映出我国顶层设计层面对于这一问题的探索。与之相应,法学教育界对于涉外法治人才培养的关注也日益增多,体现了法学教育工作者的家国情怀和时代担当,这无疑是值得充分肯定的。

面对当前我国国际法治人才匮乏的局面,涉外法治人才培养工作究竟应如何开展?对于这一问题的回答,需要采取理性谨慎的态度,认真回溯中国法学教育的历史经验,尤其是涉外法治人才培养的历史经验,对照现实中存在的问题实质,遵循经济社会发展以及高等教育发展的基本规律,采取针对性的改革措施,确保涉外法治人才的培养真正致力于“培养一批具有国际视野、通晓国际规则,能够参与国际法律事务、善于维护国家利益、勇于推动全球治理规则变革的高层次涉外法治人才”。[②] 同时,涉外法治人才的培养工作,深嵌在法治人才培养质量提升全局之中,和中国法学教育质量提升的一系列措施有着密切的关系,比如《普通高校本科专业教学质量国家标准(法学类)》(以下简称《法学国标》)、《卓法计划 2.0》以及法学一流专业等,这些都和涉外法治人才培养工作

---

① 参见教育部、中央政法委《卓法计划 2.0》(教高〔2018〕6 号)。

② 参见教育部、中央政法委《卓法计划 2.0》(教高〔2018〕6 号)。

有着更深层次的关联。要真正在全局层面把握好加强涉外法治人才培养工作的方向和措施，就要抓住涉外法治人才相对缺乏的实质症结，尤其是梳理好加强涉外法治人才培养工作和之前提升法治人才培养质量若干举措之间的关系，如此方能对症下药，形成涉外法治人才培养机制的实质改革，否则就很可能成为一种形式高于实质的"装着旧酒"的新壶，只是徒有其表而已。

限于篇幅，本文将集中关注《法学国标》和涉外法治人才之间的关系。至于其他举措，则留待之后进一步研究。为此，本文将首先粗略梳理我国涉外法治人才培养的演进历史，进而结合《法学国标》的基本精神和涉外法制人才的培养现状，梳理出涉外法治人才培养的几个问题，在此基础上，针对性地提炼涉外法治人才培养的改进措施，为涉外法治人才培养工作提供智力支持。

二、我国涉外法治人才培养的历史演进

要理解中国涉外法治人才培养演进的历史精神，就需要理解中国法学教育演进的历史精神，而作为中国法学教育主体的法学本科教育，是理解这一问题的关键所在。因此，要理解当前的本科专业设置中，为什么没有涉外法学或国际法学专业设置，首先就需要厘清我国法学本科的专业历史演进。为了清晰展示我国法学专业设置的历史演进，本文将其大致分为以下几个阶段。

1. 单一专业设置阶段（1949～1982年）。这一时期，中国法学教育的发展基本上处于探索发展阶段，大致历史节点可以划分到1982年以前。这一阶段，中国高等法律院系的专业设置比较单一，高等法学院系的专业设置基本上都只有一个，即便是普通高等政法类院校，也都只设有一个法律专业。③ 当然，这一专业设置模式与我国特定时期的政治、

③ 参见曹义孙：《中国法学教育三十年——成就、问题与出路》，载《中央社会主义学院学报》2009年第5期。

经济、文化以及教育等方面的发展阶段是分不开的，这里不再一一阐述。但主体的思路仍是满足法治人才的基本需求。

2. 多元探索阶段（1983～1998 年）。中国的改革开放是摸着石头过河。与之相对，中国法学专业设置在改革开放初期，也是摸着石头过河，一切适应经济社会发展的措施，都可能被尝试和接纳，不断进行检验探索，之后总结改革经验。对于我国法学专业设置来说，1983～1999 年恰好处于这样一个多元探索阶段。比如，为了适应市场经济改革的需要，我国于 1983 年以后增设了经济法、国际法、国际经济法、犯罪学、刑事侦查、劳改管理和司法管理等 7 个专业，开始改变单一专业的局面。1985 年，原国家教委组织制定了法学类专业目录，除法学、经济法、国际法、国际经济法、犯罪学、刑事侦查、劳动改造法学外，还增设了环境法学、知识产权两个第二专业学位。1991 年起，原国家教委和司法部又共同组织修订了专业设置目录，并于 1993 年颁布了新的法学专业目录，调整为 5 个本科专业（法学、经济法、国际法、国际经济法和劳动改造法学）。侦查学划归公安类专业目录，犯罪学、知识产权法和环境法 3 个专业升格为研究生专业或学科专业下的一个专业方向。④

3. 理性回归阶段（1999～2013 年）。在这一阶段，法学本科专业设置的主导思想是“厚基础、宽口径”。随着教育规模的不断扩大，我国高等教育逐渐走向大众化发展阶段，与之相应，专业设置过细所导致的各种问题也就显现出来了，其中最重要的就是专业口径过窄的问题。这不仅影响了学生知识面的拓展，也不适应市场经济的需要，同时也不符合高等教育的基本规律。因此，在多元探索阶段后期，教育部就已经开始按照“宽口径、厚基础”，提高综合文化素质、培养治国人才的要求，对我国高等教育专业设置予以改革。1993 年，我国高等教育专业数量由 813 个减少为 504 个，1998 年又调整为 249 个。1998 年颁布的《普通高等学校本科专业设置规定》和《普通高等学校本科专业目录》，将我国高校分为 10 类，即综合、理工、农林、医药、师范、外语、财经、政法、体育和艺术

---

④ 参见司法部教育司：《1979～1993 年的法学教育工作》，载《中国司法行政年鉴》编辑委员会编：《中国司法行政年鉴》（1995），法律出版社 1996 年版，第 44 页。

院校,并且对高校专业设置条件、审批权限、审批程序等作出了明确规定,就此奠定了学科门类的概念。与《普通高等学校本科专业设置规定》的精神相一致,1997 年 10 月在广东举行的法律教育指导委员会工作会议,决定自 1999 年起只按一个法学专业招收本科学生(可在高年级设置若干专业方向),并决定了全国各高等学校法学本科专业都必须开设的 14 门核心课程,增加学生自由选修课程。⑤ 教育部 2001 年 8 月 28 日印发的《关于加强高等学校本科教学工作提高教学质量的若干意见》⑥和 2001 年 10 月 25 日印发的《关于做好普通高等学校本科学科专业结构调整工作的若干原则意见》⑦,都是在"宽口径、厚基础"的主导思想下进行的专业设置改革。

4. 质量提升阶段(2013 年至今)。这一阶段的主导思想是对前一阶段思想的延续,可以概括为"厚基础、宽口径、强能力、高素质"。如果将这 4 个语词进行拆分,那么,"厚基础"和"宽口径"对应人才培养的一般性问题,"强能力"和"高素质"则更多对应的是特色性问题,关注的是人才培养的质量。因此,这一阶段和高等教育评估的体系化展开就有了重合之处,⑧对应的是高等教育评估层面中"管办评"分离的质量保障理念,政策文本分别为中共中央 2013 年 11 月印发的《关于全面深化改革若干重大问题的决定》、2017 年 9 月印发的《关于深化教育体制机制改革的意见》以及最新的 2020 年 2 月印发的《关于深化新时代教育督导体制机制改革的意见》。在法学专业的质量提升方面,则对应着 2018 年出台的《法学国标》和《卓法计划 2.0》。这一阶段,法学专业建设是在一般性和特色性相融合的指导思想下进行的,延续了上一阶段专业设置的基本精神。从专业演进的历史来看,特色发展道路一直处于探索之中,但

⑤ 参见郭天武、严林雅:《法学一流学科建设及其人才培养模式探析》,载《高教探索》2018 年第 12 期。

⑥ 参见《关于加强高等学校本科教学工作提高教学质量的若干意见》(教高〔2001〕4 号)。

⑦ 参见《关于做好普通高等学校本科学科专业结构调整工作的若干原则意见》(教高〔2001〕5 号)。

⑧ 参见王德林:《我国高等教育评估制度的合法性审视》,载《高校教育管理》2012 年第 4 期。

特色性一定是“强能力、高素质”的，因此，只能对有能力提升质量的院校放开。这也就是为什么 2002 年教育部首次尝试放开一部分专业设置权，决定授予北京大学、清华大学、北京师范大学、上海交通大学、浙江大学、武汉大学、中国政法大学等 7 所高校本科专业自主设置权。对于其他院校，1998 年本科学科专业结构调整中已经归并的专业，原则上不再恢复设置。同时，对于办学特色和优势显著、办学条件好的已归并专业，经学院申报、专家审议和学校审批后，可在二级专业类下设专业方向，开设相关专业课程模块，由学生自主选择。

由这一历史进程可见，我国法学专业的设置是经过探索检验，在逐步回应社会需求和遵循高等教育规律基础上演进至今的。以往分设不同专业的模式并没有彰显出成功的经验，同时在这一过程中，我国高等教育已经走过了精英化、大众化阶段，现在朝着普及化阶段发展，质量和特色成为新时代中国高等教育的主导发展理念，这也就有了本科设置的人才培养是一个融合了专业“一般性”和专业“特色性”的模式，这是历史发展的必然趋势。在这一历史进程中，法学教育专业设置的发展变化，也正反映出这一历史进程。质量和特色发展的最好文本载体之一，就是《法学国标》。

三、《法学国标》的基本精神

《法学国标》的基本精神之一是“让基础的更基础，让专业的更专业”。

第一，《法学国标》是在法学教育质量提升的语境之中，对于其中引起争议最多的法学类专业核心课程体系设置问题进行明确，这恰恰是上一届教育部高等学校教学指导委员会勇于担当的标志。从历史上看，1999 年我国法学教育法学专业课程体系确立了 14 门法学本科核心课程，2007 年又增补劳动与社会保障法、环境与资源保护法为核心课程，之后一直没有变化。⑨ 由此导致了各法学院系自主性不足,形成法学院系千人一面,特色化不明显等问题,并且无法覆盖新兴学科领域,进而无法积极回应国家全面推进依法治国战略需要。⑩ 因此,《法学国标》采取分类设置的方法,在坚持原有核心课程性质不变和做增量调整的原则,坚持重基础、出特色,将法学类专业核心课程分为两类,其中第一类为法学专业学生必须完成的10门专业必修课,第二类为各院校根据办学特色开设的其他专业必修课,原则上不低于5门,也就是所谓的“10 + X”的设置模式。⑪ 由此可见,《法学国标》追求的是“让基础的更基础,让专业的更专业”,对于本科以涉外法治人才培养为特色的院校,起到的是正向的促进作用,而不是妨碍作用。比如在X的选择方面,以涉外法治人才培养为特色的法学院系,完全可以将国际经济法、国际私法纳入本科专业核心课,并且可以将其扩展到比较法导论、世界贸易组织法、国际投资法、国际争端解决、国际知识产权法、国际环境资源与能源法、国际刑法、文化遗产法等课程,按照其课程重要程度分设必修课和选修课。《法学国标》并没有对既往的涉外法学本科设置任何障碍,相反,由于总量的减少,反而为涉外法学课程组的设置提供了更多的空间。

第二,《法学国标》主要针对的是法学本科专业,但目前本科毕业生直接就业者比例不太高。当前中国法学教育的基本格局是多层次的。也就是说,除了法学本科外,还有法学硕士、法学博士,而《法学国标》针对的是法学本科专业教育,指向的是高等法学本科教育的质量问题,并不涉及法学研究生教育。因此,法学本科本身和高素质法治人才的培养并无冲突之处,无论特定类型的法治专门人才是涉外型的,还是其他类型的。法学本科直接走上工作岗位的比例并不高,这一方面是由法律职业的精英性所决定的;另一方面也是中国高等法学教育规模发展的必

⑨ 参见刘坤轮:《我国法学专业核心课程的流变及最新调整》,载《中国法学教育研究》2019年第2期。

⑩ 参见李树忠:《坚持改革调整创新立中国法学教育,德法兼修明法笃行塑世界法治文明》,载《中国大学教学》2018年第4期。

⑪ 参见刘坤轮:《我国法学专业核心课程的流变及最新调整》,载《中国法学教育研究》2019年第2期。

然。因此,中国顶级的法学院系,其国内国外的深造率一般也都很高,国内的一线城市的法律职业岗位也基本上对研究生以上学位开放。因此,从这个角度说,《法学国标》在法治人才培养体系中,只是进一步发挥着强基固本的作用,法治人才素质的进一步提高,则需要研究生阶段的学习,甚至一些院系博士研究生的就业也有50%左右走上实务部门,现实也正印证了这一趋势。因此,如果说涉外法治人才是一个更为精英的法律职业群体,那么,在中国高等教育已经进入大众化的当前阶段,就更应当以扎实的法学专业基础为前提。

第三,《法学国标》只是底线要求,与一流专业和《卓法计划2.0》构成了一个法学专业教育"保合格、上水平、促卓越"的法学质量保障体系。《法学国标》概述部分中明确:"各校应根据自身的定位和办学特色,根据本标准制定法学类专业的教学质量标准,并对本标准中的条目进行细化规定,但不得低于本标准相关要求。鼓励各高校高于本标准办学。"这就意味着,《法学国标》是法学本科专业教育的底线要求,指向的是法学本科专业人才培养质量不高的问题。《法学国标》制定时,全国共有630个左右的法学本科专业学科点。办学数量多、办学层次杂、办学质量没有保障,社会上对于法学专业的质疑之声也越来越多,高等法学教育转向以提升质量为核心的内涵式发展道路已经成为时代所需。[12]于是,法学教育采取了一系列举措,包括制定作为法学专业教育底线要求的《法学国标》、设置达到一定建设水平的分赛道设置的法学一流专业,以及《卓法计划2.0》,这就构成了法学教育质量提升的一整套体系,可以将其理解为法学教育领域中的"保合格、上水平、促卓越"的质量保障体系。由此,对于需要"上水平、促卓越"的涉外法治人才培养工程来说,即便是只就本科阶段而言,《法学国标》也只是质量保障体系中最低要求的一环,进一步的遴选提升任务,完全可以通过法学一流专业和《卓法计划2.0》予以实现,更毋庸说,法学本科之上,还有法学硕士、法律硕士、法学博士和应用型法学博士等一系列制度设定,来进一步保障涉外

⑫ 参见李树忠:《坚持改革调整创新立中国法学教育,德法兼修明法笃行塑世界法治文明》,载《中国大学教学》2018年第4期。

法治人才的培养质量。

第四,《法学国标》的课程设计符合国际法学教育标准设置规律。⑬《法学国标》的课程设置中,10门所有法学院系必须修习的课程,参照系是各国通行做法。这10门核心课程的确定是与国际通行做法保持一致的,是各国法科学生的“标配”。中国政法大学费安玲教授曾对世界各国法学教育的课程设置进行过专门的研究,提炼总结出共同的核心课程,主体课程大体为民法类课程占必修课程的1/3,其次为刑事法、行政法以及程序法等课程。无论是英美法系的美国、英国、澳大利亚,还是大陆法系的法国、德国,抑或远东的日本、韩国等,在法学初级学位的核心课程设置方面,基本上都采用的是这样一种模式。并且,在本科或其他初级法学学位中,并没有出现凸显某一特定法治类型的专业设置,也就更毋庸谈及课程设置层面的问题了。从这个角度来说,涉外法治人才的培养质量问题,和本科阶段一般性的法学类专业核心课程并不冲突,更谈不上对立的关系。法学基础学位的核心课程设置以基础为导向,既符合国际通行的做法,也是经过我国法学专业设置历史检验的,更是符合法学专业教学的一般性原理的。

四、涉外法治人才培养的症结

由上可知,涉外法治人才匮乏,涉外法治人才培养质量不高问题的症结并不在法学本科,《法学国标》更没有阻碍涉外法治人才培养的质量提升;相反,《法学国标》在奠定法学本科教育一般性和基础性的同时,一定程度上为涉外法治人才的培养提供了更多的空间。但是,涉外法治人才匮乏的现状却是确实存在的,这一点在学者统计的中国在一些国际组织的涉外法律工作者的比例可以反映出来。症结究竟何在?这就需要先摸清当前涉外法治人才培养的基本情况,然后对症下药。

---

⑬ 参见刘坤轮:《论民法学在法学本科专业课程体系中的基础地位》,载《中国大学教学》2019年第11期。

以国际法为例,在师资队伍方面,据统计,全国共有国际法专业硕士研究生导师888人,国际法专业博士研究生导师275人,教授本科国际法相关课程的教师数共计2006人。在人才培养方面,本科阶段,以国际法为培养特色的法学院系共有法学本科专业在校生18,639人。国际法硕士学位在校研究生有3739人。国际法博士学位在校研究生有892人。在协同培养方面,全国共有涉外法治人才培养的校外实践教学基地1068个。全国法学教育领域与国外建有稳定合作关系的海外高校1329所,涉外法治人才在校生中,具有涉外实习经历的学生4560人。

应该说,涉外法治人才培养的规模现状,并不是特别小,但却仍然无法满足现实中涉外法治人才的需求。对此,可能需要深挖一下培养过程。就涉外法治人才的培养过程来说,其构成要素的不涉外,才是主要原因,具体可以分解为如下几项。

1. 协同培养机制不够健全。从以上涉外法治人才培养的基本情况来看,我国涉外法治人才培养的问题基本不在规模,而在培养模式。也就是说,现行的涉外法治人才培养模式中,并没有能力实现涉外法治人才的协同机制。2017年5月3日,习近平总书记考察中国政法大学时指出,法学是实践性很强的学科,这一判断把握了法学教育的实质,也就是法学教育必须是实践导向的,而涉外法治人才的培养则必须是涉外实践导向的。只有在培养过程中,真正贯彻落实涉外法律实务的训练,才有可能训练出具备涉外法律事务处理能力的高素质人才。但以上资料所反映出的现实却是,有涉外实习经历的涉外法学学生,即便不细究这些涉外实习经历的实际长短,也只有不足20%的比例。现有的涉外实践基地只有1068个,更是远远无法满足现有涉外法学学生的需求,涉外法治人才的培养根本无法实现实质的“涉外实践”。在现有的涉外人才协同培养机制不足以满足现有涉外在校法学专业学生需求的情况下,进行规模扩张对于问题的解决是毫无助益的。

2. 师资力量仍不理想。当前高等法学教育中,对于教师的要求,基本上是以博士学位作为起点。而中国法学博士学位的设定,沿袭了学术研究的基本培养路径,只是近年来才在一些法学院校出现了应用型法学博士项目,但招收的学生未来的就业方向是实务部门,并不走向法学教师群体。这就导致在现有的涉外法学师资队伍中,真正具有实践能力的教师少之又少。而在各种法律事务中,涉外法律事务所牵涉的法律关系最为综合复杂,牵涉的法律规范,不仅是国际法,还大量涉及纠纷双方的本国法,如此一来,就使得涉外法律事务的处理更加具有难度,对法律应用和实践能力的要求也就更高。与之相对的问题是,我国现有的涉外法治师资队伍中,本科阶段教授相关课程的就有2006人,尽管规模上并不小,但主要是以学术训练为主要导向的涉外法律师资力量,具有法律事务经验和能力者却是显然不足的,也就很难保证涉外法治人才培养的实践性技能的培养。

3. 涉外法治人才培养的理念逻辑尚不清晰。在关涉涉外法治人才培养的顶层设计文本中,有一条内在的逻辑常常被忽略,那就是作为工具的涉外纠纷处理的规则运用能力和作为目的维护国家利益的政治素养。比如《卓法计划2.0》对涉外法治人才的描述为"培养一批具有国际视野、通晓国际规则,能够参与国际法律事务、善于维护国家利益、勇于推动全球治理规则变革的高层次涉外法治人才"。这就意味着,在涉外法治人才的培养过程中,工具和目的的区分是十分明确的,"具有国际视野、通晓国际规则,能够参与国际法律事务"是通过专业教育培养的知识和能力,处于工具性的地位;而"善于维护国家利益、勇于推动全球治理规则变革"则是素质层面的要求,是要求涉外法治人才能够稳定地运用涉外法律知识和能力,实现国家利益维护和全球治理规则变革的素质要求,从培养规格角度来说,是高于知识和能力的,是目的性的要求。同时,更需要指出的是,涉外法治人才要实现这一目的,对于本国法律规则的熟悉是基础,所谓基础不牢,地动山摇,《法学国标》"让基础的更基础"的核心课程设计精神,解决的恰好正是这一问题。

4. 涉外人才培养质量保障体系尚不完善。无论是何种类型的法治人才培养,要保障其质量,就必须有完备的质量保障体系。目前,在我国的涉外法治人才培养过程中,对于各种质量保障措施,比如督导评教、同行评价、课程评价、就业评价等一系列工作都存在涉外性不强的问题,目前尚未看到专业化的涉外法治人才培养的质量报告等类似研究,不能不说这是令人感到遗憾的。一些学校的督导评教,往往也并不区分课程是否涉外,甚至是由一些并不懂外语的退休教授完成督导的工作,使得质量保障体系的有效度大打折扣。在最新的审核评估中,明确强特色的要求,这就要求从学生入学开始到学生就业,质量保障措施要贯彻落实到涉外法治人才培养的每一个环节,但目前涉外法治人才培养中存在的各种问题表明,这一强特色的审核评估要求,在涉外法治人才培养过程中并没有有效实现 PDCA 的闭环循环,这一点仅从只有 20% 的国际法学生具有海外实习经历的数据中就可窥视一斑,更无须论及涉外法学学生的就业质量了。

五、强化涉外法治人才培养的关键举措

由以上原因分析,可以基本厘清,涉外法治人才培养的症结并不在作为本科专业的法学教育,而在于培养过程。因此,要有效提升我国涉外法治人才培养质量,就必须在培养过程的各个要素下功夫,在这一过程中,要充分释放《法学国标》厚基础的作用,精准发力,切实提升涉外法治人才的培养质量。

第一,顶层设计支持协同培养机制的建设。目前,《卓法计划 2.0》已经启动,新一批的涉外法治人才培养基地的遴选工作也即将开始,教育主管部门的这一有力举措,指向的正是涉外法治人才培养过程中"涉外性"不足的问题,因此,在遴选的过程中,要切实支持一批能够建立起国内国外协同培养机制的院校,设置以内外协同培养为主导理念的涉外法治人才培养基地。在当前国际疫情形势下,涉外法治人才培养的资源配置尤其需要理性,做到好钢用到刀刃上。因此,建议涉外法治人才培养基地的遴选分类别设置。第一类为成熟型基地,指向海外实习基地达到一定数量,覆盖海外实习学生达到一定比例的法学院系,比如明确将这一比例设置为 50% ~80% 。第二类则为培育型基地,指向尽管海外

实习基地未达到一定数量,覆盖海外实习学生比例未达到一定比例,但经过支持建设,可能实现这一目标的法学院校,对于这一类型院系,前期遴选后予以重点支持,争取使之早日进入成熟型涉外法治人才培养基地行列。建设后,则要严格验收,对于不能符合建设目标预期的,要坚决执行退出机制,使之退出涉外法治人才培养基地行列,确保涉外法治人才培养的高质量和高水准。为此,有必要明确外交、商务等涉外实务部门接收、推荐学生进行涉外岗位实习的责任,尤其是涉外法治人才培养基地院校,要切实保障涉外法治人才培养过程中的实习实践环节的落实。

第二,形成涉外法学教师实践能力的协同养成机制。涉外法治人才的培养,师资是关键性要素之一;而涉外法学师资队伍的各项能力中,如果要完成"善于维护国家利益、勇于推动全球治理规则变革"的使命,涉外法律事务的实践能力则为其核心能力之一。对于涉外法学教师队伍实践能力的养成,传统形式的理论培训显然是不够的,必须引入涉外机构和组织,形成协同养成机制。因此,建议在顶层制度设计层面,明确负有外事责任的中央部委对涉外法治人才培养的主体责任,向中国高校开放相关岗位,试行高校教师和外事工作机构工作人员的双向流动机制,鼓励高校教师到外事、商务等涉外实务部门挂职锻炼,允许外事、商务等实务部门工作人员到高校担任兼职教师,双向提升高校涉外法治人才培养的理论水平和实践能力。

第三,切实贯彻落实《法学国标》,打好基础,做出特色。从涉外法治人才培养的理念逻辑角度分析,不仅要让培养的涉外法治人才"具有国际视野、通晓国际规则,能够参与国际法律事务",更要让这些涉外法治人才"善于维护国家利益、勇于推动全球治理规则变革"。因此,涉外法治人才不仅要对涉外法律规则进行熟练掌握和运用,还要对国内法律规则熟练掌握和运用,更要具备"善于维护国家利益、勇于推动全球治理规则变革"的政治素质和家国使命感。如何维护国家利益?推动全球治理规则向哪变革?这些问题的答案所指向的恰好是坚实的国内法律的知识和能力基础,《法学国标》核心课程主体内容为中国当前主要的实体法和程序法,所解决的恰好是涉外法治人才培养的目的性问题,也就是维护国家利益、推动全球治理规则变革的知识和能力。

第四,完善特色性涉外法治人才培养治理保障体系。人才培养的治理保障体系要求有制度、有组织、有人员、有执行、有反馈、有改进,形成结果导向的人才培养治理闭环。《法学国标》底线标准的定位为涉外法治人才培养治理保障体系,它开启了第一环的建设步伐。未来的涉外法治人才培养治理保障体系要在《法学国标》基础之上,充分结合涉外法治人才的培养特色,从质量标准设计、质量组织建设、质量监控人员、质量评估报告、质量评估反馈、质量提升反馈的各个环节,系统着力,把特色性,也就是"涉外性"融入涉外法治人才培养过程的每一个环节,切实保障质量标准高于《法学国标》,质量监控覆盖人才培养全过程,人才培养质量内外部评价高于一般法学的水准。

综上,通过我国涉外法治人才培养的演进历史和《法学国标》基本精神的梳理,可以看出,《法学国标》和涉外法治人才培养之间,并不存在一种对立的紧张关系。涉外法治人才培养的主要问题在于培养过程,不在于作为形式的专业设置。未来要切实提升我国涉外法治人才的培养质量,应明确目的性理念和工具性理念之间的逻辑关系,在人才培养协同机制建设、师资队伍涉外实践能力提升、依托《法学国标》做好基础以及完善特色性涉外法律人才培养质量保障体系等方面,精准发力,切实实现涉外法治人才的"涉外化""实践化",真正培养出"具有国际视野、通晓国际规则,能够参与国际法律事务,善于维护国家利益、勇于推动全球治理规则变革"的涉外法治人才。

An Analysis of the Relationship between *National Standards of Law Major* and the Cultivation of Legal Talent of Foreign-Related Affairs

Liu Kunlun

Abstract: Faced with the current shortage of legal talent of international law in China, how should the cultivation of rule-of-law be carried out? Is there any tension between the *National Standard of Law Major* and the cultivation of legal talent of foreign-related affairs? Inspecting from the evolutionary history of the cultivation of the talent of foreign-related affairs in China and the combing of the basic spirit of the *National Standard of Law Major*, it can be seen that there is no tension between the *National Standard of Law Major* and the cultivation of legal talent of foreign-related affairs. The main problem in the cultivation of legal talent of foreign-related affairs lies in the process, not the program setting and forms. In the future, in order to improve the quality of the cultivation of legal talent of foreign-related affairs, a series of measures should be taken, including: to clarify the logical relationship between the purposeful concept and the instrumental concept, to make precise efforts to the construction of a collaborative mechanism for talent cultivation, the improvement of the teaching staff's practical ability of foreign-related affairs, the implementation of the *National Standard of Law Major* as the essence and the improvement of the quality guarantee system for the cultivation of legal talent of foreign-related affairs with characteristics. These measures help to realize the cultivation of "foreign-related", "practical-oriented" legal talent and cultivate the legal talent of foreign-related affairs who "have international vision, know well in international laws and rules, participate international legal affairs, good at maintain national interest, courageous to promote changes in global governance rules".

Key Words: legal talent of foreign-related affairs, *National Standard of Law Major*, foreign-related practice, collaborative cultivation

复合型知识产权人才培养与知识产权交叉学科设置研究*

张怀印**

摘　要：近年来，国内对于改革知识产权学科体系、设置独立的知识产权交叉学位的呼声很高，究其原因在于知识产权是法学、管理学、经济学和自然科学等学科紧密相连的交叉学科，当前从属于法学或管理学的学科设置已经成为制约知识产权人才培养的主要瓶颈。从复合型知识产权人才培养的实践来看，知识产权交叉学科的设置能够为解决当前知识产权人才需求旺盛与供给不足的矛盾带来新的机遇。该学位的设置是一项复杂的系统工程，只有对其展开深入研究和科学论证，对该学科设置的必要性、学科定位、构建方案等重要内容作出科学的回答，才能有利于该学科设置之后得到广泛认可和良性运转。

关键词：知识产权交叉学科　定位　课程设置　实践环节

---

* 基金项目：2021年上海高校智库内涵建设计划支持项目“新科技革命背景下知识产权交叉学科设置问题研究”（项目编号：2021ZKNH018）；安徽省2019年质量工程重点项目“‘互联网+’人工智能背景下知识产权法课程教学改革研究”（项目编号：2019jyxm0284）。

** 张怀印，同济大学上海国际知识产权学院副教授，博士生导师。研究方向：知识产权法、知识产权教育。

自20世纪80年代中期知识产权人才培养伊始,知识产权人才的培养主要是放在法学一级学科下的民商法学、经济法学、国际法学等学科,以及管理学下的公共管理、企业管理、管理学科与工程等学科之下。近年来,随着知识产权事业在社会上受重视程度的提高,知识产权学科的地位也得到提升。很多高校按照法学或管理学之下的二级学科招生并培养学生。知识产权学科作为二级学科的从属局面一直都没有得到改变。我国复合型知识产权人才培养中存在人才培养规模难以满足社会需求、高校培养的知识产权人才难以满足社会需要等不足,其中一个重要原因在于当前知识产权学科在整个学科体系中的尴尬局面一直没有理顺,业已严重制约了我国高校复合型知识产权人才培养的实践。

2020年7月29日,全国研究生教育会议透露信息,我国决定新增交叉学科作为新的学科门类,成为我国第14个学科门类。① 学科的设立与调整既与知识生产的要求相关,更与学科育人这一根本任务密切相关。② 学科交叉是知识产权学科的自然属性,复合型知识产权人才的培养也离不开法学、管理学等多学科的知识体系供给和学科方法训练。因此,我们有必要从复合型知识产权人才培养的实践和社会需求出发,结合同济大学知识产权交叉学科设置的实践探索,探讨学科定位不清对人才培养的桎梏问题,明确知识产权交叉学科的定位及其具体构建路径。

一、学科定位不清严重制约复合型知识产权人才培养

作为一个学科,知识产权在现代学科体系划分中处于比较尴尬的境地。由于知识产权学科是法学、管理学、情报科学、自然科学等多个学科交融而成的新兴学科和边缘学科,单纯归为任何一个现有学科体系都无

① 参见杨频萍、王拓:《打破壁垒,科学创新离不开融合》,载《新华日报》2020年8月17日,第6版。

② 参见王之康:《交叉学科将成我国第14个学科门类》,载《中国科学报》2020年8月11日,第6版。

法找到合适的立身之处。从培养方案设置、师资力量配置到学科评估体系的各个环节,知识产权学科建设业已成为复合型知识产权人才培养的掣肘。具体而言,“一是知识产权学科定位不清直接导致了相关教学研究机构设置的不统一,影响了知识产权教学活动的有序开展。二是知识产权学科定位不清直接导致了师资培养的困难,影响了知识产权师资人才队伍的稳定。三是知识产权学科定位不清直接导致了招生名目不清晰,影响了高质量知识产权人才的培养”。③

笔者认为,当前学科体系下高校培养方案难以合理设置、师资力量无法合理配备、学科评价机制不匹配是困扰当前知识产权学科建设、影响复合型知识产权人才培养实践的主要因素。

1. 培养方案设置不合理。前已述及,现有知识产权学科大多依托于法学或者管理学一级学科之下,一级学科的培养方案要求和学科评价体系制约着知识产权培养方案的制定。以法学硕士(知识产权)研究生的培养为例,按照教育部的法学门类,共计 16 门课程左右,其中不少法学类核心课程属于必修或必须设置的课程,留给知识产权方面课程的课时数屈指可数,培养方案难以合理设置,学生培养方案不明晰,将会严重影响复合型知识产权人才的培养。

2. 师资力量配备不平衡。跨学科、复合型师资力量的不足是影响知识产权人才培养质量的重要因素。一般而言,学科壁垒会影响教师从事学科交叉研究的兴趣和动力。从事学科交叉的研究会降低该教师在原学科领域的影响力,甚至可能对教师的学术生涯产生不利的影响④。教师从事交叉研究不足,直接关乎知识产权人才培养质量的高低。囿于学科之限制,很多高校的知识产权师资偏向于法学或管理学等单一学科,教师往往缺乏交叉学科研究的经验,在授课、学生论文指导方面往往力不从心。比如,管理学背景的教师,指导学生完成法学毕业论文时,往往

③ 陈良伟:《扎实推进知识产权学科建设和专业学位教育》,载《中国知识产权报》2017 年 3 月 24 日,第 8 版。

④ 参见程莹:《研究型大学开展学科交叉研究的问题、模式与建议》,载《科学学与科学技术管理》2003 年第 11 期。

因为研究方法和范式、学科理论体系的差异而常常令学生无所适从,制约了研究生学术培养的质量。

3. 学科评价机制不匹配。当前,我国学科评估体系并不规范。无论是对学科、专业,还是对个人科研教学能力的评价,过多强调论文数、专著数、课题数、获奖数等指标,缺乏全面系统的质量指标以及数量与质量相统一的评估程序和评价体系,而且不同学科特别是文理间学科的评估尺度、衡量标准、考评重点都自成体系,没有形成相对统一的评价机制和程序⑤。传统单科制的评估体系对知识产权学科极为不利。让知识产权学科去遵循法学或者管理学等学科的评价体系,往往会出现削足适履的局面。举例而言,2015年春季国内三所培养知识产权高端人才的博士点之所以被撤销,其中关键原因之一即在于知识产权学科在法学和管理学中一直没有得到较好的认同,如果知识产权学科一定要按照法学或管理学的评价标准来评价,很容易出现难以符合学科评价标准的问题。

从研究生学位授予的视角看,由于现行学科专业设置差异,各学科评价体系不统一,也影响到交叉学科学位的授予问题。同济大学知识产权交叉学科虽然已设立,但是在学科建设上仍然面临一个问题:该学科并不是教育部备案的独立一级学科,学位上落脚在工商管理学科,仍然没有完全摆脱传统单一学科设置的窠臼。如此一来,研究生毕业获得工商管理硕士,难以真实反映其研究领域,也会影响到学生申请交叉学科培养的积极性。此外,各学科培养目标和范式不一致,也对交叉学科研究生在毕业论文选题、培养、论文抽检等方面造成很大的困扰。

一言以蔽之,当前我国知识产权学科设置中的从属局面已经成为复合型知识产权人才培养的主要掣肘因素,是当前学科体系改革和学位制度改革中必须面对的环节。而知识产权交叉学科的设置,无疑将成为去除学科壁垒,强化复合型知识产权人才培养的一剂良药。

---

⑤ 参见郑文涛:《高等学校交叉学科建设——现实困境与对策选择》,载《社会科学管理与评论》2009年第2期。

二、知识产权交叉学科的学科属性和定位

交叉学科成为我国学科门类中的第 14 个学科，为知识产权独立成为交叉学科扫清政策上的障碍。当前，知识产权作为交叉学科授权点设立，其学科具体如何定位，是需要思考的首要问题。学科定位也决定了其未来的发展方向。笔者认为，根据多年来知识产权人才培养的实践，知识产权交叉学科应该是一级学科，复合型知识产权人才培养的平台，着眼于培养专业型、精英型和专长型知识产权人才。

(一)交叉型研究生一级学科

根据 2018 年国务院通过的《关于高等学校开展学位授权自主审核工作的意见》规定，20 所具有自主审核权的高校可以自主探索交叉学科的设置。满足条件的高校完全可以利用这一新机遇，自主探索法学、管理学、图书与情报科学、自然科学等多学科领域的交叉性研究培养方案，设置知识产权交叉学科。按照这一定位，知识产权交叉学科属于一级学科，可以包括硕士和博士研究生两个层次。本科阶段的知识产权复合型人才培养暂时不包括在内。比如，同济大学在 2018 年年底已经利用学校自主授权，成功备案知识产权交叉学科博士点，主要包括知识产权、工商管理、生命科学、电信工程等学科。下一步可以进一步申请多学科的知识产权硕士交叉学科，就可以形成知识产权交叉学科的一级学科。

(二)复合型知识产权人才培养的平台

知识产权人才本身就需要多学科交叉型的知识结构。交叉型学科设置正好契合知识产权人才培养的规律。知识产权交叉学科的设置，可以成为社会所急需的复合型人才培养的平台。

知识产权交叉学科设置以后，可以通过两种途径招收并培养复合型知识产权人才。一是招收具有理工科或者法学外其他学科背景知识的本科生攻读研究生学位；二是在校内面向本校理工科或者法学外其他学科背景知识的研究生开展第二学位教育。当前，知识产权交叉学科的设

置处于探索阶段,应当以第一种培养模式为主,待时机成熟后开展面向本校学生的第二硕士学位教育。

(三)专业型、精英型、专长型知识产权人才培养的摇篮

三十多年来,我国在知识产权人才培养方面已有一些成熟的学科体系,如法学硕士、法律硕士、管理学硕士、经济学硕士等,既有学术型学位又有专业型学位。知识产权交叉学科设置以后,与现有的学位体系如何区分?应当如何定位?笔者认为,知识产权交叉学科应当定位于专业型、精英型和专长型知识产权人才。

1.学术教育与专业教育

知识产权交叉学科的定位,需要面对两个问题。第一,知识产权交叉学科与现有的学术型学位如法学硕士、管理学硕士有何区别?这是知识产权交叉学科设置必须面对的问题。从其培养目标、培养方案设置和培养过程来看,学术型硕士主要是通过学术训练,培养从事科学研究的人才。当然,也可以培养各类实务型人才。比如法学硕士,已经成为知识产权律师、法官、执法人员、法务人员培养的主要途径之一。然而,从知识产权人才需求和就业状况来看,我国并不需要太多的学术型人才。正如徐显明教授所说:中国不需要大规模的研究型的法学硕士,应以具备职业能力的法律硕士为培养的主要方向。法学教育应从目前的"学术型法学教育"转向"职业型法学教育"⑥。知识产权人才培养也是如此。结合交叉学科具有复合型人才培养的目标,笔者认为,交叉学科应当定位为专业型教育。

第二,知识产权交叉学科与现有的专业学位如法律硕士又有何区别?在很多高校,法律硕士同样是知识产权人才培养的重要途径。比如同济大学、华南理工大学的法律硕士选择知识产权方向的导师,从事知识产权研究,也可以培养成复合型知识产权人才。这是否意味着我们可以对现有的专业学位加以改造而无需设置新的学位呢?答案是否定的。法律硕士(非法学)在培养复合型知识产权人才方面也有其不足之处:

---

⑥ 参见徐显明:《学术型转向职业型是法学教育的出路》,载《中国司法》2009年第5期。

一是该专业的定位是包括知识产权人才在内的各种复合型法律人才，知识产权只是其中之一。由于各高校情况不同，有些高校知识产权师资匮乏，因而会导致整体上复合型知识产权人才培养的数量和规模较小，难以满足社会上用人单位的需求。二是该专业属于法律学位，在课程设置上已经由教育指导委员会设置必需的课程，大多属于法学课程，在学习内容方面难以符合用人单位对知识产权复合型人才的特定要求。三是该专业学位存在与学术型培养模式趋同的倾向⑦、实践环节薄弱、难以达到复合型人才培养目标等不足。由此观之，虽然法律硕士(非法学)也是教育部设置的专业学位，在知识产权人才培养方面也做出了一定的贡献，但由于其自身的局限性⑧，该专业学位培养的学生，无论是在数量上还是在专业方面仍然无法满足当前社会用人单位对高端复合型知识产权人才的需求。

2. 职业教育与精英教育

职业人才培养与精英人才培养都是经济与社会发展所不可或缺的人才培养途径，因而都有其可取之处，本身并无高下之分。从知识产权专业人才的需求来看，相对于宽口径、数量庞大的法律人才和管理人才，知识产权专业人才相对而言属于小众化的人才群体，从需求数量上与前者远远无法相比。因此，我们将知识产权交叉学科定位于一般的知识产权职业培训教育虽无不可，但并非本交叉学科设置的最优定位选择。笔者认为，不能将其定位于一般的职业教育，而应该定位于精英教育。吴汉东教授曾指出，知识产权人才应当是复合型人才、高端型人才，应当以应用型、国际型人才为主。⑨ 这一人才培养要求也凸显了其作为精英人才的定位。复合型、应用型、国际化知识产权人才主要是满足国际组织、跨国公司、大型企业、知识产权执法和司法机构对知识产权人才的需求。

---

⑦ 参见王永哲:《我国全日制专业学位研究生培养的学术化倾向及改革对策》，载《研究生教育研究》2016 年第 4 期。

⑧ 参见黄汇、冯俊伟:《创新知识产权法律硕士人才培养的实习规划探讨》，载《中国法学教育研究》2015 年第 2 期。

⑨ 参见吴汉东:《知识产权的学科特点与人才培养要求》，载《中华商标》2007 年第 11 期。

高端复合型知识产权人才在教育时间、教育成本方面付出较大，因而其薪资要求较高。因而，知识产权交叉学科定位最好为精英教育。

3. 通才教育与专才教育

社会所需的知识产权人才通常为高端复合型人才。然而，需要指出的是，高端复合型人才并不等同于通才教育和全能型知识产权人才。因此，知识产权交叉学科在强调复合型培养的前提下，不能"眉毛胡子一把抓"，而是要抓住知识产权教育中的重点和特色。具体体现为，各高校应该根据自身学科优势和师资力量，在参考学生的不同知识背景以及社会需求的基础之上，来制定相应的培养方案，以培养知识产权某一领域的专长人才。笔者认为，主要可以分为以下两类：一是基于理工科背景的培养方向。二是基于其他学科（法学除外）背景的培养方向。前者通过专利信息检索与分析、专利申请代理、专利挖掘与布局等专业课程的设置，重点培养胜任知识产权代理与审查、管理、运营和执法等领域的复合型知识产权人才。后者则重点通过知识产权企业管理、知识产权行政管理、知识产权评估等课程的设置培养从事知识产权管理和服务业等领域的专门性人才。

由上观之，这两类培养方向并不包含法学背景的知识产权人才。笔者认为，知识产权学术型学位已经为知识产权诉讼和司法保护方面培养了大量人才，目前看来也能胜任这一培养职能。因而在知识产权交叉学科的招生中，可以将法学背景的生源排除在外。这一点从美国高校法律硕士（Master of Laws, LLM）与知识产权硕士（Manage Intellectual Property, MIP）之间的招生区别⑩可以得到印证。

三、知识产权交叉学科的体系化构建

交叉学科建设与交叉学科教育正成为世界各国大学教育改革的基

⑩ 根据美国新罕布什尔大学法学院的招生规定，中国获得法学本科的学生可以报考 LLM，具备理工科技术背景的学生可以报考 MIP，两者之间并无太大差别。

本趋势,成为培养拔尖创新人才的主要途径和方法。[11] 知识产权交叉学科与“数据科学”和“人工智能”等学科一样,同属交叉学科。由于知识产权硕士和博士面向已经具备理工科背景或者其他学科背景的学生招生,和美国的法学(知识产权)研究生教育类似,其培养方案设置建立在学生已经具备一个非法学(知识产权)的学位基础上。结合上述培养复合型、精英型、专长型知识产权人才的学科定位,我们应当深入思考这一学科的具体构建路径。作为一个独立的一级学科,知识产权必然要在学科交叉方面有其独特的地方。学科设置和建设是关乎人才培养和教育事业发展的大事,在知识产权交叉学科设置过程中,我们还需要对该学科的定位、培养方案、师资力量配置、实践条件等诸多内容和环节进行深入的探讨,为该学科的设置以及顺利运转提供坚实的制度保障[12]。同济大学自2018年年底成功备案知识产权交叉学科以来,已连续招生两届博士,正在筹备招生硕士,在师资队伍建设与培养、课程方案设置方面业已取得了一定的成就,形成了具有特色的复合型交叉学科人才培养的模式,可以为知识产权交叉学科研究生教育的发展提供借鉴。

(一)跨学科的师资队伍建设

师资队伍建设对于任何学科的人才培养来说,都是极为重要的一环,知识产权交叉学科研究生培养也概莫能外。交叉型学科研究生培养的突出特点在于其知识结构的复合性。知识产权交叉学科建设的发展成效如何,关键取决于跨学科的师资队伍建设情况。为了培养学生具备多学科的知识结构,除了法学、知识产权领域的师资外,还需要管理学、图书情报、自然科学等多个学科的教师。因此,从教学科研和研究生指导的角度看,复合型知识产权背景的教师的配备和队伍建设极为必要。

为了满足研究生培养对跨学科师资队伍的需求,可以采取不同的途径。一方面,可以招收具备“知识产权 + 管理学”、“知识产权 + 自然科

---

⑪ 参见马廷奇:《交叉学科建设与拔尖创新人才培养》,载《高等教育研究》2011年第6期。

⑫ 参见张怀印:《复合型知识产权人才培养与知识产权交叉学科设置的必要性》,载《长春教育学院学报》2020年第5期。

学”以及“知识产权+外语”等多种跨学科的复合型教师作为学院专职教师;另一方面,可以借助校内的师资队伍整合,聘请经济管理、自然科学、图书情报等不同学科的优秀教师作为兼任授课教师,以充实人才培养所需的师资队伍建设。同济大学近年来招聘和培养了具有法学、管理学、自然科学等多学科背景的教师队伍,许多教师本身具有“工科+法学”“工科+管理学”等交叉型背景,能够较好地胜任复合型人才培养的重任。

(二)交叉学科的运行平台保障

知识产权交叉学科能否取得较好的运行效果,还取决于是否拥有一个良好的学科交叉运行机制,真正实现学科的交融。比如,实现知识产权与管理学的交叉、知识产权与人工智能领域的交叉、知识产权与无人驾驶领域的交叉、知识产权与大数据领域的交叉。这些学科交叉的实现需要拥有跨学科的学术研究队伍。全靠本学院的专职人员必定难以完成诸多学科的交叉研究。因此,需要建立专职教师与兼职研究人员相结合的学术队伍,通过交叉课题研究、学术沙龙、学术论坛、联合科研等多种形式,真正实现学术研究的交融。近年来,各高校对于交叉学科的研究比较重视,纷纷鼓励开展交叉课题研究。以同济大学为例,文科办和科研院每年都设立交叉研究课题,鼓励不同学院、不同学科背景的教师联合开展交叉学科的课题研究。这一成熟的经验完全可以移植到知识产权交叉学科的学术队伍建设之中。

(三)多学科的培养方案设置

培养方案的设置是当前知识产权人才培养中争议较多的焦点问题之一。知识产权课程设置,是聚焦于知识产权核心课程,还是兼顾法学、知识产权、经济学、管理学和技术各个学科?笔者认为,对于知识产权交叉学科的培养方案,鉴于学生已经获得一个技术背景或者其他学科的学位,培养方案的设置应当聚焦于知识产权核心课程。此外,知识产权学科的独特性在于其本身就是多学科交叉的产物。培养方案的设置也应当体现这一独具魅力之处。鉴于博士学位研究生的培养以研究为主,课程设置精简,因此本部分内容主要探讨国内外硕士研究生阶段的课程设置问题。

1. 专业课程设置

以欧美的知识产权专业设置为例。欧美国家高校的知识产权课程各有特色,除了知识产权核心课程和实务课程外,还开设了很多交叉型的课程,例如,欧洲专利学院(European Patent Academy)的课程设置中,除了知识产权核心课程外,还包括计算科学与软件工程中的知识产权(IP for computer science and software engineering)、知识产权与生物技术(IP and biotechnology)、知识产权与创意产业(IP and the creative industries)、设计者的知识产权(IP for designers)等课程。这些课程实现了知识产权与其他科学领域的交叉。再如新罕布什尔大学富兰克林·皮尔斯法学院(Franklin Pierce School of Law,University of New Hampshire)开设的知识产权与国际贸易(IP and International Trade)、在线品牌管理(Online Brand Management)等课程,体现了知识产权与国际贸易、电子商务等学科的交叉。此外,美国加州大学伯克利分校的知识产权与技术法律专业硕士生的培养课程包括网络法(Internet Law)等,主要讲授网络和数字信息有关的技术,包括广泛的主题,如司法管辖权问题、在线合同、中介责任、信息隐私权、知识产权、网络中立和自由表达等许多问题。除了掌握议会各种立法和各种相关制度、规制之外,课程还要求学生掌握网络的基础技术⑬。这样的课程设置也体现了较强的学科融合性,更切合现代学科交叉的发展趋向,对于学生的复合型知识结构培养也有很大的帮助。

复合型结构的形成有其复杂的知识产权融合过程,其中,跨学科、交叉型的课程设置必不可少。笔者认为,知识产权交叉学科的培养方案中应该由:公共课+法学基础课+知识产权核心课+知识产权实务课+知识产权交叉课程组成。教育部发布的指导性课程方案最好只列举其中的核心课程,部分专业课程和选修课程由各高校根据自身特色合理安排。这样便于各高校结合自己的优势,培养社会所需的各类复合型高端知识产权人才。除公共课和法学基础课外,其具体课程方案见表1:

⑬ 参见栾春娟、黎邈:《国外高校知识产权专业硕士培养经验及启示》,载《技术与创新管理》2017年第5期。

表 1　知识产权交叉学科课程设置方案

课程类别	课程名称
核心课程	知识产权总论、专利法、商标法与地理标志、著作权法、竞争法、知识产权国际保护
知识产权实务课程	知识产权信息分析与利用、专利代理文书撰写、专利申请实务、知识产权管理、知识产权评估、知识产权保护实务
知识产权交叉课程	网络法、知识产权与生物科技、知识产权与创意产业、知识产权与智能制造、音乐与版权法、人工智能与知识产权

2. 实践环节的安排

知识产权交叉学科作为复合型知识产权人才培养的平台,除了多学科、交叉型的培养方案设置外,还要格外注重实践环节的安排。当前,高校培养的很多知识产权本科生、研究生无法满足用人单位的需求,无法做到"来之即用",除了课程设置不合理、缺少实践课程之外,很大原因在于高校对于实践环节不重视,无法为学生提供充分且有效的实习途径,让实习环节流于形式。同济大学与上海高级人民法院、上海知识产权法院、上海浦东新区人民法院签订合作协议,学生至少在法院连续实习 6 个月,可以通过旁听审判、协助书记员整理文书、案例编辑、内部典型案例讨论等多种途径接触知识产权审判一线的实务知识,让学生能够将课堂知识与知识产权实务有机结合。故而,参加该项目的研究生在实践能力方面得到较大的提升。当然,实践环节不仅包括法院实习,高校还可以同知名知识产权律师事务所、仲裁调解机构、跨国公司等签订协议,或者争取国际组织的实习机会,让学生得到稳定可靠的实习环境。同济大学上海国际知识产权学院每年选派 4 名世界知识产权组织(World Intellectual Property Organization, WIPO)知识产权法硕士项目班中方学员到世界知识产权组织实习 6 个月,对于开阔学生视野、培养国际化知识产权高端人才而言是一个重要的锻炼机会。

(四)交叉学科的评价机制构建

前已述及,囿于传统学科设置之限,学科评价体系的不匹配已经成为当前知识产权学科发展的制度掣肘。因此,知识产权交叉学科设置以后，必须要有适合其发展规律的学科评价机制。从该学科发展的实际需求来看，知识产权交叉学科的教师评价、研究生抽检和监管、学科体系评价等都必须由具备交叉型背景的同行来进行。传统单学科背景的学者限于自身研究范式和视野，往往难以胜任，反而会制约知识产权交叉学科的发展。

四、结语

近年来，改革知识产权学科体系，建立知识产权一级学科的呼声越来越高。2017 年时任上海市副市长赵雯就提出设立“知识产权”一级学科的建议。⑭ 中国工程院院士金东寒也曾呼吁加强知识产权学科建设。⑮ 知识产权界也不乏有识之士对此进行探讨和论证。⑯ 交叉学科成为第 14 个学科，让我们看到了知识产权独立学科设置的曙光。然而，知识产权交叉学科的设置是一个复杂的系统工程，我们需要对其展开深入研究和科学论证，对该学科的定位、师资队伍建设、课程设置和学科评价机制等重要环节作出科学的回答，才能确保该学科设置之后的良性发展。同传统的单一制学科组织和教育体制相比，知识产权交叉学科是知识产权科研发展的动力，也是复合型人才培养方式的根本转变，当务之急是要打破知识产权交叉学科与复合型人才培养的“闭锁”，构建两者之间的协同机制。

---

⑭ 参见赵雯：《关于设立“知识产权”一级学科的建议》，载上海统一战线网，http://gov.eastday.com/node2124/node2143/node2194/u1ai1858889.html，最后访问日期：2020 年 9 月 26 日。

⑮ 参见陆琦、金东寒：《加强知识产权学科体系建设》，载科学网，http://news.sciencenet.cn/htmlnews/2017/3/371104.shtm? id = 371104，最后访问日期：2020 年 9 月 28 日。

⑯ 参见朱雪忠、杨静：《制度掣肘与供给不足——中国知识产权学科向何处去》，载《知识产权》2018 年第 10 期。

Research on the Cultivation of Compound Talent of Intellectual Property and the Interdisciplinary Setting of Intellectual Property

Zhang Huaiyin

Abstract: In recent years, domestic education circle calls for the reform of the intellectual property discipline system and the establishment of independent intellectual property cross-degrees. The reason lies in that intellectual property is a closely linked interdisciplinary subject such as, law, management, economics, and natural science. The disciplinary position of law or management has become the main bottleneck restricting the cultivation of intellectual property talent. From the perspective of the practice of compound intellectual property talent training, the establishment of intellectual property interdisciplinary subjects can bring new opportunities to solve the current contradiction between the strong demand for intellectual property talent and insufficient supply. The setting of this degree is a complex system engineering. It is needed to carry out indepth research and scientific argumentation on it, and make scientific answers to important content such as the necessity of setting the discipline, disciplinary positioning, construction agenda, etc., in order to benefit the discipline systematically, in order to make it widely recognized and well functioned.

Key Words: inter-discipline of intellectual property, disciplinary position, disciplinary setting, practice

女性主义公司法的底生性缔造：研究与教学的视角[*]

薛前强[**]

摘　要：女性在公司法的发展、演进过程中扮演着重要的角色，发挥着特殊的作用。学术界是一个相对开放的论坛，允许体系外围的人打破强制观点输入而引发的沉默，发现/传达自己的声音。在这一过程中，域外以女性为主导的公司法学者发起了一场商法/公司法领域的性别革命。相对应，本文考察中国女性近些年来在公司法研究、教学领域的"快照"与"掠影"，表明：女性公司法学者数量上还未构成公司法研究者中的"半边天"；对于女性的"家事想象"导致事务性工作的性别分工并不利于职称的晋升；女性学者地域分布呈现不平衡性并暗示公司法研究、课程设置与地方经济发展程度密切相关。正是这些在日常科研、教学等事实中所揭露的性别问题以女性个体/群体经历的角度进一步回答了是

---

* 基金项目：中央民族大学校级青年教师科研能力提升计划项目"少数民族企业应对社会突发紧急公共事件法律机制研究"（项目编号：2021QNPY60）；2016年度国家社会科学基金一般项目"公司资本制度改革实效评估与在改革研究"（项目编号：16BFX113）。

** 薛前强，中央民族大学法学院讲师。研究方向：公司法、证券法、公司法性别分析。

什么在阻碍着中国女性主义公司法的成长。为此法学院应该把重点放在减少对女性产生负面影响的差异上,增加女性教职人数,为女性学生创造接近公司法的教育机会。公司法教学的实践偏好与法学教育的转型密切相关,为此,女性主义需改造公司法教学方法,法律教育者也必须寻求解决方案的众多可能性,对公司法教学方法和技巧持开放态度,并将性别要素纳入其中,将公司法放置于更广泛的社会、政治和经济环境中去理解。最后,开展一场范式革新运动并应当看到女性主义不仅是保障妇女权益、对抗性别歧视的武器,也是一种可以用来分析公司法/商法的强有力的方法。如若如此,可期待的收获不仅是纠正中国公司法研究、教学中的性别问题,甚至更将从法学部门法和女性主义的双重角度为中国法学研究、教育的改革提供一个新的思路与方法。

关键词:公司法　女性主义　教学　科研

一、问题的提出

《礼记》效特性篇有云:“男女有别,然后父子亲。”①试想一下,如果中国公司法的研究者均为女性,那中国公司法的理论与规则会不会呈现与当下不同的图景?在美国公司法领域,存在一个被称为“女性主义公司法”的流派,其形成于20世纪80年代末。当时,性别研究尤其是女性主义方法论邂逅公司法理论研究,诸多公司法研究者发表系列文章对公司法治理性规则、公司法本体性规则以及公司法裁判性规则进行集中批判,揭露看似性别中立的公司法文本背后对女性的隐性压迫和父权本质。② 引领这一改革运动的是执教于各大法学院的女性公司法教员,其中不乏特丽萨·盖伯顿(Theresa Gabaldon)等学界知名学者。如果对于

---

① 《礼记·效特性》篇:“男女有别,然后父子亲;父子亲,然后义生;义生,然后礼作;礼作,然后万物安。”

② 参见薛前强:《女性主义视域下公司法之审思》,载《中国社会科学院研究生院学报》2019年第3期。

女性主义公司法学派中的学者性别或者是探讨公司法中性别议题的文献作者性别做统计的话，可观察到一个有趣且明显的现象：这些研究者的性别几乎均为女性，“男性学者在女性（生活）研究中经常处于一种缺席的状态”③。

由此，一个合理的假设是——公司法研究者的性别与其学术主张有着密切的联系。进一步讲，女性主义公司法流派的形成，部分原因源自研究者队伍的扩大，并进而推动着公司法科研迈向女性主义方向发展。相应地，如果想在中国实现具有实际意义的公司法性别化改革和中国女性主义公司法的底生性成长，对于“女性研究者”的研究就是必要的，需对她们的教学、科研展开一场性别考察。

二、法学研究因何有“性别”？

在社会科学领域，理论研究者的性别与其学术偏好是否存在联系？从前面笔者对女性主义公司法的观察和经验式的总结来看，答案是肯定的。当然，这一直觉化的证据不足以说服他人，毕竟可能被质疑仅是巧合的结果。但相关研究已表明，这并非偶然现象。

对于许多法学教授来说，法学院的课程是具有且表征性别认同的，某些部门法往往会被贴上性别标签，如对于法律性别角色的描述用语，迈克尔·阿里恩斯（Michael Ariens）教授最早在1988年《法学教育的政策》一文中用“男性”（male）描述证券法，而用“女性领域”（women's areas）来描述与之相对的家事法、性别歧视法、信托法以及不动产法等。玛格丽特·萨克斯（Margaret Sachs）教授用“男性”（male）与“女性”（female）来指代不同的法学学科。2004年玛乔丽·E.科恩豪瑟（Marjorie E. Kornhauser）教授在《自己的房间：法律教授中性别职业隔离的实证研究》一文中，用“男孩的法”（boys law）与“女孩的法”（girls

---

③ 李芬、风笑天：《性别与方法——女性学者的质性研究路径》，载《山东女子学院学报》2016年第1期。

law)来指代法律的性别。即使具体到公司法领域,颇有意思的是,布莱恩 · R. 柴芬斯(Brian R. Cheffins)在其经典公司法著作《公司法:理论、结构和运作》一书中也十分注意"他"或"她"的使用,其写道:"为方便起见,以后我将用'他'和'他的'来同时代表男性和女性。我完全理解一些读者会因此觉得有性别歧视之嫌。但我认为仅仅使用'他'可以尽可能少地分散读者的注意力。"④

对于"男性"与"女性"的基本要素判断问题,社会学、女性主义、性别分析等都有着自己的"话语体系",但共同的要素更像是"男性"要素代表着控制、强制、压迫、力量、命令,"女性"要素代表着服从、柔性、关怀、利他、非经济等。这些特点实际来自生活经验的总结,是从生物学与社会学的双重角度的一种观察式的总结。如以法经济学为例,法经济学是 20 世纪 50 年代兴起的跨学科专业,其学术主张和主导的分析范式逐渐成为法学核心分析工具。该学科关注的是将经济思维、数学工具等与法学中现象、事实相结合。这一学科的研究者大多数都是男性,并由男性所主导——相关的文章、书籍及理论也多由男性提出、撰写。因此,法经济学与部门法学相结合的课程,或者说在内容中增加法律经济分析的课程呈现一种"男性化"的性别认同。

两性在法学研究、选择上之所以存在诸多不同,公认的原因在于,大多数社会学家都认为,男人和女人之间存在自然和根本的差异。就此而言,一个可能的解释是女性更注重关系,而男性更倾向于权利:一个以关系为取向的人更易于认识到社会关系的重要性,倾向于同意、保持谦逊并表达关怀养育和敏感性。相反,以权利为导向的人则具有攻击性、好胜、自信、竞争,对抗性和喜欢控制。⑤ 男性是权利/营利(内部性自我保护)驱动的——与家事法相比,公司法、证券法更能快速创收,从而满足男性赚钱的欲望和过上想要的生活,而女性则是以关系/兴趣(外部性自

④ [加拿大]布莱恩 · R. 柴芬斯:《公司法——理论、结构和运作》,林华伟、魏旻译,法律出版社 2001 年版,第 1 页。

⑤ See Lauren A. Graber, *Are We There Yet: Progress toward Gender-Neutral Legal Education*, Boston College Journal of Law & Social Justice, 33, 2013, p. 50 – 51.

我实现）为导向，家事法中的照护内容与女性的社会分工更为匹配。⑥性别之所以会对研究发挥作用，哲学上的根源可能还是要回归马克思主义认识论的经典命题——“实践是认识的来源和基础”：

思想、观念、意识的生产最初是直接与人们的物质活动、与人们的物质交往，与现实生活的语言交织在一起。人们的想象、思维、精神交往在这里是物质行动的直接产物。表现在某一民族的政治、法律、道德、宗教、形而上学等的语言中的精神生产也是这样。人们是自己的观念、思想等等的生产者。⑦

研究者会基于自身性别而有着不同的生活经历，这些生活经历形塑了其认识世界的态度和分析问题的方法。这种影响可能是显性的，也可能是隐性的，有时甚至会被忽视，实际在于性别制约是一个无法领会的猜想，正如费孝通先生所言：

永远划分着人们生理差别的是男女两性。正因为还没有人能亲身体会过两性的差别，我们对于这差别的认识，总是间接的；所能说的差别多少只限于表面的。在实际生活上，谁也会感觉到异性的隔膜，但是差别的内容却永远是个猜想，无法领会。⑧

性别理论上，毫无疑问，个体生命早期形成的性别模式和后续三个基本强化过程是解释本现象的其他强有力因素。个体基于性别的最初差异表现在生理之上，这种外在差异在实践中得以内化而形构内在心理差异，人们倾向于将身体差异与心理差异相等同。这也就是外在生理差异内化成心理差异的过程。

⑥ See Martha S. West, *Gender Bias in Academic Robes: The Law's Failure to Protect Women Faculty*, The John Marshall Institutional Repository, 67, 1994.

⑦ 中共中央马克思恩格斯列宁斯大林著作编译局编：《马克思恩格斯选集》（第1卷），人民出版社2006年版，第72页。

⑧ 费孝通：《乡土中国》，人民出版社2008年版，第60页。

不仅如此,这种差异给予人们在生活实践中进行归类的一种简单方法,并逐渐发展成一种流行的方法——人们倾向于使用“差异”来进行分类或者概括,也就是“有别”的性别标签化过程,那些超女性化的行为进一步塑造了我们的“女性”的观念,男性化的行为塑造了“男性”的观念。

最后,当某些/某种特征被归类为“男性”或者“女性”时,这种性别特征的嵌套将不仅影响其他人对男性或女性的看法和期望。而且还有意识地或无意识地影响男性或女性对自己的看法和期望。比如,儒家的女教文化认为“女子无才便是德”。这种观点本身源于外界(尤其是儒家男性)对女性的看法和期待,而随着时间的发展和思想灌输的强化,这种观点也被女性自身吸收,甚至还成为女人教化女人的理由。笔者将这称为性别图式的反向强化过程。这些由男性和女性持有的基本上无意识的性别图式会影响人们的期望和行为,表现在本文主题上,也就是性别与研究间的微妙关联(见图1)。

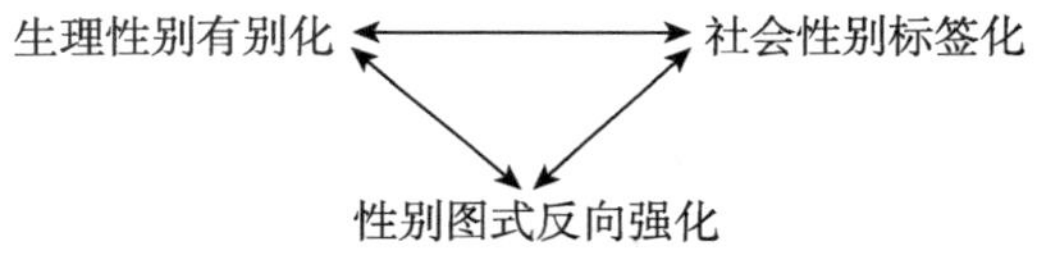

图1　性别模式三个基本强化过程

综上事实、现象及解释,男女在学术研究层面的“有别”已得到证明。性别与学术之间会存在一定的关联性,亦如诸多文献例证所表明的那样,二者间的具体联系表现在分析方法、议题探讨、教学内容等多个层面。相应地,如果说研究是有“性别”的,那么那些建立在所宣称“无性抽象假设”之上的法律理论及文本通常是根据男性的标准而建构起来的,在这一过程中,女性独特的心理体验与历史经验被遗失、抛弃,甚至可以说女性与法律产生了分离。⑨ 为应对这一现象,作为一门较为新颖的法学流派,女性主义法律理论用性别(gender)的视角回应对生活和法律的基本见解,它同样源于这样一种假设——无论我们是否承认性别差

⑨　参见周安平:《社会性别的法律建构及其批判》,载《中国法学》2004年第6期。

异会带来不同的生活体验和思想偏好，性别确实在发挥作用，影响我们的日常生活、工作以及学术研究。

三、中国公司法学者中女性学者的现状与意识表达

无论怎样，女性主义公司法的主力军是一群学术巾帼，她们的笔触早已超越“性别”这一狭隘的靶向，而扩张/延展至丰富且独特的理论面向，是反传统且具有革命性的。同时，前述证成性别在某种程度上确实会左右法学研究，故对于作为部门法学的商法和公司法研究而言，亦是如此。这也就进一步意味着中国女性公司法学者可能同样会基于性别身份或多或少地将女性主义公司法精神内核进行含蓄表达或不经意地流露，甚至是创设另一种等值理论。为此，笔者将采用实证统计的方式，考察中国女性公司法学者的研究重点及偏好，以验证该假设是否正确及试图描绘生理性别在公司法研究中发生作用的具体纹路，揭露、描述中国女性公司法学者女性意识的等值表达。

（一）如何找到“她们”

就所欲研究的女性公司法学者样本，笔者选取的是2018年教育部法学学科前100所高校。但这并不代表着这些女性公司法学者的学术能力、影响力之层级划分。这100所法学院几乎涵盖了目前的双一流高校。

依约翰·阿莫（John Amodeo）、亨利·汉斯曼（Henry Hansmann）及莱纳·克拉克曼（Lenna clackman）教授的观点，商事公司存在三种代理问题：第一类问题涉及公司所有者与其雇用的经营人员的利益冲突；第二类代理问题涉及拥有公司绝大多数或控制性利益的所有者与小的或者非控制性所有者之间的利益冲突；第三类代理问题涉及公司本身（特别是其所有者）与其缔约伙伴（如债权人、雇员和客户）之间的利益冲突。[⑩] 故笔者把研究议题涉及公司法中的三大代理问题或者延伸至对

⑩ 参见［美］莱纳·克拉克曼、亨利·汉斯曼等：《公司法剖析——比较与功能的视角》，罗培新译，法律出版社2012年版，第36～37页。

公司融资规制的证券法、特殊类型公司规制的国有企业法等的女性学者视为最直接的女性公司法学者。

这种方法曾经被域外学者梅里特(Merritt)和里斯金(Reskin)在1997年的一篇类似研究《性别,种族和凭证:法律聘用中平权行动的真相》中采用,二者将公司法的范畴界定得更为宽泛,包括公司法、商业组织法、证券法、商事代理及合伙企业法,甚至包括商业计划和公司财务。⑪ 另一个最直接确定该女性学者是在研究公司法的方法是考察研究者的自我介绍和所任教的课程,如果当中包括公司法(企业法)、证券法等,那么也应被视为"女性公司法学者"。但这种方法也存在一个遗漏的风险——最明显的问题是,一些教师可能不会列出他们教授的部分或全部课程,或者可能不会删除他们不再教授的课程。借助对这两种方法的互动使用,经统计,这100所高校的法学院中,根据教育部法学学科排名进行归类,本研究所找寻到的中国女性公司法学者的具体情况、数量及公司法研究者中的具体性别分布等如表1所示。

表1 中国公司法研究者中的半边天

区间/类	女教师具体情况	女性数量/人	男性数量/人	女教师总占比/%	女教师内部占比/%
A+	孟雁北、马更新、郑佳宁、王玉梅、朱晓娟、胡利玲、陈景善、徐晓松、刘丹	9	19	3.06	10.2
A	刘燕、洪艳蓉、朱慈蕴、高丝敏、李杨、熊洁、徐来、陈南男、彭雪、赵吟、南玉梅	11	26	3.74	12.5
A-	丁丁、李玫、梁清华、李莘、赵玲、于莹、温双阁、王艳梅、胡晓静、邢丹、崔香梅、张理、周淳、冯兴俊、黎江虹	15	30	5.10	17.04

⑪ See Deborah Jones Merritt, Barbara F. Reskin, *Sex, Race, and Credentials: The Truth about Affirmative Action in Law Faculty Hiring*, Columbia Law Review, 97, 1997.

续表

区间/类	女教师具体情况	女性数量/人	男性数量/人	女教师总占比/%	女教师内部占比/%
B+	蒋燕玲、肖松、林艳琴、贺丹、曹锦秋、郑莹、田春雷、许凌艳、许多奇、柴瑞娟、潘林、龚博、廖艳嫔、刘畅、程淑娟	15	31	3.74	17.04
B	曾筱清、杜晶、王妍、范黎红、夏戴乐、潘晓、王艳华、金东辉、刘文	9	37	3.06	10.2
B-	朱芸阳、李玉子、陈群峰、朱圆、陈一勤、张冰、楼晓、白牧蓉	8	14	2.72	9.09
C+	金晓文、梁慧瑜、胡文涛、徐大梅、李晓珊、李文莉、崔文玉、李立新、彭春莲、姜哲、袁碧华	11	22	3.74	12.5
C	卫聪玲、宋智慧、林溪、郑依彤、胡亚丽、黎宇霞、罗芳	7	19	2.38	7.95
C-	董慧凝、白慧林、丁燕	3	8	1.02	3.41
总计		88	206	29.93	100

为将中国女性公司法学者的图像立体化集中呈现，研究中统计的内容还包括前述100所高校法学院官网所披露的女性公司法学者个人学术信息，如职称、学历、任职学校类型等。就女性意识的考察方法，笔者采用的是对前述女性学者收录在中国知网数据库（China National Knowledge Infrastructure，CNKI）的文章进行统计的方法。

（二）“她们”的特点及研究偏好

总体而言，尽管本文所统计的数据可能相当有限，但却微妙地揭示出中国公司法研究者中的性别差异与特质。中国女性公司法学者的特点鲜明，表现在以下几个方面。

第一，男多女少的数量特性，女性还不是公司法学教职人群中的“半边天”。从数量上看，中国女性公司法学者人数明显少于男性。统计发现，很多学校没有女性公司法教师，每个高校区间内，男性学者数量几乎

均是女性的2倍,就此而言,女性还不是公司法学专业人群中的“半边天”(见图2)。

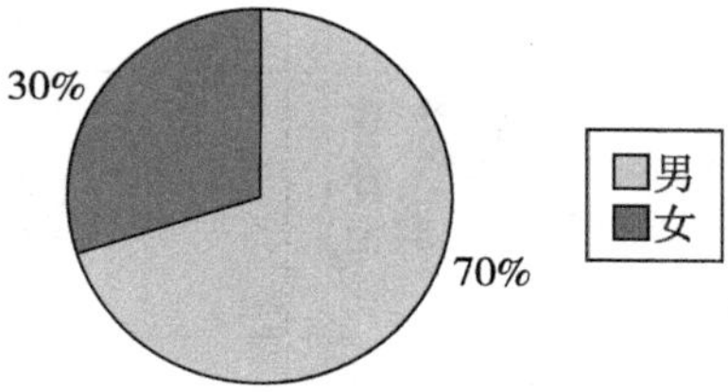

图2　高校公司法学者中的性别比

第二,女性学者地域分布呈现不平衡性,东部明显多于西部,暗示公司法研究、课程设置与地方经济发展程度密切相关。学者分布的不平衡性可能源自高校数量、公司法研究、课程设置以及高校对人才的吸引力等多种因素的影响,而诸多因素实质上与地方经济发展程度密切相关。这些在一定层面上也反映出公司法的强工具属性——作为强实践性学科,公司法被用来解决公司与公司间、股东与高管间、股东与股东间因公司法律关系而产生的纠纷。东部经济发达地区,商事交易活跃,引发的纠纷数量也较多,从而对公司法的适用也有着最为现实的渴求。

第三,以副教授、讲师为主的职称特性。女性公司法学者职称更多集中在副教授、讲师等。同时,每类高校内部的职称分布也是不同的(见图3)。

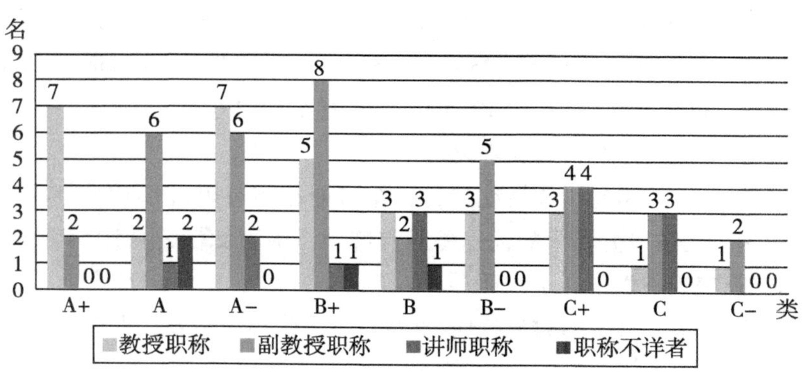

图3　女性公司法学者职称具体分布

究其原因，可能的解释有三种：

其一，笔者认为从高校数量（人员数量）上讲，A + 的高校只有两所；所有拥有职称的教员（男性教员 + 女性教员）人数也是最少的，如果将女性教员的职称看作分子，将 A + 类整体的职称看作分母，那么当分子相对较大，而分子相对较小的时候，无疑从整体上增加了女性教员高职称的可能性。

其二，A + 类高校中法学女教员的高职称现象还有可能来自学校自身对于职称性别平衡的重视以及身处 A + 类高校，这必然给女性教员也创设了一种职称考核的内部学术压力，反倒更会倒逼其重视职称的评定。

其三，正如任何一个高校的法学职称梯队必然都是金字塔式的分布，这也就是为什么在 B + 类高校乃至中国女性公司法学者的整体职称分布中，中间派——“副教授”构成了大多数。但以上解释绝大多数还停留在猜想阶段，毕竟数字统计中的“偶然现象”也必须且应当得到正视。故笔者认为，整体上各类职称的内部分布规律并不明显。

这表明，尽管女性已与男性以相同的速度进入法学院，但公司法领域的关键职位是将女性排除在外的，“当一个职业整体上被性别整合时，该职业中仍然经常存在按性别分层的情况，女性通常处于较低职位”⑫。正如法国女性主义大师西蒙娜 · 德 · 波伏瓦（Simone de Beauvoir）在女性主义经典著作《第二性》一书中所言：

她们还只是走在半路上。经济上摆脱了男人的女人，在道德、社会、心理状况中并没有达到与男人一模一样的处境。她从事和投入职业的方式，取决于她的生活的整体形式所构成的背景。然而，当她开始成人生活时，她身后并没有和男孩子一样的过去，她没有受到社会的同等看

⑫ Marjorie E. Kornhauser, *Rooms of Their Own: An Empirical Study of Occupational Segregation by Gender among Law Professors*, UMKC Law Review, 73, 2004, p. 293.

待,世界对她呈现不同的前景。⑬

同样,法学院教职性别数量趋于平衡并不意味着法律权力机构高层性别比例的趋同。以中国商法学会和中国证券法研究会的会长到秘书长级别的人员组成为例,前者只有一名女性,后者只有 2 名女性,详情如表 2 所示。

表 2　中国商法类学术组织中的顶层分布

机构名称	中国法学会商法学研究会[1]	中国法学会证券法学研究会
会长及常务副会长	赵旭东、朱慈蕴(女)	郭锋、施天涛
副会长	陈甦、范健、顾功耘、雷兴虎、刘俊臣、刘凯湘、石少侠、徐卫东、叶林、赵万一、周林彬、周友苏	甘培忠、周友苏、冯果、蒋大兴、李有星、宋晓燕(女)、杨东、侯东德、曾筱清(女)、程合红、徐明、于腾群、罗培新、卢文道、付彦、巩海滨
秘书长	李建伟	邢会强
总人数	15 人	19 人
性别比(女:男)	1:14	2:17

[1]在商法学研究会各个专业委员会的领导层内部也是很难见到女性身影的,只有陈雪萍一名女性信托法学者。

女性这种低职称现象产生的原因,可能是大学教育和学术研究群体对女性存在框架性路径依赖式排除。直到今日,美国大学中教学和服务往往与女性相关,研究被视为男性的专利,⑭"即使在高度工业化国家,妇女进入许多传统的男性职业,性别仍然定义了大多数工作"。⑮ 言及中国,"女子无才便是德"和"男尊女卑"等儒家式偏颇枷锁阻碍了女性

⑬ [法]西蒙娜·德·波伏瓦:《第二性Ⅱ》,郑克鲁译,上海译文出版社 2019 年版,第 545 页。

⑭ See Paula A. Monopoli, *Gender and the Crisis in Legal Education*: *Remaking the Academy in Our Image*, Michigan State Law Review, 17, 2012, p. 1759.

⑮ Marjorie E. Kornhauser, *Rooms of Their Own*: *An Empirical Study of Occupational Segregation by Gender among Law Professors*, UMKC Law Review, 73, 2004, p. 293.

进入研究领域的通道。在当代学院内部存在一定语义上的性别分工：教学和服务被定性为女性的工作。如以北京大学法学院为例，笔者观察到教务老师几乎全是女性，学生辅导员也是如此。这可能来自女性富有母性情怀、细心、认真等天然职业素养的传统认知。但当笔者对一名刚入职的公司法女教师进行专门的访谈时，她直言不讳地控诉这一工作事务上性别分工的不良影响：

> 法学院总是让新入职的“青椒”承担大量的与研究无关的行政事务和学生事务。我刚一入职就被任命为新生班级的班主任，要时时刻刻注意新生对学校环境的适应度、有问题进行心理疏导，还要防止意外事件的发生。不仅如此，还要带领学生打辩论赛，进行辩论培训。这些与公司法研究没有什么关联性，我几乎没有时间做研究……⑯

法学院内部的性别分工不利于女性教职人员的晋升。虽然说“院内事务”“教学事务”是一个法学院良好运行的重要组成部分。但当这种非研究性质的“家务”主要都转移到女性身上时，“她们”为学院自治、学院声誉等付出了照顾、关怀及个人时间，消耗了精力，换取的却是职称晋升的低可能性。最终，这一“以发表/研究论英雄”的考核潜规则最终阻碍了公司法女性教师的个人职称晋升，更多地徘徊于副教授及以下职称档域。

第四，中国女性公司法学者存在类似美国学者的女性意识等值表达。笔者曾对女性主义公司法流派内部主张做系统研究：微观层面，女性主义挑战公司治理中的股东中心主义，公司决策应考虑除股东外更宽领域的利益，批判公司法信义义务规则，将关爱、沟通等价值观融入这一规则体系，并聚焦批判公司权力的非民主式集中，反抗公司权力对个人

---

⑯ 本段来自笔者与一名刚入职青年女公司法学者的交谈，其在本文前面的学者之列。为保护其隐私，隐其姓名。

的压迫等。[17] 宏观上则归集在公司本体性规则、治理型规则和实践/裁判性规则三个层面,揭示了公司法性别中立用语所掩饰的女性问题。[18]

以公司本体规则为例,我国女性公司法学者同美国学者那样聚焦于企业本体的非正常变动。克拉克教授曾在著作《公司法则》一书中将公司独立人格、股东有限责任视为公司得出现、存续及发展的重要特征与支柱。[19] 美国女性公司法学者往往是反传统的,她们会质疑前三者的合理性与正当性,如特丽萨·盖伯顿(Theresa Gaberton)在《柠檬水摊:企业股东有限责任的女权主义及其他思考》一文中指出了女性主义与有限责任制的冲突所在——"虽传统法经济学说认为股东直接参与公司治理成本高昂,有限责任节约了成本,但参与治理与履行职责具有正向价值,因此股东监督有良好的社会效应,并不一定以某个结果为导向"。[20] 而与公司人格最为密切相关的当属"刺破"公司面纱,否定有限责任,其他包括但不限于解散公司、破产清算等制度对于公司人格的否定。于是,我们同样可以看到,中国女性公司法学者对于这些议题也有着重点研究(见表3)。

表3　公司独立人格的解散与否定议题

单位:次

议题(出现次数)	子议题(出现次数)
公司破产(40)	公司破产(3);企业破产(2);破产重整(6);破产程序(17);破产法(8);债务人财产(4)
公司法人格否定/解散(21)	公司法人格否定(7);公司人格(1);无限连带责任(1);股东有限责任(16);公司司法解散(3);公司僵局(3)

---

⑰ 参见薛前强:《公司、性别与法律:公司法的女性主义改革——从规则到实践的"她者"》,载岳彩申、盛学军主编:《经济法论坛》(第22卷),法律出版社2019年版。

⑱ 参见薛前强:《女性主义视域下公司法之审思》,载《中国社会科学院研究生院学报》2019年第3期。

⑲ 参见[美]罗伯特·C.克拉克:《公司法则》,胡平等译,工商出版社1999年版,第4页。

⑳ 薛前强:《公司、性别与法律:公司法的女性主义改革——从规则到实践的"她者"》,载岳彩申、盛学军主编:《经济法论坛》(第22卷),法律出版社2019年版,第181页。

第五，中国的女性公司法学者的研究偏好明显还受外部政策的形塑/驱使。中国女性公司法学者注重对改革热点的回应，尤其体现在近些年公司资本制度/融资方面。如在众多议题中，公司资本制/投融资位列第二[21]。笔者认为，这一方面源于公司资本制度自身的重要性，“公司资本制度改革对于促进经济发展、激发社会活力、保障和促进就业、完善公司法制，以及推动私法体系化建设发挥了重大作用”[22]，可谓是公司法改革中的“永恒话题”；另一方面则源于资本制度改革的频繁性与热点性，无疑，近些年《公司法》修改的热点集中在资本制度之上，2005 年和 2013 年的《公司法》/规则修改都对公司资本（法定资本制）进行了一定的松绑，甚至被学者称为“中国以迅雷不及掩耳之势缓和了法定资本制”。[23]

这就说明，除前面需论证“可能”起作用的性别要素外，中国女性公司法学者的研究偏好明显还受外部政策的形塑/驱使。更明显的是，立法政策这一要素还会影响到重要法学期刊杂志的栏目[24]、会议主题[25]的设置，而这些反过来都会作用于女性公司法学者的具体研究侧重。虽然很难量化，但这也从另一方面说明，女性主义公司法学派在中国的发展，单靠研究者“性别”这一因素驱动还远远不够，外部政策、文章发表环境等也需进行配套改革。

---

[21] 具体包括：公司资本制 7 次；公司资本 3 次；资本运营 3 次；出资比例 2 次；债权出资 5 次；公司债 2 次；资产证券法 3 次；转让出资 2 次；股权众筹 2 次；发起人 2 次；对赌协议 4 次；公司债券 6 次；公司信用 1 次；优先股 5 次；反收购措施 2 次；敌意收购 2 次。

[22] 薛波：《改革开放 40 年我国公司资本制度立法的嬗变与启示》，载《人文杂志》2019 年第 3 期。

[23] 蒋大兴：《质疑法定资本制之改革》，载《中国法学》2015 年第 6 期。

[24] 如《法律科学》2014 年第 6 期设置“国企改革”专题，《中国法学》2015 年第 6 期专门刊发与公司资本制改革相关的系列文章。

[25] 如近些年中国商法学研究会年会的议题分别是：“营商环境法治化与商事法律制度现代化”（2019），“新时代深化商事制度改革的理念与路径：商事主体法律制度发展与完善”（2018），“民法典分则各编与商事法律制度建设”（2017），“商法的国际化与中国经验”（2016），“商法的现代化与民法典的编撰”（2015），“市场决定作用的商法实现机制”（2014），“法治国家建设中的商法思维与商法实践”（2013）等。

(三)小结

当然,前述种种结论可能还源自笔者以旁观者的身份对我国女性公司法学者文章的外部猜想,是否如此还需向这些当事人做内部具体求证。如果说各种法律命令的形成是基于生活的实际需要及其评价而不是基于被设计出来的一般概念的观念的话㉖,那么对于女性主义公司法,其亦是如此——那些与之相关的女性生活事实、需要就显得尤为重要。这些事实即包括她们承担教职的工作层面的事实,也包括她们承办照护的生活层面的事实。

四、如何在研究者教学、研究层面构建中国女性主义公司法

春秋哲学家李耳所著《老子》有云:“合抱之木,生于毫末;九层之台,起于累土;千里之行,始于足下。”正是这些生活/工作事实所统计揭露的问题为我们提供了改革的作用点,并以女性个体/群体经历的角度进一步回答了是什么在阻碍着中国女性主义公司法的成长。

(一)莫说女子不如男:提升女性教职比例

在法律行业,“女子不如男”这一论断的明确提出可追溯至1875年美国威斯康星州最高法院的一则判决词,直言:女人拥有温柔、优雅、过于敏感、纯洁、情感冲动、多疑、富有同情性和对理智思考的麻木等特质,但这些都不是从事法律实践的优势条件。法律是当今社会控制的主要支柱之一:法律开发和运用概念,类别,术语和理论等来表达自己,运作,并形成象征意义和表征。

从这个意义上讲,法律具有特别有效的能力来塑造公众对某些社会和政治环境的看法。法律不仅阐明了某些观点和概念,而且创造并强化了观察和理解世界的具体方式。相应法学教学也附着了社会控制的特性,可以制度化并合法化地确立、强化并延续使女性处于社会从属地位

㉖ 参见[德]菲利普·黑克:《利益法学》,傅广宇译,商务印书馆2016年版,第15~16页。

和基于性别而生等级制度。虽然法学教育所输出的批判性思维也成为变革的源泉,使其具有很大的潜力来质疑和挑战那些隐性作用于女性的制度和日常现实。[27] 但公司法的问题解决偏好单向度地走向现实中的经济问题,结果是忽视、掩藏甚至强行“合法化”其中的性别压制。同时,来自不同学科的女性主义理论表明,大多数女性的生活经历和不同的观点都被忽略了。

同时也表征着这样一种规律和现象——女性教师集中在不那么有名望、更为外围、边缘化、小众、覆盖传统女性主题的法学领域;男性教师集中在核心化、强经济效益、偏监管性和实践性的法学领域。这种在部门法研究、教学中“强男弱女”的性别隔离所产生的消极作用是明显的。对于女性教员自身来讲,很多女性教师可能会发现,如果所教授的课程更“柔软”,而且是非传统主流部门法的话,那么她们的职业发展就会更加困难,有时“女性气质不适合从事法律工作”[28]这一妄论甚至成为她们难以突围的观念枷锁。

对部门法的受众(学生)而言,这些可感观到的现象还传达/引发了另外一个消极的性别信号与结果——如果当学生尤其是女性学生看到女教师主要是在传统女性领域、少有名望、边缘化的部门法教学时,她们为女学生提供的榜样可能是令人沮丧的,这会降低女性学生对未来法学职业的期望,引发学生怀疑女性在该门法学学科/职业中的成功可能性,进而促使她们“逃离”这些自认为“不适宜”的部门法学科,该领域女性法官、教职及律师的比例都将会联动减少——最终性别为“女”的法律变得更为“女性化”,性别为“男”的法律变得更为“男性化”。

更为严重的后果在于对法学学科发展的制约。那些被单一性别所垄断的法学课程、部门法则失去了被异性的经验和观点所丰富的机会,并且自我定型,限制了法律的发展。事实上,任何部门法中某一性别理

---

[27] See Marcela V. Rodriguez, *Pedagogy and Law: Ideas for Intergrating Gender into Legal Education*, Journal of Gender, Social Policy & the Law, 7, 1999, p. 268.

[28] 宋灵珊、刘方权:《法律职业中的女性——从法学院到法院》,载《法律和社会科学》2016 年第 2 期。

论研究者(教师)和实践者(律师、法官等)的比例增加,都将增强对该法律的某一性别的觉醒。但只要男女在法律研究、教学以及实践运用中处于不平等的地位,就不可能实现思想的自由交换,这将阻碍法律得到最充分的发展。因此,一个最直接实现公司法女性转向的方法就是打破研究者层面的性别隔离,增加女性学者的数量。其他一门法学学科为此种方法提供了一个实例。举例说,在根据可获得的中国法学会下属婚姻法学研究会24位学人介绍中,女性共18人,占比75%。[29] 这无疑意味着在中国婚姻法的研究者、教学者中,女性占大多数(各高校教授婚姻法、家事法的也主要是女性教师),学术领域的话语权很大程度上由女性所掌控(如婚姻法协会会长为女性)。这样一方面强化了公众对于家事法性别为女的认知;另一方面也有助于女性主义的观点和理论应用到家事法研究、教学之中。

(二)用女性主义改造公司法教学方法

公司法教学中常用的两种方法为案例教学法和苏格拉底教学法。苏格拉底教学法又被称为"产婆术",得名于古希腊先贤苏格拉底寻求普遍知识的方法——通过双方的交谈,在问答过程中,不断揭示对方谈话中自相矛盾之处,从而逐步从个别的感性认识,上升到普遍的理性认识、定义、知识。[30] 它"从怀疑和检验一个既有意见出发,引入其他的事实和经验为前提,进行逻辑推理,最终得出结论"。[31] 案例教学法则提升学生基于可靠推理的辩护和攻击论证的技能。与传统单纯的教师主导式教学相比,学生的参与感得到提升。同时,作为一种现实主义学习法,它鼓励创造力,提高决策技能,使学生了解法律在现实生活中的运作方式。在庭辩过程中,学生会认识到对于规范解释是有难度的,势必也加

---

[29] 虽然经查找,本数据的最新更新时间是2015年11月,可能与目前个别具体数字有细微差距。但这从整体上还是相当全面地反映了中国婚姻家庭法的研究者面貌。具体来说,女性学人共18人,包括:张华贵、陈爱武、杨晋玲、朱凡、吉朝珑、卓冬青、刘淑芬、许莉、王歌雅、孟令志、夏吟兰、马忆南、孙若军、丁慧、吴晓芳、薛宁兰、陈苇、蒋月。男性学人共6人,包括:张伟、李明舜、李洪祥、杨遂全、雷明光、吴国平。载中华女子学院法学院网,http://www.cwu.edu.cn/fxy/zghyjtfxyjk/xrjs/index.htm,最后访问日期:2019年9月29日。

[30] 参见金炳华等编:《哲学大辞典》,上海辞书出版社2001年版,第1573页。

[31] 凌斌:《改造我们的教学——以法学教育为例》,载《中国大学教育》2010年第2期。

深其对于法解释学重要性的认识。有时,这种方法也会激发学生的发散性思维,促进创造力和想象力在解决具体冲突中的运用。

这两种方法都是偏向实践性的。公司法教学的实践偏好与法学教育的转型密切相关。法律的评价裁判功能在于法作为一种社会规范具有判断、衡量他人行为是否合法或者有效的作用,[32]这一价值的最终实现是通过司法活动完成的,通常表现为实践性定纷止争。对于法学教育,尤其是公司法教育而言,早已走出理论框架和经院式教学,形成了实践性和实用型人才的培养模式。商法、公司法的实践意蕴促成相关的培养方案侧重问题解决,如并购课程设置、公司金融、企业法律风险防控、股东诉讼等一系列裁判型议题成为讲授的重点内容。公司法所要讲授的不是单纯的理论,它的规范要运用于实践,[33]这被视为公司法教学中更为"高级"的层面以及成为公司律师必要基础,为学生提供机会将书面法律规则应用于复杂现实案情和以类似执业律师掌握法律的方法寻求一个"正确"的答案。故整体而言,作为教师的公司法学者将重点从案例阅读、理论分析和法律推理转移到包括解决问题在内的更广泛的实践技能。正如笔者在统计中所观察到的那样,很多学者同时还承担着公司法、破产法、金融法等学科相关案例教学、法律诊所、模拟法庭等实操层面的课程。将公司法教育中的理论培养与职业技能割裂开来,忽视前者而过度迷恋后者。

相应地,这种与现实经济实践紧密的联系会使很多学者的课程讲授、学术研究是偏向"问题解决型"和法教义学——以牺牲更实用的专业技能为代价强调理论的趋势会被认为是危机的主要组成部分。[34] 著名公司法学者威廉·卡尼(William Carney)教授在教学中发现,法学院的学生对法教义学的公司法研习路径有一种迷信,认为这对于律师考试成功和后来的法律实践至关重要,公司法学教授们旨在向学生介绍企业

---

[32] 参见张文显主编:《法理学》(第5版),高等教育出版社2018年版,第78页。

[33] 参见丁丁:《在"公司法"教学中借鉴案例教学法的体会》,载《国际商务(对外经济贸易大学学报)》2000年第1期。

[34] See Paula A. Monopoli, *Gender and the Crisis in Legal Education: Remaking the Academy in Our Image*, Michigan State Law Review, 1745, 2012, p. 1746.

实践,虽然这并不是学生学习特定智识的最佳方式,但这似乎无奈地成了授课的唯一方式。[35] 问题解决型教学法的兴起在于其很好地绕过了公司法中问题的不确定性,为学生提供一个统一、标准的答案[36],但这恰恰忽视了公司法背后的多元理论面向。

但是这种强实践性的"非黑即白"方法给女性学生带来的通常是高强度、强压力的紧张感。以下内容,来自笔者对一名女性学生就公司法案例教学法个人体验的真实访谈[37],她的答案可能"部分性"地表达了绝大多数女性学生对这种教学法的"性别控诉"。

问:在运用案例教学法的公司法课堂中,你遇到的最大的问题是什么?

答:对于案卷材料的理解,法律关系的梳理。由于案卷材料往往很长,我个人阅读能力有限,很难在短时间内快速厘清争议焦点。而且每个案件都需要找到公司法上相对应的适用规则,我在选这门课前和拿到具体案件材料前,对公司法没有一个全局式理解,对于案件到底真正适用哪部分规则或者说老师用案件想讲授公司法中的哪些部分并不是很清楚。

问:那么在课堂上,你的内心状态和精神状态是什么样的?

答:我很害怕和焦虑。由于在课堂上需要提问或者回答问题来计入平时成绩,坐在椅子上拿到材料后,我就开始试图在脑子中想出一个"好问题"。我总害怕老师或者助教点到我的名字,问题回答完后,我如释重负。

问:你这种焦虑和不安的情绪来自什么?

答:两个方面吧。一方面是我本身对于无知的羞耻感,在辩论过程中,其他学生表现得都比我好,这比较打击我的自信心;另一方面就是我很害怕说错,被大家嘲笑,让老师失望。

---

[35] See William J. Carney, *Teaching Problems in Corporate Law: Making It Real*, Georgia Law Review, 34, 2000, p. 823.

[36] See William J. Carney, *Teaching Problems in Corporate Law: Making It Real*, Georgia Law Review, 34, 2000, p. 828.

[37] 笔者访谈的对象是北大法学院的一名女性学生。为保护其隐私,作匿名处理。

问：整体下来，你收获最大的是什么？

答：公司法的现实运行，尤其在处理公司法案件时的一些技巧，法庭程序等。这种“剑拔弩张”的课堂氛围倒是让我所学到的知识都有了些画面感和场景感。但所学到的都很碎片化，受制于案件本身所涉及的知识点可能就是有限的。

问：如果在选课之前，你从其他途径听说公司法研究生课程是采用此种上课方法，你是否还会选修本课？

答：我选择某一门课程的原因一个是任课老师的教学、学术水平，另一个就是个人兴趣。但是，如果早先听说这门课的压力这么大，我应该就不会选择公司法作为选修课了。

问：对公司法而言，你是喜欢案例教学方式还是传统的老师讲授，学生与老师间的随机提问？还是其他？

答：说实话，我都不喜欢。既不要填鸭式的灌输知识，那样太无趣了。也不要对抗式的相互辩论，那样让人很紧张。我希望老师能将二者结合起来。

女权主义法律研究尚未改革东方大陆严格的传统法律教学方式——在女性公司法研习者真正能够登顶之前，我们必须改革整个教学方法，因为我们从未给予她们所需的关注。只有这样，才能由学生与教师共同完成对知识的传递与创新，力争培养出既具有创造性又具有批判性的公司法学习者。因此，与单纯的男性主义抑或女性主义相比，更具普惠性的性别主义与教学的融合才是中国公司法教学改革更为进步的方向。女性主义公司法的产生提供了一种可能——将“性别”/“女性主义”元素融入公司法教学之中。应当说，这一做法在中国还是十分新颖的，也是研究公司法、挖掘公司法中性别问题的一个前瞻性举措。为实现此目标，澳大利亚学者凯瑟琳·霍尔（Katherine Hall）提供了颇具借鉴性的方法：首先，将公司法放置于更广泛的社会、政治和经济环境中去理解，从而建立公司法所追求的价值和一般社会女性价值之间的联系；其次，利用实证研究探索女性如何/为什么走入（退出）公司法，了解女性在公司方面的需求以及公司法如何回应这些需求；最后，借助对教科书、案件材料的革新,在公司法传统的法律分析框架中找寻女性的地位。[38]

需要重新牢记的是,高等法学教育的主要作用是学生要掌握基本的法律原理,培养理论研究和分析能力,以及对法律所追求的精神理解。公司法教学不仅是一个传输专业知识和诉讼能力的技巧培育过程,更是一个审视公司行为、规制公司理念的价值确立过程。而法教义学在某些学者看来是黑体字法(black letter law)与背后法,“黑体字法显然引起了学生的注意,但理想的企业公民标准不仅来自黑体法律知识,更源于法律在企业界应用的诚实和公正的方式,黑体字法中没有明确表达内在的人类价值观”[39]。公司法教学的最佳实践应该包括教授企业行为的最佳实践,[40]而公司的最佳实践有着时代性和多元性,在不同的时间语境下呈现不同的状态。更重要的是,公司行为的涉他性使公司法教学不应仅仅注重公司引发的经济问题,还应意识到、尝试回答以及试图解决因不当使用公司这一组织、公司特权等而产生的不良社会后果。[41]

(三)公司法研究方法的女性主义移入

在公司法领域,当下占主流的分析范式还是法教义学/诠释法学,即使夹杂着部分社科法学的身影,也集中在法经济学和实证研究方法的运用之上,并零星地出现政治学[42]、法社会学[43]等分析方法的“借用”。在这场范式革新运动中,对公司法进行女性主义/性别的分析被忽视、遗忘甚至遭到抵制。但是应当看到的是,女性主义不仅是保障妇女权益、对抗

---

[38] See Katherine Hall, Theory, *Gender and Corporate Law*, Legal Education Review, 9, 1998, p. 44 – 47.

[39] J. W. von Doussa, *Corporate Law Teaching and Professional Standards*, Flinders Journal of Law Reform, 3, 1999, p. 122.

[40] See J. W. von Doussa, *Corporate Law Teaching and Professional Standards*, Flinders Journal of Law Reform, 3, 1999, p. 119.

[41] See J. W. von Doussa, *Corporate Law Teaching and Professional Standards*, Flinders Journal of Law Reform, 3, 1999, p. 122.

[42] 参见邓辉:《公司法政治学研究初论》,复旦大学出版社2015年版;邓峰:《代议制的公司——中国公司治理中的权力和责任》,北京大学出版社2015年版;刘安:《中国公司法律制度政治经济学维度的解读》,北京大学出版社2017年版。

[43] 参见王红一:《公司法功能与结构法社会学分析——公司立法问题研究》,北京大学出版社2002年版。

性别歧视的武器,也是一种可以用来分析公司法/商法的强有力的方法,揭示固有的问题,为补救造成社会和经济发展的商业文化的弊病提供依据。公司法女性主义在实践中,包括以下三种分析方法。

(1)询问女性问题(ask the woman question)。此方法试图揭示实体法是如何淹没女性视角并在个案的法律讨论中对其视而不见,如何弥补这种对女性的欠考量。具体而言,女性主义者要关注语言的能动作用,通过求同式的语言技巧,增加研究过程的情境性与互动,使访谈者与研究对象同质化,产生共鸣,达致主客体的融合。㊹

(2)采用实际推理(apply practical reasoning)。该方法主张"对于法律问题的解决应依赖于具体问题的实际考察,也不应该在相互对立和矛盾的观点中进行静止的选择和推理……每日生活的实践性能因为抽象的正义而被忽略,个人式的事实发现与方法要比单纯的规则运用优越",㊺借助对传统法律概念的扩大解释,以求法律决策更契合现实案件特性,而不仅仅反映法律原理。

(3)质疑/挑战主宰范式(challenge the dominant paradigm)。该方法描述了法律中主流话语,并建议做出革新。女性主义研究从一开始就不同于传统的社会科学,始终保持批判的立场,向传统的假设质疑,分析研究过程如何受到研究者的性别、种族和阶层以及性别观念的影响。㊻

综上所述,如果法律女权主义者想为权利平等、社会进步及法律发展做出积极贡献,那么他们必须重新思考、评估和定义其采取的若干策略及对公司法的剖析方法作出迈向女性主义的范式转换(Paradigm Shift)。而如果说公司法与经济学的结合是先前交叉研究的浪潮,与实证研究的结合是当下方法论上的革新,那与性别分析的结合势必是未来

㊹ 参见严静:《"他山之石"的经验和审视——对西方女性主义理论和方法建构的反思》,载《晋阳学刊》2013年第4期。

㊺ 孙文恺:《美国女性主义法学的法律观及其局限性》,载《学习与探索》2003年第6期。

㊻ 参见许艳丽、谭琳:《女性主义方法论:向男女不平等挑战的方法论》,载《浙江学刊》2000年第5期。

研究更为可诉的空间。[47]

五、余论

女性在公司法的发展、演进过程中扮演着重要的角色,发挥着特殊的作用。有学者曾对女性教职人员进行访谈式考察,发现她们激发了学生学习公司法的热情,促成公司法的改革,积极推动女性在公司法中的权利。借助公司法获得角色认同,证明她们可以和男性同事一样,教授并解决具备技术性及高要求的学科,做相同的聪明之事。[48] 学术界是一个相对开放的论坛,是一个为价值观碰撞和对话创造空间的理想场所。这种对话将使更多人参与其中,允许体系外围的人打破强制观点输入而引发的沉默,发现/传达自己的声音。在这一过程中,域外以女性为主导的公司法学者发起了一场商法/公司法领域的性别革命,这也为在我国构建女性主义公司法提供了一个想象的可能与憧憬。文章揭示了她们在日常科研、教学等工作中可能面临的性别问题,当然也包含了某种意义上的机遇与挑战。目前我们已经知道从哪里开始,也确定了一个以性别为方向的目的地。对公司法的研究、教学的改造实际上就扮演着这样一个角色,以底生性的力量助推中国女性主义公司法的成长。正所谓"随风潜入夜,润物细无声。"

㊼ 参见薛前强:《女性主义视域下公司法之审思》,载《中国社会科学院研究生院学报》2019 年第 3 期。

㊽ See Margaret V. Sachs, *Women In Corporate Law Teaching: A Tale of Two Generations*, Maryland Law Review, 65, 2006, p. 666 – 689.

The Foundational Creation of Feminist Corporate Law: A Perspective of Research and Teaching

Xue qianqiang

Abstract: Women play a special and important role in the development and evolution of corporate law. The Academia is a relatively open forum that allows people on the periphery of the system to break the silence caused by forced input of opinions and to discover/transmit their own voices. In this process, female-led corporate law scholars in the international domain initiated a gender revolution in the field of commercial law/corporate law. Correspondingly, this article examines the "snapshots" and "glances" of Chinese women in the field of corporate law research and teaching in recent years. It shows that the number of female corporate law scholars has not yet constituted the "half the sky" among corporate law researchers; for women, the "family imagination" leads to the gender division of business work and it is not conducive to the promotion of professional titles. The phenomenon that geographical distribution of female scholars is unbalanced implies that corporate law research and curriculum settings are closely related to the degree of local economic development. It is these gender issues exposed in daily scientific research, teaching and other facts that further answer what is hindering the growth of Chinese feminist corporate law from the perspective of female individual/group experience. Therefore, it is necessary to break through the gender "segregation" among corporate law researchers. Chinese law schools should focus on the measures reducing differences that negatively affect women, such as, increasing the number of female faculty members, and creating educational opportunities for female students close to corporate law. The practical preference of corporate law teaching is closely related to the transformation of legal education. For this reason, feminism is required to transform corporate law teaching methods. Legal educators must also seek out many possibilities for solutions, keep open to corporate law teaching methods and skills, and incorporate gender elements. All those measures aim at placing corporate law in a broader social, political, and economic environment to understand. Finally, to launch a paradigm innovation movement, it should be noted that feminism is not only a weapon to protect women's rights and fight against gender discrimination, but also a powerful method that can be used to analyze corporate law/commercial law. If so, it will provide a new way of thinking and methods for the reform of Chinese law research and education from the dual perspectives of legal department law and feminism.

Key Words: corporate law, feminism, teaching, research

西藏高校法学教育三十年：现状、成就与未来*

罗　东**

摘　要：近三十年来，西藏高校的法学教育在教学、科研和人才培养等方面取得了一定成绩，形成了具有西藏特点的教育模式。但也因为西藏法治实践特殊需求突出、人才资源缺乏和教学内容更新滞后等因素而面临较大的挑战。对此，可以在坚持法学教育统一性前提下突出西藏地域特色，加大法学学科物力和人力资源的投入与保障，科学规划培养模式和教学内容等三个方面助推西藏高校法学教育快速发展。

关键词：西藏　高校法学教育　发展现状　法治人才　培养模式

一、引言

习近平总书记在中央第六次西藏工作座谈会上

---

* 基金项目：本文系2019年国家社科基金后期资助项目“法治的形式要素及其法理意涵研究”（项目编号：19FFXB066）的阶段性成果。

** 罗东，西北政法大学2019级博士研究生。研究方向：西北地区民族宗教法律问题。

指出，“依法治藏、富民兴藏、长期建藏、凝聚人心、夯实基础”是新时期党的西藏工作的重要原则。由此，“依法治藏”成为西藏治理的基本方略。然而，西藏现有政法干部队伍中具有法学专业背景的人员多为区外高校培养引进的人才，且近年来人才流失严重。① 这就给西藏的高校提出了培养法律人才的新要求。因此，注重对本地区法律人才的培养，加强西藏高校法学教育就成为西藏法治建设的迫切需要。回顾总结西藏高校三十年②来的法学教育经验，探寻可能存在的风险挑战以及今后的前进方向和发展路径，无疑对促进辖区法治实践具有重要意义。基于此，本文对西藏高校法学教育的历史与现状进行考察，对其三十年来发展所取得的成就和呈现的特色进行提炼，思考其发展过程中暴露出的一些问题，并试图提供切实可行的解决方案，旨在为西藏高校法学教育健康快速发展提供一种思路，以期为持续推进“依法治藏”方略提供人才保障。

二、西藏高校法学教育的历史与现状

西藏高等教育为废除神权政治和封建农奴制，适应社会主义改造和现代化建设的需要，培养懂政治、有知识的民族干部而设立，由此打破了旧西藏三大领主（官家、贵族、上层僧侣）对教育资源的垄断，初步形成了具有地域特色的现代高等教育学科体系。③ 改革开放以来，随着市场

---

① 以笔者所在的西藏昌都市为例，昌都市中级人民法院和昌都市人民检察院近三年来共计招录本科以上法律人才46人，其中从内地高校引进38人，占比83%。引进人才中因各种原因流失13人，占比34%。

② 不同于内地高校法学教育的发展历史，1993年西藏高校才设置第一个法学专业，这说明对法学专业设置所要求的师资等软硬件条件这时已经具备。基于此，本文将西藏高校法学教育的考察在并不十分严格的意义上限定在近三十年。

③ 截至2018年年末，西藏自治区共有普通高等院校7所，分别为西藏大学、西藏民族大学、西藏农牧学院、西藏藏医学院、西藏警官高等专科学校、拉萨师范高等专科学校和西藏职业技术学院，形成了包含文、史、哲、理、工、法等11个学科门类，建立了以藏医学、藏语言文学、藏族文化艺术、民族法学为代表的一批具有民族特色的专业。参见国家统计局编：《中国统计年鉴2019》，中国统计出版社2019年版，第688页。

经济体制的建立和依法治国基本方略的形成，法治日益成为社会治理的重要手段，法律人才的社会需求不断扩大，传统以"五院四系"为主体的高校法学教育格局逐渐被打破，法律人才培养已经不能满足法治实践的需要。由此，依靠西藏高校培养熟悉区情、具有语言优势和民族亲和力的专业法律人才成为区内法治建设的迫切需求。

西藏高校的法学教育起步于1993年。在坚定改革开放基本国策和建立社会主义市场经济发展道路的时代背景下，西藏民族学院（现西藏民族大学）开办法学专业，开创了西藏自治区社会主义现代化法律专业人才培养先河。随着2008年西藏大学政法学院和2010年西藏民族大学法学院的成立，西藏高校法学教育经过多年的发展，在办学层次、学科建设、人才培养、教学质量和科研水平方面取得了进步。法学专业经历了由专科教育到本科教育再到研究生教育，由传统型教育到综合型、专业特色教育的历史嬗变，形成了以西藏大学政法学院、西藏民族大学法学院和西藏警官高等专科学校法律系为主体，以拉萨师范高等专科学校法律文秘专业和其他高校法学通识课程为辅助的高校法学教育基本格局（见表1）。

表1　西藏高校法学教育格局

学校	院系	时间/年	层次
西藏大学	政法学院	2003[1]	本科、硕士
西藏民族大学	法学院	1993[2]	本科、硕士
西藏警官高等专科学校	法律系	2003[3]	专科
拉萨师范高等专科学校	公共教学部（法律文秘专业）	2006[4]	专科

[1]《教育部关于公布2003年经教育部备案获批准设置的高等学校本科专业名单的通知》（教高函[2004]3号），载中华人民共和国教育部官网，http://old. moe. gov. cn//public-files/business/htmlfiles/moe/s3705/201001/xxgk_79728. html，最后访问日期：2020年3月23日。

[2]参见房灵敏等编著：《新旧西藏教育概述》，西藏人民出版社2011年版，第182页。

[3]房灵敏等编著：《新旧西藏教育概述》，西藏人民出版社2011年版，第196页。

[4]房灵敏等编著：《新旧西藏教育概述》，西藏人民出版社2011年版，第194页。

除此之外，我们还可以从当前西藏高校的专业设置、师资力量、人才培养这三个方面具体考察法学教育的现实状况。首先是在专业设置方面。法学专业从无到有,逐渐成长为综合类院校的主要专业。西藏共有4所高校设置法学专业,共有1个法学一级学科硕士点,5个法学二级学科硕士点,1个法律专业学位硕士点,2个法学本科专业,2个法学专科专业,形成了多层次、多规格,相对完备的法学学科体系(见表2)。

表2 西藏高校法学专业设置、师资力量和在校学生情况

学校	专业设置/个	教师人数/人	在校学生数/人
西藏大学	本科(1),二级硕士点(1)	专任(28),客座(9),兼职(2)	本科(300),硕士(133)
西藏民族大学	本科(1),一级硕士点(1),二级硕士点(4),法律专业学位硕士点(1)	专任(42),兼职(9),实务导师(16)	本科(510),硕士(111)
西藏警官高等专科学校	专科(1)	专任(16),兼职(9)	专科(320)
拉萨师范高等专科学校	专科(1)	专任(15)	专科(290)

其次是师资力量方面。西藏地区各个高校的法学师资力量都相对紧缺,与学科发展需求存在一定的张力。目前西藏高校共有专任法学教师91人,兼职教师20人,实务导师16人。比如西藏大学和西藏民族大学两校的专任法学教师中,拥有硕士研究生以上学历的57人,占比81%,其中博士14人,博士在读5人;有高级职称13人,占比19%,副高25人,占比36%(见表3)。另外,尽管西藏高校法学教育生师比约为18:1,符合教育部规定的生师比最低要求,但是师资力量紧缺的状况仍然比较突出。

表3 西藏大学、西藏民族大学师资力量对比

单位:人

学校	专任教师人数	硕士以上	博士	正高	副高
西藏大学	28	23	6	8	10
西藏民族大学	42	34	13	5	15

最后是人才培养方面。西藏四所开设法学专业的高校五年来培养法学硕士研究生 290 人，法学本科生 990 人，法学专科生 765 人，共培养各类法律人才 2000 余人，为法治西藏建设培养和输送了一大批专业型法治人才（见图 1）。但总体来看，研究生、本科生和专科生的比例大约为 1∶4∶3，法律人才培养层次仍然偏低，高层次人才特别是研究生及以上学历人才培养仍显薄弱。

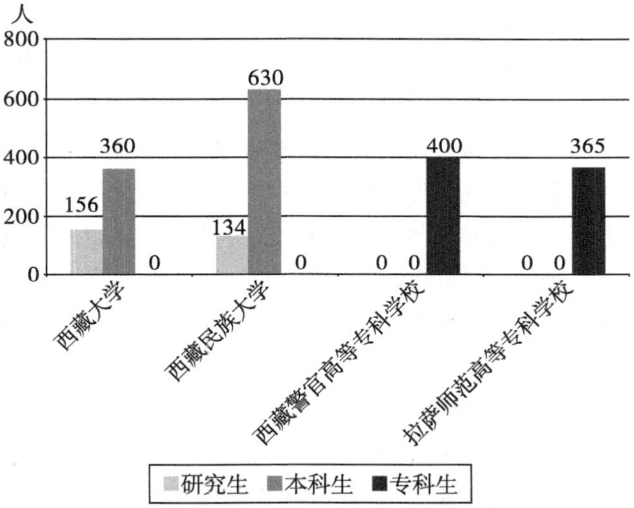

图 1　西藏高校 2015～2019 年培养学生情况

综上所述，我们对西藏高校法学教育的起步及发展做了简要梳理，三十年来从无到有，无论是院系设置，还是学科体系建设，都形成了一定的规模，为培养法律人才奠定了基础。同时，我们也从专业设置、师资力量和人才培养三个方面进行了简要的统计和分析，由此可以对西藏高校法学教育概况有一个比较直观的认识，以便于进一步把握其成就与特色。

三、西藏高校法学教育的成就与特色

首先是院系设置与学科专业。西藏高校法学教育从 20 世纪 90 年代初起步,发展到如今的专科、本科及研究生三个层次。截至2019年年底,西藏自治区7所高校中的4所设置了法学专业,3所开办了专门的法学院系,其中2所拥有法学硕士点。硕士二级学科也开设了宪法学与行政法学、民商法学、经济法学、诉讼法学和民族法学等方向。在校生超过1500余人,其中硕士在校生达到340余人。就具体开设的课程来说,在完成基础课程开设的同时形成具有西藏地区特色的国家级精品课程1门,自治区级精品课程2门。此外,还通过协同创新的方式,联合培养法律人才,建立了应用型人才及综合型人才培养模式,高校法律诊所建设也初具规模。

其次是师资力量与人才培养。西藏高校通过实施各项人才战略,尤其是专项人才引进计划,开展了各类高层次法学人才引进工作,支持法学教师提升学历层次和业务水平。由此,专任教师中具有硕士、博士学位的比例不断提升,大幅度提高了教师的教学科研水平。比如西藏大学和西藏民族大学专任法学教师中有博士学位及在读博士达19人,研究生以上学历占到80%以上。截至2019年年底,专任教师学历结构基本符合教育部的规定。同时,考虑到法学作为职业教育的特点,鼓励教师从事兼职法律实践,推动“双师型”师资建设。比如西藏民族大学法学院,引进校外实务导师16人,推行实务导师制,丰富了法学实践教学的内容和形式。另外,值得强调的是西藏高校法学教育也培养出了大批以藏族学生为主体的少数民族法科学生,为自治区输送了一批“靠得住、用得上、留得下”④的法律人才,有效缓解了西藏法律人才紧缺的现状。以西藏民族大学法学院为例,先后培养法学专业毕业生2700余人,显然已经成为西藏自治区法学人才培养的重要基地之一。通过这些措施,西藏高校法学教育师资力量得到一定的发展,能够基本满足法学教育改革与发展对教师力量的需求。

再次是科学研究。西藏高校在做好法学教育的同时,注重结合西藏经济社会发展实际开展法学科学研究。考虑到以国家社会科学基金为

④ 张林:《努力培养符合西藏社会发展需要的法治人才——学习总书记致西藏民族大学建校60周年贺信精神》,载《西藏民族大学学报(哲学社会科学版)》2019年第3期。

代表的省部级科学研究项目是标志一所科研院校科学研究能力的最重要指标之一。基于此,我们对西藏高校法学专业获得的省部级以上科研项目进行了统计,以此期望对西藏高校法学教育开展科学研究的总体概况有一个初步的把握。西藏高校先后主持参与法学类的国家社会科学基金项目 16 项、部级项目 19 项和自治区级项目 17 项,具体情况如表 4 所示。特别要说明的是,由西藏民族大学法学院牵头的“西藏社会和谐稳定与法治建设”研究基地,成功获批国家民族事务委员会人文社会科学重点研究基地。除此之外,核心期刊的学术论文也是测度高校科学研究的另外一项指标。从学术论文的发表情况来看,检索中国知网 2014~2019 年的论文发表情况,发现这期间西藏高校共计发表法学学术论文 510 篇,其中 CSSCI 来源期刊论文 54 篇。这些论文发表的期刊主要集中在《西藏大学学报(社会科学版)》、《中国藏学》、《西藏研究》和《西藏民族大学学报(哲学社会科学版)》等富有地区特色的学术刊物上,研究的内容也突出了西藏法治建设的主题,具体情况如图 2 所示。

表 4　西藏高校法学基金项目情况

单位:项

学校	国家社科基金项目	部级基金项目	自治区级基金项目
西藏大学	7	10	12
西藏民族大学	8	9	5
西藏警官高等专科学校	1	—	—

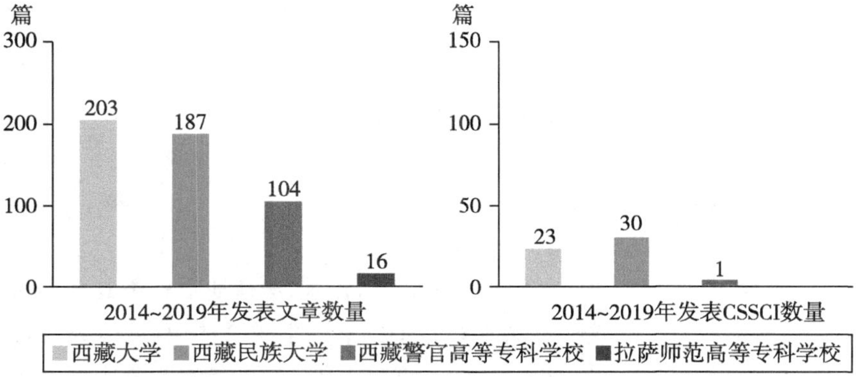

图 2　西藏高校法学专业 2014~2019 年文章发表情况

最后是法学教育的特色。西藏高校法学课程设计在遵循教育部核心课程规定的基础上,对地域特色予以最大程度的体现。具体来说,主要有以下几个方面:以民族学基础性课程教学引导少数民族学生更好地理解和把握国家的民族政策;以宪法、民族区域自治法等课程强化少数民族学生对我国民族区域自治制度的认识;以民族语言的司法文书写作课程培养少数民族学生适应藏区法律操作的技能。例如,西藏大学民族法学硕士点的研究方向分别为民族地方法治建设、民族区域自治法和西藏地方法制史。如前所述,2004 年以来西藏高校主持的 13 项法学类国家社科基金项目中有 12 项是以西藏自治区的地方立法、纠纷解决、婚姻文化、民事习惯和地方法制等具有地域色彩的内容为研究对象,剩余的另一项则是研究《非物质文化遗产法》在西藏地区的实施问题。由此可见,西藏高校初步形成了以民族区域自治法律研究、边疆民族地区法治实践、西藏地方法治建设、藏民族宗教信仰法律研究等颇具区域特色的研究方向。

综上所述,通过从院系设置与学科专业、师资力量与人才培养、科学研究和教育特色四个方面对西藏高校法学教育进行的简要梳理可以发现,经过近三十年的发展,西藏高校法学教育从规模到质量都已经具备实现为法治建设服务,培养信仰和坚守中国特色社会主义法治理念的法治人才这一社会功能的基本条件,在取得成就的同时也彰显了自身特色,形成了独具西藏特点的高校法学教育模式。

四、西藏高校法学教育现实挑战与未来发展

(一)现实挑战

1. 法治实践面临突出的特殊需求

在我国,国家有统一的法律体系、司法体系、法律职业资格制度和法律实施的保障体系,这些显然都对整个国家法学教育的内容、体系与方式等环节提出了统一性要求。因此,西藏的高校法学教育与整个国家的

法学教育在根本上是统一的。[5] 尽管如此，由于西藏地处西南边疆地区，远离国家政治、经济和文化中心，加之高寒缺氧的地理环境，导致区位条件明显处于劣势地位，与全国的平均发展水平尚且存在一定的差距，进而在财力、人力等方面难以达到支撑高校法学教育高质量发展应有的资源投入水平。

首先是法治实践面临的特殊矛盾。考虑到西藏的具体情况，用法治手段维护西藏地区的社会稳定与发展，构筑平等、团结、互助、和谐的社会主义新型民族关系，促进地区经济、文化协调发展，这是西藏法治实践不同于国内其他地区的最重要方面。同时，在西藏高校的法学教育中还应该融入认同教育这一主题。如何在高校法学教育中应对西藏法治实践的特殊问题，是当前面临的一项重要挑战。

其次是法治实践内容的多重维度。毫无疑问，西藏地区的法治实践不仅要保证国家法律的完整实施，维护国家法制的统一，而且要确保民族区域自治制度在西藏的有效实施。此外，值得特别强调的是，如前所述，由于西藏特殊的自然和人文社会环境，塑造了普通民众在思维方式和行为习惯等方面的特殊性。这些现实因素，意味着法律制度的实践必须处理好传统习俗文化与现代法治文化之间的关系，以应对传统纠纷解决手段与现代社会治理之间的张力。因而，如何在维护国家法制统一的前提下，为社会的长治久安与健康发展提供制度保障，也是西藏高校法学教育必须直面的一个新课题。

最后是法治实践所处的民族语境。运用民汉双语是我国民族地区司法实践的重要特征。因此，培养双语法律人才就成为民族地区高校法学教育的重要内容。藏汉双语法学教育在我国起步较晚，青海民族大学法学院 2009 年在本科招生中增设藏汉双语诉讼专业方向，成为我国首家开设藏汉双语法学专业课程的法学院。[6] 中央民族大学法学院 2014

---

⑤ 参见王健：《新发展理念与法学教育的协调发展》，载《中国大学教育》2016 年第 9 期。

⑥ 参见肖建飞、任志军：《少数民族地区双语法律人才培养机制构建——基于少数民族地区法学教育、司法考试、职后培训的实践》，载《黑龙江民族丛刊》2013 年第 6 期。

年通过“民考民”的方式招录藏族学生专设藏语基地班,探索民族双语法律人才培养的新途径。⑦ 西藏大学也曾在2010年开始招收藏汉双语法科学生,但因双语法学教学招生试点改革,在2018年停止招生。尽管如此,目前藏汉双语法学教学的投入仍显不足,这导致民族学生虽有藏语的语言背景,但是所掌握的藏语在实践运用中,尤其是在基层社会的法治实践中,对法律用语的翻译与解释存在偏差。因此,加强双语法律人才的培养就成为西藏高校法学教育的迫切需求。

以上三个方面均从理论角度分析了西藏高校面临的突出的特殊需求。从法学教学实践来看,以西藏大学和西藏民族大学为例,思想政治教育均以公共课的形式开设,与法学日常教学分离,并未因法学教学的特殊需求而有所加强。2017~2019年,两校共计招收法学本科学生615名,其中区内生源296名,占近半数。因西藏的主体少数民族是藏族,这些区内生源均为藏族或说藏语的其他少数民族学生,由此也可以看出开展藏汉双语教学的重要性。综上所述,在理论和实践两个层面上,西藏法治实践面临的特殊需求均较为突出。

2. 教学科研资源投入不足

受地区经济发展相对落后之现实的影响,长期以来西藏用于高等教育建设的资金并不充足,即便是维持教学、科研正常的办学经费投入的水平也低于我国高校的平均水平,这就使得西藏自治区的高等教育在基本建设、人才引进、科研教学投入等方面所需求的资源数量与质量都存在较大的缺口。

实际上,法学专业在西藏的高校教育格局中并不是重点,也非特色优势学科。西藏的高等教育起步于和平解放之初,其目标是为国家培养承担领导社会主义建设的民族干部和各类专业人才。因此,西藏高校专业课程设置一开始就以文化知识普及和思想政治教育为主,与现代市场经济相适应的专业化法学教育与科学研究并不存在。相较于文、理、医、工等传统学科专业,西藏高校的法学专业是在国家全面推行市场经济的

⑦ 参见段威、张文香:《民族法律人才培养模式的创新与探索——以中央民族大学法学院“藏语基地班”为例》,载《民族教育研究》2015年第2期。

大背景下创设和发展起来的。因而，学科发展的资金投入、学科积淀和教学科研的实力都存在明显的短板，当然也就难以成为重点学科。

同时，由于地处民族边疆地区，西藏的高等教育担负着培养民族学生和民族干部的使命，招生对象、学科专业设置和教学内容富有民族地域特性也就是必然的。在这个意义上来说，由于我国当代的法学知识体系，尤其是庞大的私法制度都是服务于现代市场经济活动的产物。因而，这一学科的知识体系在西藏自治区的设置与开展，从一开始就面临着知识供给的普遍性与知识需求的特殊性之间的张力。比如，苏力教授对藏族牧人生活世界不动产问题特殊性的研究，⑧以及对至今依然存在于藏区的一妻多夫制度的解释，⑨都很好地表明了西藏法治实践及其理论需求所处的特殊语境。由此可见，法学教育从国家对其初始任务的设置和学科本身的性质两个方面的因素，促成了法学学科不能成为西藏高校教育重点、特色优势学科的现实。

此外，由于西藏地区特殊的地理环境和社会历史现实，高校法学教育所要求的师资力量长期不足，缺乏人才优势。与发达地区相比，由于其艰苦的工作环境、较低的生活待遇和相对落后的科研氛围，很难吸引高水平法学专业人才。⑩ 同时，由于西藏高校自身培养人才的能力和规模有限，也就无法实现高层次人才的自我供给。在这个意义上，由于高校法学教师在质量和数量上都有不小的差距，这一点就成为制约法学高等教育快速发展与壮大的重要因素，相应的科学研究水平也就处在一个低水平、小规模的层面。对此，我们可以通过把西藏高等院校法学专业的科研业绩与某一个相对较高水平的法学教学单位做横向比较予以说明。我们选择了具有较大可参照性的兰州大学法学院作为比较对象。通过比较两者在2014～2019年申请立项的国家社会科学基金数量和发表的CSSCI核心期刊论文数量，我们发现，“整体打包”西藏四所高校的

---

⑧ 参见苏力：《这里没有不动产，法律移植问题的理论梳理》，载《法律适用》2005年第8期。

⑨ 参见朱苏力：《藏区的一妻多夫制》，载《法律和社会科学》2014年第2期。

⑩ 参见邓少荣、黄竹胜：《少数民族地区法学教育发展战略初探》，载《贵州民族研究》2014年第6期。

法学科研业绩与兰州大学法学院相比,都处于明显的劣势。具体情况如图3所示,西藏四所高校主持国家社科基金项目数、六年发表论文数和发表CSSCI数分别为兰州大学法学院的64%、68%和55%。

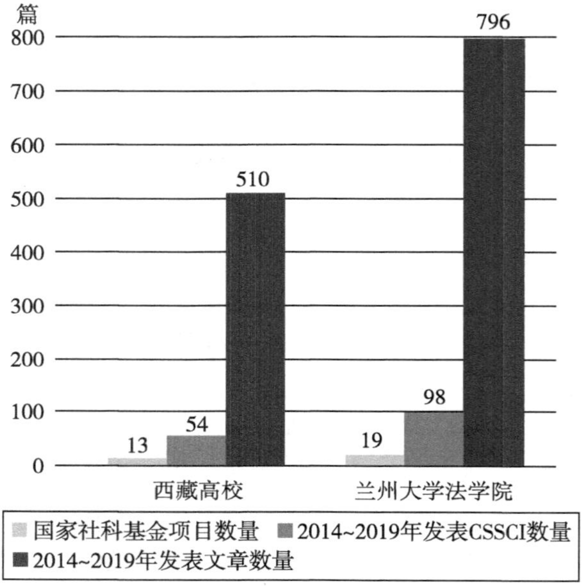

图3　西藏高校、兰州大学法学院科研情况对比

3. 教学内容更新、充实的滞后性

西藏独特的自然地理环境,使得农牧业生产成为整个社会的主要生产方式,农牧民群众仍然占据社会生产的主体地位。引导广大农牧民群众信仰法治、崇尚法治、坚定社会主义法治理念,逐渐摆脱部分愚昧落后思想的桎梏,对于依法治理西藏富有特别的寓意。在全面深化依法治国、推进国家治理体系和治理能力现代化的时代背景下,法学教育无疑具有发挥这一重要作用的功能。[11] 西藏高校法学教育,不仅蕴含法学教育的一般职能,还担负着为西藏自治区法治建设、社会稳定和民族团结

---

[11] 参见常安:《探索高级法律职业人才的培养之道》,载《法学教育研究》2016年第2期。

服务的使命，承担着促进西藏各民族共同繁荣发展的历史重任。

现代法学教育的教学重点，是适应发展工商业市场经济活动的规范要求，但是西藏独特的社会情境，产生了对法学教学内容的特别期待。首先，西藏90%以上人口是少数民族的实际，决定了藏语在西藏被广泛使用，因此，在法学教育中发挥藏语的语言特点就成为西藏社会的特殊需要。其次，法学教育的本能就是以提供法律服务为主要内容的职业教育，结合西藏地方的法治实践特点，这就要求西藏高校的法学教育应该重点开展具有实践导向的教学活动，培养学生结合实际使用法律的能力。再次，现代社会的复杂性决定了纠纷解决手段的多样性，探索建立包括法律手段在内的多元化纠纷解决机制就成为法学教育面临的新课题。最后，加强对学生中华民族共同体意识的教育，从边疆稳定和民族团结的角度强化宪法、民族区域自治法等学科的意涵，是边疆民族地区法学教育必不可少的内容。

然而，反观目前西藏高校法学教育的内容可以发现，尽管紧密结合西藏经济社会发展的现实状况，注重培养学生的实务操作能力和对地区社情的研判能力，比如西藏民族大学法学院实行的实务导师制，西藏大学政法学院推行的本科生导师制等，都侧重于培养学生的这些能力和素质，但与西藏广阔的社会法治实践需求相比仍显不足。同时，以西藏的这两所本科学校为例，两校的法学教学内容仍显单薄，都没有设置与经济社会发展紧密相关的法律时政课程，缺乏对学生法律知识与社会发展互动技能的培养。这就意味着，在新的历史时期，我们面对西藏在农牧区脱贫致富、社会综合治理以及对外开放等领域的新挑战时，迫切需要法学教育的内容能够回应西藏经济社会的这些特殊期待，紧密联系法律职业的实践特色，重视法科学生的实践和服务社会能力培养，从而能够培养出符合西藏社会发展的法官、检察官、律师和法学专家等专业性人才。

总的来看，我们可以发现西藏高校法学教育存在三个方面的明显不足，分别是因为区位因素产生的特殊需求，在人力和物质方面投入的不足，教学内容更新、充实的滞后性。毫无疑问，这些发现为我们理解问题、解决问题提供了非常必要的基础。那么,面向未来的西藏高校法学教育与科研事业,究竟怎样才能更好、更快地得到推进呢?

(二)未来发展

1. 坚持法学教育统一性前提下突出西藏地域特色

西藏地区地处祖国西南边陲,高校法学教育在遵循中央治藏方略的基础上,必须服务于西藏地区的特殊区情。因此,西藏的高校法学教育,首先要注重对法科学生政治立场、政治觉悟和国家认同的培养和塑造,坚定法科学生在重大事件和原则性问题上的政治站位,使其能够旗帜鲜明地维护民族团结,自觉维护社会主义法治的统一和权威,铸牢中华民族共同体意识。⑫ 诚如毗邻的新疆大学,凭借边疆民族地区的人文、地缘优势,依托法学等学科,服务国家战略,成功入选第一批国家"铸牢中华民族共同体意识研究基地"。⑬ 西藏大学可以借鉴这一成功经验,立足青藏高原,充分发挥藏民族优秀传统文化的凝聚力和感召力,参照四部委研究基地的建设标准,重点依托法学学科,逐步建成独具高原特色的"铸牢中华民族共同体意识研究基地",并同时辐射到其他地区,培养藏族学生的中华民族共同体意识。

考虑到以国家统一设置的课程体系为基础,强化法律基础理论教学是高校法学教育课程设置的主要形式,但西藏有自己的特殊区情,即主体少数民族藏族占全区总人口的90%以上,高校培养出来的学生终归是要为西藏的法治建设服务,其面对的受众大多为藏族群众,没有相关的民族法律专业课程的学习,就缺少对法律实践的支撑。这一点可借鉴同为民族地区高校的延边大学,延边大学法学院把以民族法教育为核心的民族特色作为重要的特色建设方向,培养学生扎实的法学理论功底和

⑫ 2014年,习近平总书记在中央民族工作会议上提出要"积极培养中华民族共同体意识";在党的第十九次全国代表大会上,他进一步提出,要"铸牢中华民族共同体意识"。2020年3月,中共中央统战部、宣传部、教育部、国家民族事务委员会联合发文,公布了"铸牢中华民族共同体意识研究"的10个研究基地和5个培育基地,充分证明当前这个问题的重要意义。

⑬ 根据中央统战部办公厅、中央宣传部办公厅、教育部办公厅、国家民委办公厅《关于公布铸牢中华民族共同体意识研究基地名单的通知》,确定新疆大学等单位为铸牢中华民族共同体意识研究基地,法学是研究基地的重要依托学科。

法治理念。[14] 因此，西藏高校的课程设置也应该在满足教育部规定的法学核心课的基础上，增加课程设置，确立课程特色，如民间习惯法研究、西藏法制史等具有西藏特色的课程。

此外，培养一批熟悉民族区域自治制度、能够为西藏民族区域自治实践贡献法律智慧的复合型专业人才，便成为当下高校法学教育的重要任务。与之相关的是，我国历来重视在民族地区进行双语教学，双语教育是国家教育体制的重要特色。[15] 西藏最大的特点是藏族民众占据社会人口的主体，藏语在西藏被广泛使用，部分农牧区群众甚至只能运用藏语交流。因此，西藏地区的高校可以借鉴中央民族大学、青海民族大学、四川民族学院、甘肃政法大学和甘肃民族师范学院的成功经验，专设藏语基地班，采取"民考民"的方式招录懂藏语的法科学生。[16] 相比其他省市，作为普遍以藏语为母语的地区，西藏高校更具有开设藏汉双语法学专业无可比拟的语言优势，而藏汉双语法学专业在西藏也拥有成为特色亮点学科的浓厚人文基础。

2. 加大法学学科物质和师资的投入与保障

首先，政府正常资金投入的保障和提高，是解决高校法学教育经费不足问题的主要渠道。尽管近年来在政府资金投入方面，中央对西藏的高校给予了特殊照顾，资金投入上有很大改善，但是相较全国平均水平仍有很大差距。因此，应当继续保持对这一政策的实施，这对保障西藏高校法学教育的正常运转与良好发展具有决定性意义。同时，在高等学校教育的整体规划和定位中，也应该扩大对法律学科建设的资金投入，在硬件设施和学科基地建设等方面，给予重点支持和指导，具体包括建立富有特色的法学教学研究基地、模拟法庭，尽可能搭建高校和实务部

---

⑭ 参见金河禄：《基于民族特色的法学专业课程设计》，载《法学教育研究》2010 年第 2 期。

⑮ 参见刘全国编著：《西藏自治区双语教育研究》，社会科学文献出版社 2014 年版，第 105 页。

⑯ 四川民族学院政法系法学（藏汉双语）本科专业 2010 年开始招生。甘肃政法大学 2016 年开始与甘肃民族师范学院联合培养法学（藏汉双语）学生，首批招生 46 名。甘肃民族师范学院 2017 年 3 月经教育特批藏汉双语法学专业，5 年内年计划招生 50 名。

门之间的学术交流平台,促进法学学科与社会实践更为广泛、深入的融合。

其次,加强师资力量建设,从制度上激励教师从事实践性、特色性的法学教学与研究。西藏地区高校法学教育师资力量相对不足的主要原因是,地区经济发展的滞后性和工作环境艰苦两方面因素导致的。因而,其能够提供的师资待遇和发展平台都相对有限,导致人才引进困难和人才流失严重。在这个意义上,从法学专业师资队伍建设的长远发展来看,进一步提高高校教师的师资待遇和改善教学、科研环境,下大力气培养民族法学人才和师资,通过实实在在的措施稳定人才的从业心理是提高师资数量和质量的关键。特别是,加大对民族学生从事法学教学、研究积极性的培养和鼓励,通过专项计划、专项基金等政策,在本地区着力培养专业法律人才。

最后,构建自治区级卓越法律人才培养基地,提升法学教育在学科体系中的地位。西藏高校是推进依法治藏方略的人才培养基地。法学教育,是为这一基本方略的实施输送高素质专业型人才的重要途径。因此,各院校在学科体系建设中,应该进一步提升法学专业的学科地位,充分认识法学专业的重要价值,打造出具有自身优势的特色专业。比如,自2012年以来,面对西北地区复杂的民族宗教情势和国家安全需要,西北政法大学设置了"服务西北地区稳定发展与国家安全"法学博士专业。这是全国法学学科中唯一的服务国家特殊需求博士人才培养项目,为研究和解决西北地区稳定发展与国家安全存在的重大现实法律问题,培养应用型高级法律人才。西藏高校可以充分借鉴这一成功实践的思路和方法,创造性地利用现有教学资源,按照教育部卓越法律人才培养教育计划标准,选择区内高校法学院系,面向西藏特殊法治人才培养的需求,建设自治区级卓越法律人才培养基地,为西藏自治区培养专业法律人才以适应依法治藏需求。

3. 科学规划培养模式和教学内容

西藏高校法学教育要办出地域特色,就必须立足于西藏经济社会和法治建设的需要,立足于西藏高校自身实际和学生的特点,在抓好理论教学的同时，突出实践性导向，构建特色人才培养模式。与此同时，还应加强对法科学生的“五个认同”（对伟大祖国的认同、对中华民族的认同、对中华文化的认同、对中国共产党的认同、对中国特色社会主义的认同）意识教育，引导他们树立正确的价值观、民族观和国家观。具体来说，应当革新现有的法学教育培养理念，建立更符合西藏社会法治建设实践需求的人才培养体系。既注重培养学生扎实的法学基础理论和专门知识，为处理法律实务工作打好基础，又兼顾挖掘部分法科学生从事科学研究的潜力。因而，不断完善体现不同发展前景的分类培养方案，根据学生特点，分层次、多类别培养，实现在共性基础上的个性发展。

此外，高校法学教育的基本目标是培养应用型法律人才，“就是要通过一系列教育教学环节，把一个个社会人按照法律人的基本要求进行培养”。[17] 培养应用型法律人才，这就要求西藏高校法学教育的首要使命就是完成法律职业教育，在掌握法律通识知识的基础上强化其实践性，“将学生培养成为具有法官、检察官和律师潜质的法律人才”，[18]以有效应对西藏社会现代化发展中法治人才紧缺的局面。同时，在职业教育基础上发展学术教育，在讲授法律通识知识的基础上，使具备一定学术潜质的学生掌握发现、思考和研究法律问题的技巧和能力，将这一部分学生培养成为能够研究、处理西藏区域法律问题的专业学术人才，这样既满足了实务人才紧缺的现实需求，又为高校法学教育和科研培养了后备力量。

总体上看，我们可以从三个方面来思考西藏高校法学教育的未来发展，即在坚持法学教育统一性前提下突出西藏地域特色，加大法学学科物质和师资的投入与保障，科学规划培养模式和教学内容，以推进西藏法学教育健康快速发展，从而为西藏自治区法治建设提供智力支持和人才保障。

---

[17] 霍宪丹：《法学教育重新定位的再思考》，载《法学》2005 年第 2 期。

[18] 易继明：《中国法学教育的三次转型》，载《环球法律评论》2011 年第 3 期。

五、结语

综上所述,本文选择以西藏高校法学教育为对象,采用归纳、总结和对比的方法,对其三十年来的成长历史和发展现状进行简要考察,进而对其取得的成就和形成的区域特色进行了梳理和总结。经由这一学术努力,文章提炼出西藏高校法学教育存在的三个方面的现实挑战,并针对这些挑战,归纳出未来发展思路。从总体上看,在全面深入推进依法治国、依法治藏的今天,西藏高校法学教育挑战与机遇并存,对西藏高校法学教育的研究也将随着时代的发展而不断丰富完善,本文的不足就在于无法洞见法学教育在西藏的未来发展可能呈现的各种形态,因而所提出的发展路径也就无法完全适应未来西藏经济社会的发展。因此,面对西藏独特的区位地理条件,特殊的社会发展矛盾,与众不同的历史文化氛围,如何将制约高校法学教育发展的不利因素转化为促进自身完善和提高、形成特色优势的有利因素,是未来西藏高校法学教育的重要研究课题。

Thirty Years of Legal Education in Tibetan Universities: Status, Achievements and Future

Luo Dong

Abstract: In the past 30 years, the legal education of Tibetan universities and colleges has made certain achievements in teaching, scientific research, and personnel training, forming an education model with Tibetan characteristics. However, it is also faced with greater challenges due to the prominent special needs for the practice of the rule of law in Tibet, lack of human resources, and lagging in the updating of teaching content. In this regard, under the premise of adhering to the unity of law education, author of this paper suggests that we can highlight the regional characteristics of Tibet, increase the investment and guarantee of material and human resources of law discipline, and promote the rapid development of law education in Tibet's universities in three aspects: scientific planning and training mode and teaching content.

Key Words: Tibet, legal college education, development status, legal talent, training mode

教学研究

全面推进“课程思政”时代刑法学的教学逻辑

冀　洋*　刘艳红**

摘　要:“课程思政”是新中国成立七十多年来历史地形成的大学育人理念在新时代的继续发展，它为专业教学发挥思政教育功能提出了更明确的实践要求。“课程思政”的本质是“课程德育”，刑法学教学的契入点在于中国特色社会主义刑事法治道路中的“理想信念”和“核心价值观”，归结为一点即中国特色社会主义刑事法治理论。我国法治人才培养需要刑法教学知识更新，为此需要准确理解“刑法学现代化转型”与“思政功能强化转型”的匹配问题。在“课程思政”背景下，刑法课应理顺“刑事政治思维与刑事法治思维”“刑法理论自信与借鉴西方文明”“刑法学‘马工程教材’与其他教学载体”“刑法课中的‘术’与‘德’”以及刑法课堂中不同教学类型之间的关系，保证“一课双责”的动态平衡。

关键词:“课程思政”　思政课程　中国特色社

* 冀洋，东南大学法学院副教授，法学博士，东南大学反腐败法治研究中心研究人员。研究方向：刑法学。

** 刘艳红，东南大学法学院教授，博士生导师。研究方向：刑法学。本文受中央高校基本科研业务费暨东南大学“至善青年学者”支持计划、江苏高校“青蓝工程”资助。

会主义法治　刑法现代化　教学改革

2020年5月28日教育部印发《高等学校课程思政建设指导纲要》，正式提出“全面推进高校课程思政建设”的整体要求。在这一背景下，以“用好课堂教学这个主渠道……其他各门课都要守好一段渠、种好责任田，使各类课程与思想政治理论课同向同行，形成协同效应”为指导思想，①“课程思政”成为高校教学育人的有益经验并得到普遍推广。因此，大学专业课教学该如何在保持自身学科属性的前提下顺应高校思想政治工作，仍是其面临的重要教学改革课题。就刑法学而言，在全面推进依法治国、全面推进课程思政的双重战略中，如何践行“课程思政”新方式，实现刑法学专业教学与思想政治教育的功能协同？如何结合新中国成立尤其改革开放四十余年来的刑法学专业教学历程，开启刑法学乃至整体法学教育的内涵式发展以服务于国家法治？对此，部门法学教育教学工作者理应做出切合新时代实际需要的学科探索。

一、“课程思政”指引中的刑法学育人理念

《国家中长期教育改革和发展规划纲要（2010—2020年）》指出，“深化教育体制改革，关键是更新教育观念。”可见，理念对于教学的重要性毋庸赘言。从认识论的层面看，教育理念可能具有多种不同的表现形式，如发展理念、育人理念、管理理念、服务理念等，与“课程思政”直接相连的首先是社会主义大学育人理念。

（一）“课程思政”育人理念的发展路线

在不同历史阶段，我国“思政课程”有不同的组成。改革开放以来的发展情况基本体现了历届中央领导集体对大学思想政治工作的重视。1985年8月中共中央发出《关于改革学校思想品德和政治理论课程教

① 张烁：《把思想政治工作贯穿教育教学全过程　开创我国高等教育事业发展新局面》，载《人民日报》2016年12月9日，第1版。

学的通知》,1994 年 8 月中共中央在新的社会主义经济体系改革背景下发布《关于进一步加强和改进学校德育工作的若干意见》,2005 年 2 月中共中央宣传部、教育部颁布的《关于进一步加强和改进高等学校思想政治理论课的意见》确定了大学思想政治理论(本科生)的组成:马克思主义基本原理、毛泽东思想、邓小平理论和“三个代表”重要思想概论、中国近现代史纲要、思想道德修养与法律基础以及开设“形势与政策”课(05 方案)。② 自党的十八大以来,中共中央、国务院颁布了《关于加强和改进新形势下高校思想政治工作的意见》,教育部出台了《新时代高校思想政治理论课教学工作基本要求》等一系列重要文件,在延续 05 方案的同时对高校“思政课程”教学提出了更高要求。2017 年 12 月中共教育部党组在《高校思想政治工作质量提升工程实施纲要》中明确提出“大力推动以‘课程思政’为目标的课堂教学改革”,“课程思政”正式成为全国性教学改革任务。“课程思政”概念是对长期思想政治教育经验的总结提升,是我国“坚持社会主义办学方向”的一贯育人理念。“课程思政”与“思政课程”的不同之处,首先在于前者“课程”是指大学不同学科教师开设的专业课程,后者“课程”则是以上述 05 方案为基础的五门思想政治理论课,二者在课程范围上并不存在包含关系、升级关系、替代关系,而是并列于大学课程体系中。换言之,“课程思政”只是意味着专业课程需要同时担负专业知识教育与思想政治教育双重任务,而不是专业课程的“思政”取代公共必修课的“思政”。

有学者认为,“‘课程思政’指向一种新的思想政治工作理念,即‘课程承载思政’与‘思政寓于课程’”。③ 其实,专业课程的这种“双重任务”始终存在于大学专业课程的教学要求中,而不是近年才产生的“新理念”。早在 1978 年 10 月教育部《关于讨论和执行全国重点高等学校暂行工作条例(试行草案)的通知》第 47 条就提出,“思想政治工作要经常性地进行……要深入到教学、科研和后勤工作中去,结合各类人员的

② 2008 年 8 月教育部办公厅印发通知将《毛泽东思想、邓小平理论和“三个代表”重要思想概论》调整为《毛泽东思想和中国特色社会主义理论体系概论》。

③ 邱伟光:《课程思政的价值意蕴与生成路径》,载《思想理论教育》2017 年第 7 期。

实际情况和特点进行工作”。④ 1980年4月共青团中央、教育部印发的《关于加强高等学校学生思想政治工作的意见》也提出,“业务课教师也要做思想政治工作……教师是政治思想和科学文化知识的传播者……要提倡既教书又教人,那种认为教师只管教书的看法,是不全面的”。⑤可见,党和国家向来注重“专业课程承担思想政治教育使命”的育人理念,这正是“课程思政”的核心理念。因此,“课程思政”并不是近年创生的“新”理念,新中国成立七十多年来的社会主义大学一直坚持“在专业课程中实现思想政治教育”毫不动摇。对“课程思政”更为准确的定位应当是:历史地形成的育人理念在新时代传承发展的“新话语”,它代表的是高校思想政治教育的连贯性理念。

(二)刑法学“课程思政”育人理念的契入点

其一,就课程普遍性而言,“课程思政”的教学契入点是“课程德育”,归纳起来即“理想信念”和“社会主义核心价值观”。2017年《关于加强和改进新形势下高校思想政治工作的意见》明确提出,高校思想政治工作的指导思想是:“全面贯彻党的教育方针,坚持社会主义办学方向,扎根中国大地办大学,以立德树人为根本,以理想信念教育为核心,以社会主义核心价值观为引领。”“课程思政”与“思政课程”相同之处都在于以“立德树人”为教育教学的根本目标;⑥不同之处在于“思政课程”是通过直接显性传递社会主义道德规范的方式引导大学生“立德”,“课程思政”则更多是在专业知识的传授中以间接隐性的方式实现理想信念、社会主义核心价值观教育的任务。由于大学生通常与本专业课教师的交流时间最长、受之影响最深,因而这种相对柔性的“课程思政”对于大学生树立正确品德的意义更为深刻。所以,“课程思政”教学改革的应有逻辑是,在社会主义办学方向上找准本专业知识与理想信念教育、

④ 教育部思想政治工作司组编:《加强和改进大学生思想政治教育重要文献选编(1978—2014)》,知识产权出版社2015年版,第3页。

⑤ 教育部思想政治工作司组编:《加强和改进大学生思想政治教育重要文献选编(1978—2014)》,知识产权出版社2015年版,第6页。

⑥ 参见习近平:《思政课是落实立德树人根本任务的关键课程》,载《求是》2020年第17期。

社会主义核心价值观引导的资源连接点，实现专业教育和思想政治教育的协同。

其二，就课程特殊性而言，刑法学“课程思政”的教学契入点是中国特色社会主义刑事法治道路中的“理想信念”和“核心价值观”，归结为一点即中国特色社会主义刑事法治理论。《决胜全面建成小康社会 夺取新时代中国特色社会主义伟大胜利》（以下简称“党的十九大报告”）指出，全面依法治国是中国特色社会主义的本质要求和重要保障，必须把党的领导贯彻落实到依法治国全过程和各方面，坚定不移走中国特色社会主义法治道路。习近平总书记在中国政法大学考察时也强调，“中国特色社会主义法治道路的一个鲜明特点，就是坚持依法治国和以德治国相结合……法学教育要坚持立德树人，不仅要提高学生的法学知识水平，而且要培养学生的思想道德素养”。因而“法学专业教师要坚定理想信念，带头践行社会主义核心价值观”。[7] 法学是社会科学中的“显学”，大学传统思政课中的一门重要公共课程是法律基础理论，而以法律为专业的法科大学生的法律素养理应最强、对全面依法治国战略的理解理应最深刻。法学专业“课程思政”的任务就是在法学知识传习中引导法科生坚定不移地成为中国特色社会主义法治道路的建设者、践行者和维护者，这使之区别于其他专业“课程思政”、思想政治理论课以及马克思主义学科的教学。

在刑法学专业中，“课程思政”是通过刑法学知识传递上述思想政治教育内容，其资源连接点是中国特色社会主义刑事法治道路的理想信念以及涉刑法的核心价值观。这里的“理想信念”不仅是对刑事法治道路的“知”，而且是对该道路的“信”。刑法学的理想是全面推进依法治国、全面实现刑事法治，即党的十八届四中全会提出的总目标“在中国共产党领导下，坚持中国特色社会主义制度，贯彻中国特色社会主义法治理论，形成完备的法律规范体系、高效的法治实施体系、严密的法治监督

⑦ 参见《立德树人德法兼修抓好法治人才培养 励志勤学刻苦磨炼促进青年成长进步》，载《人民日报》2017年5月4日，第1版。

体系、有力的法治保障体系,形成完善的党内法规体系”。⑧ 因此,刑法学教授的知识主要是围绕上述五个刑事法治体系进行社会主义刑事法治教学,并要始终注重党的领导、人民当家作主、依法治国的有机统一。同时,刑法学的很多知识还直接体现了社会主义核心价值观,如我国《刑法》第1条、第2条规定的立法目的与任务,直接与“民主”相联系;第3条规定的罪刑法定原则是“法治”价值的直接体现,该原则也因此被称为“法治原则”;第4条规定的法律面前人人平等原则是“平等”价值的直接反映;对于高效的刑事法治实施体系的建构(刑法条文适用规则),无不内含“自由”“公正”的天然要求,也和司法“文明”、司法“诚信”、司法人员的“敬业”与“友善”等道德性存在紧密关联。可以说,由于刑法本身对公民人身财产权利的重大影响,作为公法学组成部分的刑法学知识与社会主义核心价值观的联系最为强烈或激烈,刑法学课程的思想政治教育功能不仅十分必要,而且要做到自然流畅地表达和发挥。

二、“课程思政”教学体系与刑法知识体系的双重转型

刑法教学的核心内容是刑法学知识,这也是“课程思政”的基本资源,那么“刑法学教学向何处去”的同义问题之一是“刑法学(知识)向何处去”。如果教学知识不被明确,不仅专业教学将毫无方向,而且“课程思政”也将失去立足之地,甚至将刑法学的思政功能引入错误境地,最终导致“课程”“思政”的双输局面。因此,新时代背景下需要充分意识到“刑法学现代化转型”与“思政功能强化转型”的匹配问题。

(一)新时代法治人才培养要求刑法教学知识更新

自20世纪80年代中后期开始,我国个别刑法学教师开始介绍和翻译欧洲大陆法系知识,但这主要源于学者个人兴趣,刑法教学整体仍保

---

⑧ 参见《中共中央关于全面推进依法治国若干重大问题的决定》,载《人民日报》2014年10月29日,第1版。

留阶级分析法。[9] 虽然我国1997年颁布了新《刑法》,反革命犯罪等话语被删除,但刑法学教育并未脱离苏俄刑法学体系,直到2006年前后一些著名刑法学家才开始正式提倡刑法知识转型。[10] 我国刑法学的转型是刑法教育工作者集体开启的一次尝试,它不再是单纯的个人兴趣使然,而是基于中国刑法学发展阶段的理性选择,这对刑法教学带来的影响便是,用更为精细的知识体系培养更符合新时期实践需要的法治人才。

从国家法学教育的层面,大学生需要具备怎样的专业素质才能成为现代法治人才？这涉及高校法律人才的基本目标,这个目标“随着国家法治的发展而发展”。[11] 2018年10月8日,教育部、中央政法委颁布《关于坚持德法兼修实施卓越法治人才教育培养计划2.0的意见》再次强调法学教育要“主动适应法治国家、法治政府、法治社会建设新任务新要求……为全面推进新时代法治中国建设提供有力的人才智力保障”。依法治国战略在刑法层面就是刑事法治,最底线专业素质是“罪刑法定”理念。罪刑法定的核心精神是“法无明文规定,不得定罪处刑”,是“任何公民、社会组织和国家机关都要以宪法和法律为行为准则”等一系列公认法治命题的具体化。

然而,我国继受苏联的刑法学,自始建立在没有刑法典、没有罪刑法定原则的历史土壤中,由此形成的固有刑法学体系显然无法适应刑事法治发展的上述期望,很多旧刑法知识及其背后的刑法旧理念需要给予改良或舍弃。例如,传统苏联刑法学中的犯罪构成理论是平面式的耦合体系,对于犯罪成立同样具有决定性意义的正当防卫等事由则难以纳入四要件体系中,对正当防卫的判断是在上述体系之外完成的,这种矛盾阻碍了对正当防卫之原理、功能的认知,形成了顽固的“唯结果论”的定罪思维,这是导致我国《刑法》第20条正当防卫条款适用率低的原因之一。如果借用德日的阶层式犯罪论体系,犯罪构成需要满足“构成要件符合

---

[9] 参见高铭暄主编:《中国刑法学》,中国人民大学出版社1989年版,第63页。

[10] 参见陈兴良:《刑法知识的去苏俄化》,载《政法论坛》2006年第5期。

[11] 周佑勇:《高等法学教育如何实现内涵式发展》,载《北京航空航天大学学报(社会科学版)》2018年第2期。

性—违法性—有责性”,正当防卫被置于犯罪论体系之中(违法性阶层)而非在体系之外,这种犯罪论体系有助于深化对“正当防卫何以正当”的认识,因为它本身就是一种体系内的规范性判断而非体系外的政策性判断。2020年8月28日,最高人民法院、最高人民检察院、公安部联合发布的《关于依法适用正当防卫制度的指导意见》明确指出了本意见的目的,即“维护公民的正当防卫权利,鼓励见义勇为,弘扬社会正气,把社会主义核心价值观融入刑事司法工作”。在刑法教学中采用逻辑统一的阶层论体系及其话语,才能够更全面地理解何为“不法”,更有助于解释和传达“法不能向不法让步”精神,将社会主义核心价值观充实到刑法理论中,有助于获得其工具性与价值性的统一。党的十九大报告提出“努力让人民群众在每一个司法案件中感受到公平正义”,如果刑法专业教育能够传授现代刑事法治所需的知识体系,那么未来进入法律职业的大学生便可能具有更为科学的知识储备和法治理念,通过合格法治人才的合理法治实践服务于个案中人民群众的公平正义事业。

(二)“课程思政”语境下部分刑法知识“去苏俄化”的辨析

我国传统苏俄式刑法学的基本特点是“政治话语取代学术话语、政治判断取代规范判断、政治逻辑取代法律逻辑”,⑫从而导致的是“政策至上”“权力至上”,而非“法律至上”。因此,满足刑事法治建设的刑法知识转型方向,简言之,就是部分知识的“去苏俄化”(去政治化),其本质是回归学术话语、规范判断、法律判断。⑬ 然而,“课程思政”要求刑法学要更好地担负思想政治教育功能,这意味着刑法学思想政治性的强化,那么“课程思政”是否与刑法知识的“去苏俄化”存在矛盾?如何理解刑法知识现代化与当前思想政治教育强化的关系?这是理解刑法学课程“一课双责”(通过“一门课程”落实专业教育和思想政治教育“双重责任”)的重要前提。

其实,我国刑法知识的“去苏俄化”指的是去除苏联流传下来的高

⑫ 陈兴良:《刑法学——向死而生》,载《法律科学(西北政法大学学报)》2010年第1期。

⑬ 参见欧阳本祺:《中国刑法学的去政治化》,载《法学研究》2013年第1期。

度政策化的刑法学语言体系、专业知识体系及观念体系，从专业知识上去除法外因素对刑法规范运行的干扰，用一系列新理论、新工具重塑刑法中的法治化思维，如重新确立司法中的“罪刑法定”等。如前所述，苏联刑法学在我国的传播始于“没有刑法典”的特殊时代，即便在第一部刑法典颁布后，在犯罪认定上一度推行“刑法分则没有明文规定的犯罪，可以比照最相类似的条文定罪判刑”（1979 年《刑法》第 79 条），这种没有“罪刑法定”的刑法制度造成了“高度政策化”的知识内容，这种背景下确立的苏联刑法学长期服务于单纯打击犯罪人、改造犯罪人，在被告人权益保障上面临知识供给不足，已经不能满足新时代的刑事法治要求。例如，我国传统犯罪认定采取的“先主观后客观”的逻辑，刑罚针对的是“人身危险性”而非客观的社会危害：在立法上，《刑法》总则第 22 条原则上处罚所有犯罪预备行为，而多数预备行为与日常生活行为（如购买菜刀、建立微信群组）客观上并无差异；在司法上，犯罪未遂的认定也采用“原心定罪”，如行为人想杀人，即便他误把白糖当成砒霜来投放，其往水里放白糖的行为也构成故意杀人罪的犯罪未遂。这些客观上并没有任何侵害与侵害危险的行为之所以被认定为犯罪，正是因为传统理论主张犯罪是行为人主观意志支配下的产物，注重行为人的主观恶意。刑法知识的“去苏俄化”就是要转变这种思维模式，划清刑法与道德的不同作用领域，促进“以治安为本的刑法”转向“以人为本的刑法”。

需要强调的是，刑法知识的“去苏俄化”不是拒绝意识形态进入刑法学、不是“去思想政治教育化”，“课程思政”也不是专业知识的“再政策化”，而是在保持刑法知识的专业科学性的同时发挥刑法学的育人功能，否则就走了“回头路”。刑法学作为一门社会科学，只要刑法参与者是“人”，就不可能不受政治等上层建筑或意识形态观念的影响，尤其刑事法治本身就是党领导人民在民主政治框架内的国家活动。刑法知识的“去苏俄化”是用符合现代刑事法治的专业新知识取代旧知识，分清政策进入专业知识调整的领域和边界。与此同时，刑法学“课程思政”的主要任务是在刑法学专业教学中，充分利用刑法学与社会治理、国家法治的紧密联系，指导法科大学生树立自由、平等、公正、法治等社会主义核心价值观,转型后的刑法学在知识、观念和实践上更有助于应和现代化的法治战略需求和法治人才培养需求。所以,刑法学知识现代化与“课程思政”相辅相成,若刑法学固守传统旧知识、旧思维,那就无法撑起“课程思政”语境下的法治信念教育,也无法培育起一个刑法学人对于社会大众应有的关爱与温情,而这对于依法治国和以德治国都是具有关键性作用的教育内容。

三、刑法课与思政课“协同育人效应”的实现路径

在“大思政”格局下,刑法课仍然是教授专业知识的“刑法课”而不是“思政课”,刑法学“课程思政”不是“刑法课的思政化”或“思政课的刑法化”,二者相互影响却不能相互混淆。至此,新时代刑法学课程的基本要求可以理解为:教师在坚定理想信念和坚持中国特色社会主义法治道路的基本方向上,在刑事法治理论教学中更加注重引导法科学生树立“自由、平等、公正、法治”等社会主义核心价值观,在专业知识的基础上做好德育工作,实现法科学生的法治素养与德性素养的全面发展。这才是刑法课与思政课在新语境中的教学协同性,对此应当理顺五种关系。

第一,刑事政治思维与刑事法治思维的关系。长久以来,在我国教育培养体制下的法律人常常“把自己视为政治人,没有从社会主义法治的角度表述司法政策”。[⑭] 由此,“政法法学”高度盛行,法律人对刑事政治、刑事政策(Kriminalpolitik)的运用保持极大的知识欲求,如用社会效果取代法律效果、以平复社会情绪“虚化”刑法明文规定。[⑮] 以中国特色社会主义刑事法治的观点来看,这种层面的“讲政治”已不合时宜。在当今的大学课堂中,刑法教学话语体系已经发生了改变,如刑法基本立

⑭ 陈金钊:《被社会效果所异化的法律效果及其克服——对两个效果统一论的反思》,载《东方法学》2012 年第 6 期。

⑮ 参见刘艳红:《刑法理论因应时代发展需处理好五种关系》,载《东方法学》2020 年第 2 期。

场教学中的法益侵害说、规范违反说等已经获得了较大范围的接受度，甚至相当程度地影响法律人在司法实践中的办案思维，但我们不能为刑法知识上的"词库更新"而得意。旧刑法年代那些赤裸裸的政治话语可能被包装、修饰之后仍然以"学术"的名义存在于现代刑法教学中。例如，作为转型新话语的"法益保护目的"，其实现路径实际上仍然是"通过处罚犯罪保护将来的法益"，这无非就是"预防犯罪"这一刑事政策话语的重述，对"法益保护"的最大追求仍然停留在"将刑法作为预防犯罪的手段"这种刑事政策论调。所以，这都不是新的，即便我们沐浴在无尽的"学术话语"中，"政治话语"一时藏匿，却仍然没有摆脱刑事政策思维对刑事法治思维的侵蚀。如果不对新话语表象背后的思想观念有清楚的识别，在教学中盲目追求刑法新概念的时髦，那么教学知识仍然是"换汤不换药"。

第二，刑法理论自信与借鉴"域外文明"的关系。我国刑法学首先是来自苏联，后来在转型中学习欧陆法系和英美法系的理论，尤其在以犯罪论体系为核心的刑法体系上吸收了德日刑法学知识。因此，在教学中必须清楚回答"中国特色社会主义刑事法治理论"与"刑法学的舶来主义"之间的关系。刑法学中的"理论自信"不是谢绝西方法学理论，不能动辄以"意识形态"为由排斥域外法治文明，"对世界上的优秀法治文明成果，要积极吸收借鉴"。⑯ 但是，必须清醒地看到我国当前刑法学借鉴"西学"中的问题。

比如，欧洲大陆刑法学在世界范围内有很强的引领性，在借鉴时还必须注意甄别其是否与我国刑事法治发展阶段相适应、是否在域外已经遭受批判或摒弃，不能在教学中失去判断力、传授"有问题"的知识。以德国为例，很多当代法学家都曾在"二战"期间为种族主义提供了各种正当性论证，而他们在"二战"后仍居大学教席之高位长达数十年，这导致德国法学理论在"二战"之后并未彻底摆脱纳粹主义法学的误导。⑰

---

⑯ 《立德树人德法兼修抓好法治人才培养　励志勤学刻苦磨炼促进青年成长进步》，载《人民日报》2017年5月4日，第1版。

⑰ Vgl. Ingo Müller, Furchtbare Juristen, Verlag Klaus Bittermann 2014, S. 88ff.

那么,我们在学习德国法学理论时,当然不能忽视历史背景及其当代影响。当国内很多教师将卡尔·拉伦茨奉为“法学方法论大师”时,还应明确告知他们:拉伦茨曾经在“二战”期间将德国民法典中的“人”(Menschen)实质解释为“民族同志”(Volksgenosse),以此否认了犹太人等享有“人”的权利。[18] 明确了这一点,我们在刑法上就应当对入罪“实质解释论”保持更高的警惕。类似的还有西方后现代法学理论等,我国尚处在全面推进依法治国的“现代化”阶段,很多解构自由主义、反思法治的思想如“风险刑法”“敌人刑法”等在课堂教学中是需要给予理性对待的。理论自信的必然要求是“中国化”,“理论自信”的新时代意义在于提示教学工作“立足中国大地,尊重自身的法治实践,密切关注并回应不断变化的各种层面的法治需求,发现并阐述真实的中国法治,绝不能囫囵吞枣、照搬照抄国外法学研究成果”。[19] 如果我们不对域外法学家的人物史、理论史进行全面考察而一味“赶潮流”,那么在接受域外知识时很可能就是片面迷信而没有意识到与我国刑事法治发展阶段相龃龉之处,最终造成教学的盲目、知识的有害。

第三,刑法学“马工程教材”与其他教学载体的关系。2013 年 10 月教育部、中共中央宣传部发布《关于高校哲学社会科学相关专业统一使用马克思主义理论研究和建设工程重点教材的通知》,“马工程教材”推广进入新阶段。“马工程教材”不是把专业课教材编写成“马克思主义学科教材”,后者有自己专业独有的教材,如《中国马克思主义与当代》等,《刑法学》的专业属性仍然是“刑法学科”,其知识专业性是第一位的,即它是在马克思主义理论指导下的刑法学知识集成。这就引申出一个十分重要的结论:统一使用“马工程”《刑法学》教材不能“唯本本主义”,高校教学管理者不能单纯把普及使用此类教材作为政绩任务,在中国特色社会主义法治理论体系内需要严肃区分本教材之外的涉政治立

[18] Vgl. Christina Wiener, Kieler Fakultät und “Kieler Schule”, Nomos Verlagsgesellschaft 2013, S. 108.

[19] 周佑勇:《新时代中国法学研究及学科发展的新任务》,载《武汉大学学报(哲学社会科学版)》2019 年第 2 期。

场问题和学术问题。例如,“马工程教材”基本为各领域内的权威学者所“主编”,受主编者个人偏好或其团队观念的影响,《刑法学》总论的框架要么采用传统苏俄式的“四要件体系”,要么采用德日式的“阶层论体系”,但二者之争并不涉及意识形态选择问题。任何一种犯罪论体系并不因被“马工程教材”所采用而获得了“政治正确性”,其他理论体系就要退居其次,二者的较量只能通过“学术方式”。“马工程教材”之外还有很多专著类或主编类的优秀教材,刑法教师在使用“马工程教材”时需要向受众大学生介绍比较各种知识体系之特点,充分认识到“马工程”对于刑法教学的真正意义,而非机械地局限于某一种理论或某一本教材、封闭法科学生的视野。更何况,每一本教材几乎都不可能“一年一修”,不能无视教材的滞后性,相对于我国频繁的刑法修正、猛增的知识产出情况,刑法课堂在坚持“马工程教材”的同时也应因时制宜地灵活运用多种知识载体讲授最新理论知识。

第四,刑法课中“术”与“德”的关系。“立德树人”“德才兼备”“德法兼修”是社会主义法学教育的根本任务,也是“课程思政”的根本出发点。这种专业教学中的思想政治教育既有思想政治教育的普遍性,更多的则是渗透各个专业“思政”的特殊性——通过以“术”为内容的专业知识资源实现“思政立德”效果。法律人的“德”主要涵盖了“为人之德”和法律职业道德:前者包括爱岗、敬业、诚信、友善等社会主义核心价值观,它的底线是遵纪守法;后者则主要是指法律工作所必须的平等规则、廉洁规则等。不同道德规范之间存在相互联系,很多职业道德也被法律甚至刑法所保障,如禁止贪污贿赂等。刑法学不同于其他部门法的“思政”优势在于,刑法教学中的案例揭示了人性最丑恶、最暴戾的一面,且它们甚至受到了死刑处罚,因而刑法课的教育警示性最强。

然而,这也并不意味着刑法学科的法律人具有比其他职业人员更高的道德素质。因此,对于培养未来法律人的刑法课来说,“课程思政”的德育任务仍任重道远。首先,刑法课“立德”教学任务的实现需要教师修炼自身师德,应为人师表而非在课堂上做知识渊博却道貌岸然的伪君子。正如习近平总书记所强调的,人民教师应“有热爱教育的定力、淡泊名利的坚守”。[20] 其次,刑法课应致力于培养法律人的“温度”。刑法知识是关于如何认识犯罪、处理犯罪的学问,刑法学人应保持必要的“锐度”,但在理解刑法知识时不应完全屏蔽人之情感而应保持对社会大众(包括被害人、犯罪人等)的“温度”,在具体案例中指导大学生树立良善的做人准则,将专业知识融入“人民对美好生活的向往”。

第五,刑法课堂中不同教学类型之间的关系。课堂教学是思政教育的主渠道,合理的教学类型对“课程思政”的影响是直接性的,但当前刑法教学存在不少新问题。例如,刑法课堂不能只有“司法知识”教学而贬低“立法知识”教学。党的十九大报告指出了“良法善治”的意义,刑法的立法性知识也是全面推进依法治国的重要内容,刑法教师不能厚此薄彼,忽视立法方面的教学,而应贯穿刑事一体化的知识教学类型。又如,对“宣讲式”教学矫枉过正。受到传统课堂教学弊端以及国外课堂教学模式的刺激,当前的刑法教学更加注重发挥大学生的主动性、参与性,这是素质教育的必然要求。但刑法教学的主力仍然是“教师”而非“学生”,“学生讲,教师听”是课堂教学的另一个极端。如果说这种方法在研究生教学中尚存一定合理性的话,那么这对于本科生而言则是一种“教学责任转移”,因为他们需要的仍然是基础性教育,其对社会科学的探索式学习能力受限,互动式教学就更应当讲究方法,刑法教师在这种课堂上仍然需要发挥第一教学主体功能。

再如,刑法教学还存在教学“娱乐化”现象。部分刑法教师在课堂教学以及期末考试中借用武侠小说、神话小说等编造所谓“神题”,如某“刑法分论与实务”课程的期末考试题目为“分析潘金莲、武媚娘、白娘子等女神故事中男女主人公涉及的刑法关系”、借用小说人物撰写相爱相杀故事而让考生分析案中人物的罪责等。通过案例分析本可以较为全面地考察学生的学习效果,可这种江湖故事、神话传说乃一种纯粹杜撰和想象,难道这也是“实务”? 难道现实中真的缺少实务教学的素材? 我们每年发生的犯罪案例足以提供案例教学素材而不必穷挖光怪陆离

---

[20] 张烁:《坚持中国特色社会主义教育发展道路 培养德智体美劳全面发展的社会主义建设者和接班人》,载《人民日报》2018年9月11日,第1版。

的小说人物。这种故弄玄虚的考题已背离实践教学、职业教育，将原本严谨的刑法专业知识演变为博取眼球的工具。当这种教学内容与社会现实相脱节时，既有碍于大学生对犯罪残酷性、刑法严肃性的认识，也有碍于对刑事法治思维的职业训练。当我们有充足的实践素材时，完全可以运用正常的实践教学、职业教育方法，不必将之引入"娱乐"境地。

四、结语

"法治的发展根本无法做到与政治无涉，二者也不应当被割裂看待……然而，政治与法治毕竟分属于不同的范畴，它们有着各自独有的规则架构和话语体系。"[21]因而践行"课程思政"既要避免专业教学的思政教育功能失调，又要避免专业课与思政课的功能混同。整体而言，刑法课程中的"思政"是指理想信念教育、社会主义核心价值观教育对刑法学教学方向和内容的引导，在"课程思政""一课双责"的动态平衡中，对于涉政治立场问题，必须保持原则毫不动摇；对于刑法学术范围内的思想争鸣问题，必须为之保留自主空间，将之作为社会主义知识繁荣、建构理论自信的内生动力。唯此，刑法学教学才能够真正实现中国特色社会主义刑事法治的知识生产与传播，为新时代刑事法治人才培养创造出健康良善的课堂教学环境，为整体法学教育的"内涵式发展"提供刑法学科助力。

㉑ 周佑勇：《逻辑与进路——新发展理念如何引领法治中国建设》，载《法制与社会发展》2018 年第 3 期。

On the Teaching Logic of Criminal Jurisprudence in the Era of Comprehensively Promoting "Course Ideology and Politics"

Ji Yang　Liu Yanhong

Abstract: "Course ideology and politics" is the inheritance and development of the university education philosophy in the new era that has been historically formed over the past 70 years since the founding of New China. It puts forward clearer practical requirements for professional teaching to play the function of ideological and political education. The essence of "course ideology and politics" is "course moral education". The entry point of criminal law teaching lies in the "ideal and belief" and the "core values" in the road of socialist rule-of-law-based criminal law with Chinese characteristics. The training of "rule-of-law talent" in China requires the updating of the criminal law knowledge teaching. For this reason, it is necessary to accurately understand the compatibility problem between "the transformation of the modernization of criminal law" and "the transformation of the intensification of ideological and political functions in legal education". In the background of "course ideology and politics", in order to guarantee the dynamic balance of "one course, dual responsibilities", the course of criminal law should adjust the multidimensional relationships among the "political thinking in criminal law and legal thinking in criminal law", "confidence in criminal law theories and reference of the Western civilizations", "the teaching materials guided by the Project to Study and Develop Marxist Theory and other teaching materials", "the 'approaches' and 'moral ethics' in the course of criminal law" and the relationships among different teaching categorizations.

Key Words: course ideology and politics, ideological and political courses, rule-of-law path with Chinese characteristics, modernization of criminal law, teaching reform

构建法学课程思政教学路径

李　军*

摘　要：专业课程思政与思政课程同向同行，协同实现全员全过程全方位育人目标，为新时代高校教学育人指明新的方向。一直以来，我国法学教育与马克思主义理论、人文社会、传统文化密不可分，探索法学课程思政教育的课程生成性、知识性与思想性等有得天独厚的条件。本文从如何开展法学课程思政教学角度，提出马克思主义法学理论、中国传统文化、时代主题、乡土文化是法学课程思政元素的来源，提出法学课程思政体系化建设和嵌入式教学方法等设想，探索、构建法学课程思政教学形态，以期发挥法学课程思政教育的重要作用。

关键词：法学课程思政　社会主义核心价值观　中国传统文化　嵌入式教学

为了实现全员全过程全方位育人的目标，各高校都在积极探索专业课程思政与思政课程同向同行的教学方法，研究课程思政教育的过程性与课程的

---

* 李军，西北政法大学民商法学院教授。研究方向：民事诉讼法学、法学教育。

生成性、知识性①,创造了诸如‘熔炉式’思政教育课程模式②、“三位一体”教学模式等③,以期取得教学的有效性;也有人认为,专业课程思政的教学与研究尚处于浅层探知阶段④,有待于深入探索与实践。

法学课程思政是指将马克思主义哲学社会科学中国化的最新成果、社会主义核心价值观的思想内涵、中国特色社会主义的发展、中华民族复兴大业等思想引领,作为培养合格法学人才的教育教学理念,在法学专业课程教学环节和教学设计中有意识、有目的地融入思政教育,使学科知识与思想政治教育之间交叉融合,从而建构和创造新的知识生长点,使学生所接受的知识内涵更加丰富。

法学教育与政治、人权、公正、法治必然联系在一起,教育的过程隐含对学生价值观的塑造和意识形态的培养,发挥专业课教师的主导作用,充分认识法学专业课程所具有的隐性思政教育资源,积极参与立德树人的伟大工程之中,力促思想政治意义内生于学生心中,并经过学习者不断培育和滋养,产生属于其自己的文化,成为激发其思考法学专业知识、思考当今社会、思考正己化人的精神食粮,这便是法学课程思政的育人目标。

本文所要解决的是,作为教育者价值信仰的体现和教育者的责任,法学专业课教师应高度重视法学课程思政的重要性,在法学专业课程教授过程中找到恰当的思政教育元素,掌握有效的教学措施,在教好法学专业课程的同时,能够将课程思政的教育意义发挥出来。

① 参见高宁、张梦:《对“课程思政”建设若干理论问题的“课程论”分析》,载《中国大学教学》2018 年第 10 期。

② 参见闵辉:《课程思政与高校哲学社会科学育人功能》,载《中国高等教育》2017 年第 23 期。

③ 参见罗银胜:《“三位一体”推进高校课程思政改革》,载《社会科学报》2019 年 4 月 4 日,第 3 版。

④ 参见胡洪彬:《课程思政:从理论基础到制度构建》,载《重庆高教研究》2019 年第 1 期。

一、法学课程思政的价值定位

价值定位就是响应目标的准确策划,是决定行动是否成功的重要因素。法学课程思政的价值定位是起到课程合乎目的方向行走的导向作用。

(一)思想性导向

法学教育并非在一个与政治现实完全隔离的世外桃源从事技艺,教学中充满有政治意义的事物,制度变化和社会发展过程等社会实践因素都会在课堂上产生影响。教学中会出现许许多多意想不到的问题,不仅有知识方面、方法方面的,还有思想方面的,带给师生种种迷茫和困惑。

大学教育是具有成熟知识的人向未具有成熟知识的人实施的持续、具体的方案,是"教"与"学"两个过程的统一。法学教育亦概莫能外。《礼记·学记》曰:"学然后知不足,教然后知困。知不足,然后能自反也;知困,然后能自强也。故曰:教学相长也。"课程思政教学,让教师的专业知识、技能与道德深度结合,教师将道德付诸教学实践的同时影响学生的学习动机和思想成长,是师生共同成长的教学环境。

1.促进师德养成

法学教育不仅在于培养学生的法学学科知识与实践能力,还要有助于其精神、人格的建构。教师在传授知识与技能时,也融合了自己的情感与价值观。"要成为塑造学生品格、品行、品位的'大先生'"⑤,对大学生思想、精神状态的健康发展产生正向推动力量,就必须将教师的修身立德建设放在首位。

修身立德是指通过修身正心使德行趋向完美境界。修身饱含处世、处事的智慧和美好的品行。所以,欲立德,先修身,要想让学生"信其

---

⑤ 《习近平谈高等教育:把立德树人作为中心 把思政工作贯穿全程》,载中国共产党新闻网,http://dangjian.people.com.cn/n1/2016/1209/c117092-28936962.html,最后访问日期:2020年6月5日。

道”，为人师者必须自强不息，力求进步，与时俱进，发奋图强，形成有引导作用的榜样人格。

马克思说：“环境是由人来改变的，而教育者本人一定是受教育的。”⑥法学课程一个非常重要的特征是教师处在学科知识学习与社会实践关联的环境中开展教学，期间会出现各种课本中无法遇到的问题。教师需有高度的政治责任和较强的认识能力，这意味着课程思政教学对教师十分重要。

教育最重要的是以行动示范他人。从教师个性成长与发展的角度看，法学课程思政教学能够影响教师的教学动机，使其保持好老师的角色定位和教学态度。

在思政教学过程中，教师所持有的道德和道德效用引导学生进行正确的实践行为，指导学生获取新知识，并影响学生价值观的形成。师德指引下的教学行为，关乎教师的信念和意志，教师具备积极的思政教育理念，其道德价值观、社会责任与政治理想通过身临其境的教学活动得以实现，促进教师的智慧与技能不断成长。提升师德，陶冶意志，促进教师道德成长是思政教学的重要作用。

2. 促进学生价值观成长

教育部、中央政法委员会《关于实施卓越法律人才教育培养计划的若干意见》（教高〔2011〕10 号）提出“培养造就一批信念执著、品德优良、知识丰富、本领过硬的高素质法律人才”的教育目标，其中所包含的思政寓意不言而喻。

法学课程思政教育在使受教育者习得专业知识、拥有建设法治国家本领的同时，对其进行思想塑造，提升境界，使受教育者认同中国法治思想体系所蕴含的价值及其所主张的意识形态，培养社会主义的法治人才。

大学生当初踏进法学课堂时是什么样的人，离开课堂后会成为什么样的人，过去追求什么目标，课堂上应当采取什么教学策略，使他们将来

⑥ 中共中央马克思恩格斯列宁斯大林著作编译局编译：《马克思恩格斯文集》（第 1 卷），人民出版社 2012 年版，第 134 页。

确定什么目标,这是法学教师的一项育人、化人的职责。

知识是由人类基于一定的价值观,在特定的情景中制造出来的。法学课程思政教育以学科、社会实践中遇到的平等、公正等问题为导向,教师透过现象分析本质,能够塑造学生的思想素质、道德品行、政治修养,能够促进学生对现实影响的反思,是对大学生存在意识的一种本体引导,使学生产生一种健康而富有创造性的质疑精神,激发学生探索法律制度应用的主动性,认识法律专业与国家、民族的情感联系,构建起个体专业发展与理想生成的通道。

在法学课堂上,教书育人与传授学科知识高度关联,将思政的文化意义与法学学科生态意义结合,坦诚地帮助学生辨明社会存在诸多非道德的"当然"事件,启蒙受教育者拥有"明德"人格,使受教育者走向社会时,既具备解构复杂困境的能力,即转"知"成"智",也有投身法制社会建设的责任担当,使思政成为影响其生活模式的觉悟,能够自我找准定向并选择如何正确行动。

法学课程思政能够成为引领学生为民族、国家做出贡献的影响力,产生一种由内心深处发出的对中国法治建设的自信,成为确定人生规划的终极方向。伟大的老师对于学生的影响将相伴一生而不消失⑦,这种"明德化人"的思政教育意义更加深远。

法学课程思政教育的思想引领,使师生在复杂的社会环境中选择和确定正确的正义、诚实、责任等价值观念,而这些信念和态度正是教育者与受教育者思想政治责任的重要体现和价值信仰体现,是面对困惑、遇到各种棘手情况时,依然抱有积极态度,能够在课程教学和实践应用上作出正确决策,并能对所做的事情承担更多责任的职业道德。

(二)功能性导向

法学课程思政最突出的就是"全方位"育人特征,所谓功能性导向就是促进"全方位"育人目标实现的程度。"全方位"育人就是整合思政教育资源,多层次、多角度、多内容,从平面到立体开展思政教育的一种

⑦ 参见[美]约翰·F.埃勒、希拉·A.埃勒:《新教师的成功之道》,刘芸、李映诺译,西南师范大学出版社2017年版,第2页。

描述。在法学专业课程中融入思政教育，与思政课程构建有机联系，形成共同培养学生求知、做人、做事能力的整体设计，突出全方位育人的特点。

1. 与专门化的思政课程教育协同发力

全方位的思政教育体系，不是思政课程的思政，也不是某一门法学课程的思政。思政课程是关于马克思主义信仰的教育，是认识和掌握改造世界的科学方法，能够增强学生对中国特色社会主义事业进步与发展的信念。正是在思政课程的信念引领下，学生产生以己之力推动人类进步与社会发展的精神动力。而法学课程思政教育则能够使学生清醒地知道自己该以何种方式勤奋求学，以怎样的行动实现知识报国的理想抱负。

高校设置的所有课程都以育人为目标，由于思政课程与法学课程思政具有共同的精神价值主题和出发点，二者之间具有内在的相关性和共通性，都是作为一种价值性或意义性的知识对受教育者发生作用。

承担法学专业教学的教师，要打破思政课程教师实施思政教育的狭隘意识，发挥法学专业课程思政和思政课程的各自优势，凝练成强大的育人合力⑧，形成思政教育教学体系，在不同的课堂教学中，遵循各自的教学规律发挥育人功能。

2. 以思政元素为关联点，使各门法学课程从理论到实践的思政意义形成有机的立体框架

从法学的价值观角度看，民主、法治、正义、平等、自由、人权等重要理论阐释，始终是中国法学思想变化的主要因素，其影响不仅在中国政治、社会、经济结构、民族文化、重大历史事件、宗教传统中发挥特殊作用，在各门理论法学课程之间及其与法学实践课程之间亦形成有关联性的逻辑结构。无论是理论法学课程还是法学实践课程，都难以凭借一门课程、一人之力透彻剖析理论之本质。全方位育人要克服思政教育“孤

---

⑧ 参见杨斌：《“导学思政”凝聚三全育人合力》，载《中国教育报》2020年6月8日，第5版。

岛化”困境[9],注重法学理论课之间、理论课程与实践课程之间思政教育的配合与呼应,建立有机联系,使法学各门课程的“思政”元素协同配合,构建有深度,亦有广度,有纵向,亦有横向,教育目标明确的立体化课程思政“地图”[10],合作完成思政教育。

(三)结果性导向

结果性导向,即法学课程思政教学通过可行性教学方案的实施所要达到的预期成果。

1. 推动法学课程创新

思政教育经过小学、中学直到大学的教学组织,学生们已掌握了必要的思政理论;专业课程的教学目标、教材、教学活动等也已形成统一的要求,而法学课程思政作为一项新的教学内容,目前并无统一的教学目标、教学内容和成熟的教学方法。

课程思政不是给法学教学穿上思政教育的“外套”,在教学内容中塞入简单直白的说教,进行简单机械的思政、道德灌输。因机制改革、人文传统、社会实践等呈现复杂性,时代对思政教育的要求也不同,法学课程思政必然要与时俱进,不断创新教学手段,讲授有意义的思政理论,不断总结法学课程思政的教学特点和规律,形成特定化、体系化教学模式,使学生们能够接受并参与教学过程中。

法学教学深受社会开放、真情实景、特定案例的影响,教学不是无趣的“说教”,需要有独特的课程思政教学切入点和教学方法。任课教师将法学教学中的工具性因素与人文性环境统一起来,在教学设计过程中突破原有授课框架,挖掘蕴藏其中、能够生成情感态度与价值观的因素,揭示“思政”元素,将“思政”元素巧妙嵌入课程,使“思政”元素与课程内涵深层次关联,使教学内容、教学方法和教学效果等方面都与以往教学不同,不断创新教学手段,不断丰富课程内容。

---

⑨ 参见徐瑞哲:《大学思政课程不再“孤岛化”——上海探索构建全员全课程大思政教育创新体系》,载《解放日报》2016年12月5日,第1版。

⑩ 参见王亚苹:《创意创新创造课程设计与实施》,北京邮电大学出版社2016年版,第185页。

法学教学因为嵌入蕴含丰富价值内涵的思政教育，使课程具有温暖和情怀，专业精神、法律理念、司法意境、人文传统有了实体依附，课程的德育空间更加深厚，达到情感态度与价值观升华的教学效果。

2. 学生认同职业角色

社会对每个职业角色有特定的客观期望和行为模式要求，既有法律技艺方面的，也有道德方面的。法科学生在学习期间必然与社区、司法机关、派出所、妇联、工会等打交道，实践部门职业人员的道德与职业表现因人而异，他们对本职工作和职业道德的认同程度对学生认识法律职业角色产生深刻的影响。

法学课程思政的教育作用就是培养学生正确的世界观和高尚的理想目标，在参与社会实践以及将来步入社会后，都能将优秀品质在职业角色成长生态圈内延展，使学生在扮演律师角色、法官角色、执法者角色时，有能力揣摩他人对自己的评价，自省自己的表现，并有意识模仿、追求达到这些职业角色的理想范示。这种对自身角色的领悟能力，在将来从事的职业中依然保持，就是一种职业自觉，正确的角色意识可以使所担当的角色最快接近成功。

二、法学专业课程思政元素的来源

讲好法学专业课程思政，必须运用好与专业课程匹配的思政元素，用恰当的教学手段将其融入授课中，让专业课程思政元素像母语一样，在专业形成与专业学习、实践环境中发挥影响。

（一）溯源马克思主义法学理论

马克思主义学说是我国社会主义法治国家建设、法律制度建设的思想指南，马克思主义法学观嵌入法学专业课程教学当中，是法学课程思政的基本要求。

首先，运用马克思主义原理分析中国法治建设历程，将马克思主义理论及其在中国法治化的实践应用与发展成果作为思政传授内容，立足中国特色揭示法治规律,总结法治经验,使大学生在获得法学各专业知识的同时形成正确的中国特色社会主义法治体系价值认知,不断增强对中国特色社会主义法治理论的自信。

其次,运用马克思主义世界观引导学生树立正确的历史观、价值观,客观分析现实法制与司法问题,使其在错综复杂的国际、国内矛盾、纠纷辨析中,保持清醒头脑,端正方向,坚定中国法律制度的自信。

再次,运用马克思主义关于人的全面发展教育理论,在教育大学生拥有个体法律智力能力、实践能力的过程中,唤醒其个体职业角色意识,树立法律职业道德,为中国特色社会主义法治建设自觉奉献职业智慧,为中华民族伟大复兴有所担当,实现教育造就人的全面发展目标。⑪

最后,在法学专业课程教学中,教师应积极回应"马工程"重点教材,凸显马克思主义指导对学科发展的促进意义,将马克思主义法律观作为思政教育主流意识形态的话语表达。

(二)凝结中华优秀传统文化

课堂是文化传播的主要场景,课程是学生可以在校习得的各种文化。不能简单地认为学生到学校来只是为了学习由科学家们发现和整理好的法学知识体系,而忽略了他们应当知道真相从何而来,知识如何产生的需要。

在学习中,学生们常常会遇到一些充满社会气息的常识性和非常识性文化现象,学生难以准确作出价值判断,如果没有正确引领,不合时宜的传统陋习会影响学生的思想观念和行为模式。

中华传统文化枝繁叶茂,靠现实来培植,越深厚越有韧劲。在教学中,教师需要通过对中华传统文化的时代差异性与演变性进行必要的比较和分析,揭示其自身在叙事上的本质特征以及在特殊时期的时代属性,能够使学生发现那些打着特定社会机制烙印的法律文化和思想,那些在现时期依然承载着深刻的教化功能,那些需要过滤或者抛弃。

法学教学与实践中处处能够观察到的诚实守信、尊老爱幼、见义勇

---

⑪ 参见中共中央马克思恩格斯列宁斯大林著作编译局编译:《马克思恩格斯选集》(第3卷),人民出版社2012年版,第710页。

为等中华优秀传统文化信仰和思想观念,使法学课程充盈丰富的思政内涵。挖掘中华优秀传统文化、中华法制发展历史脉络,使其内在、独特、丰富的文化属性与品质在课程文化氛围中发扬光大,诱导出思想政治教育、道德教育的功效。

(三)突出时代主题

时代主题是任何国家乃至国际社会在一定历史时期内,为生存和发展必须突出的基本问题,是社会主要矛盾的反映,也是社会面临的主要任务和必须解决的重大课题。科学认识和准确把握时代主题,是正确设计专业课程思政的重要前提。

习近平新时代中国特色社会主义思想,不仅是思想政治教育理论创新的依据,也为课程思政提出了科学、系统的时代命题。在法学专业课程中,将实现中华民族伟大复兴、社会主义核心价值观、努力奋斗两个一百年的精神融入其中,是实践中国特色思政教育理论的必由之路。

1. 社会主义核心价值观——精神纽带

习近平总书记指出,博大精深的中华文化,为中华民族克服困难、生生不息提供了强大精神支撑。[12] 社会主义核心价值观所倡导的民主、平等、公正、法治、诚信等也是宪法学、民法法、刑法学、诉讼法学等课程理论的基本要义。

孟子云:“诚者,天之道也;思诚者,人之道也。”诚信原则教学,就是一场中华民族传统美德的教育,使专业显性知识教育与思政隐性教育植入学生内心,不仅使学生理解公民享有“平等自由交易”的权利,还要强化“诚实守信做人”的内在品行,这对学生将要成为法律职业人具有塑造修养、正确道德引领的重要作用。

法律人拥有高尚德性,才能有尊重和保护他人的力量。将社会主义核心价值观的思想政治教育功能,融入专业课程教学的章节中,使受教育者在习得专业知识的同时,其德性与国家、民族间的精神纽带紧密相联,与国家共同的思想道德价值基础协调一致。

---

⑫ 参见《习近平:在文艺工作座谈会上的讲话》,载新华网,http://www. xinhuanet. com//politics/2015 - 10/14/c_1116825558. htm,最后访问日期:2020 年 6 月 5 日。

2. 法治改革历程——先验启示

中国特色社会主义法治改革思路及脉络相伴产生中国特色法治模式,法治精神、人权和公平正义等基础性共识逐渐深入人心。

在专业课程思政教育中,科学、理性分析中国的法治改革,围绕实质正义与形式正义等知识,辨析法治改革与中国成长、富强的必然联系。突出中国特色法治改革价值,就是坚定中国特色社会主义道路自信的教育,需要教师站在中国法治发展战略的高度,运用科学发展理念传授思政知识;需要教师以法治改革的历史经验为基础,向学生展示具有生命活力的法治改革画卷。

将法治改革的思政意义融入课程教学中,它既是一种法治思想启蒙,又是一种法治文化熏陶。在教授学生理解法的正当性、公开性和科学性的同时,引导学生树立促进社会进步发展的法治理念,触及法律人的信仰灵魂,运用法治发展的力量坚定受教育者的政治素质,牢记使命和职业道德,形成精神自觉。

3. 法治人物——榜样力量

人物是道德的承载,法治人物用实际行动推动中国的法治进程,他们的家国情怀和法律信仰最具有教育感染力。

在七君子事件中,七君子中的沈钧儒、王造时、沙千里、史良均为律师,他们在法庭上大义凛然,抒发抗日爱国情怀,其民族气节和为国家兴旺的奋斗精神,在今天仍然值得学习和怀念,也是对法科学生进行法制史学、律师学、审判学等课程思政教育的好素材。

选择法治人物不孤单,事迹不孤立,精神不孤傲,用他们的事迹进行思政教育,使学生感受中国背景下,法治进步的精神与灵魂并非虚无飘渺,可以从有血有肉的人物身上看到点点滴滴。用法治人物进行思政教育在于增强学生的爱国热情和职业责任感,认识到中华民族的伟大复兴需要一代又一代人的不懈奋斗,由内心产生正确的政治灵魂和追求公平正义的强大力量,珍惜韶华,脚踏实地探索法律科学知识。

4. 法治事件——实践探知

对中国法治进程影响深远的重大事件具有典型的中国特色和浓郁

的本土性，为一些政策、制度的变迁创造了机会。孙志刚事件、三鹿奶粉事件、秦岭北麓违建拆除等均与中国的立法与司法改革存在必然联系。法治事件是社会进步的转折点，师生都能从中获得直接经验、增加感性认识。法学专业课程思政应尽可能地融入生活元素，取材于人们的法制生活情境，通过历史上发生的重大法治事件设计教学内容。

取材法治事件预设思政教育目标，探究专业理论知识与思政学习，践行法学教育提倡的理论与实践结合，把发现知识的能力传授给学生，是启发受教育者应用自身知识与经验积累去创造才能的有效方法。

（四）挖掘乡土知识

绵绵历史使乡土知识沉淀为有特色的文化结晶，民风、民俗、民情构成博大的中华民族文化，在增强民族自信方面发挥应有作用。在校大学生来自五湖四海，有不同的成长环境，对自己生活、生长、学习的地方，总有一份乡情与亲近。以认识乡规民约、弘扬乡土之爱、交融由乡及国的课程思政教育目标，挖掘校本地和学生家乡的红色法制基因和现代法制环境素材，调动学生客观认知能力，不仅能够提高学生对课程思政的学习兴趣，也能够强化乡土与学生成长的关系，树立小区域与大格局的认识观，激发学生热爱乡土、热爱民族、热爱国家之情，增强他们为建设家乡法制勇于担当的责任感、为民族复兴的使命感。

以陕西为例，用于法学课程思政的资源可从“红色”、“绿色”和校本资源三方面入手。

“红色”资源以延安和革命根据地法制建设为基础素材，将陕甘宁边区立法体系、黄克功审判、马锡五审判方式等具有典型性的成果融入课程中，从思政教育立场出发，引导学生认识马克思主义法学理论与中国实践相结合并不断发展的历史进程，使其理解具有中国特色的民主、平等、人权等理念与实践的真实价值。

“绿色”资源突出秦岭生态环境保护与可持续发展的主题，结合习近平总书记“两山”理论和保护秦岭生态环境的法律文件，使学生在习得经济法、诉讼法、环保法等专业知识的同时，感受人类命运共同体下的中国担当，体会人民检察院保护公共利益的国家责任，教育学生本着高度的政治责任感,为保护绿色环境、建设生态文明而努力。

校本资源具有明显的校本个性特征,是为满足本校思政教育和人才培养编辑的与本校有关的文化集合。陕北公学是中国共产党创办的第一所新型正规大学。毛泽东同志说“中国不会亡,因为有陕公。”⑬延安时期创办的其他学校,如中国女子大学、泽东青年干部学院、延安大学等之后分支为若干高等学校。这些学校继续发扬延安精神,不断营造校园文化,高唱“民族的命运全担在我们双肩”的时代强音⑭,使课程思政教学充满感染力,是学生肩负民族命运努力学习的精神动力,其思政教育的作用是专业授课无法达成的。

三、法学课程思政教学体系的建设

习近平总书记指出:“深入研究和解决好为谁教、教什么、教给谁、怎样教的问题,努力以中国智慧、中国实践为世界法治文明建设作出贡献。”⑮这为培养合格法治人才指明必经过程。课程思政“教什么”,就是处理好法学知识教育与道德教育的关系,教育的终极追求在于学习知识过程中积淀下来的人的思维方式和价值取向;课程思政“怎么教”,要从学科理论、教材建设、教学方法等入手,调整专业必修、选修、延伸课程相应规划和布局,使各门课程的思政教育同向同行,形成协同效应。

(一)开设专门的法学思政课

本科阶段思政教育课程主要有马克思主义基本原理概论、毛泽东思想和中国特色社会主义理论体系概论、中国近现代史纲要、思想道德修养与法律基础、形势与政策等必修课程。

---

⑬ 参见孙国林:《“中国不会亡,因为有陕公”——毛泽东与陕北公学》,载《百年潮》2006 年第 4 期。

⑭ 参见中国音乐家协会西安分会编:《延安颂——歌曲集》,人民音乐出版社 1979 年版,第30~31 页。

⑮ 《立德树人德法兼修抓好法治人才培养　励志勤学刻苦磨练促进青年成长进步》,载《人民日报》2017 年 5 月 4 日,第 1 版。

各高校围绕习近平新时代中国特色社会主义思想、中国改革开放、法治建设历程等创新性地开设了一定数量的必修或者选修思政课程模块。如上海大学创制的大国方略、人工智能等系列课程。[16] 该类课程是思政课程的拓展课程，仍属于思政课程，而非严格意义上的课程思政，仍然没有解决在具体专业课程中如何将思政教育融入其中的问题。因此，从专业课程角度出发，建设专业课程思政体系是各学科乃至各学校需要自主开拓教育资源的一个重要内容。

为法科一年级学生开设专门的法学思政课，即将法学主干课共通的思政教育知识有机结合，与中国特色社会主义法治的道路自信与报国、强国的使命感相辅相成，达到学生的学习动机与效果保持一致的目的，从而坚定其学习信心。

该课程的教材应成为"马工程"法学类重点教材之一，由国家统一编写，揭示马克思主义法学思想和中国特色社会主义法治理论在各门法学主干课程中的指导地位和影响，反映中国特色社会主义法治理论及实践的最新成果。

（二）各法学专业课程分别构建系列"思政"元素

单一课程的思政教育知识，需要各学校、各任课教师对此进行系统研究和挖掘，从"马克思主义法学观""社会主义核心价值观""时代主题""乡土知识"等方面找到切合本课程实际的思政入手点，以课程特征、校本特点、地域特色为目标，编写法学课程思政教材，或编写示范教案，形成专业课程教师统一认识和自觉的规范教学合力，使各门法学专业课程的思政教育同向同行，使思政教育无论是在理论性知识还是在实践性经验方面都与法学教学与应用呈现互动格局，使学生的知识得到渐进补充，构建更加完整的知识体系。

（三）提高专业课程教师思政教学意识和教学水平

提高专业课程教师的思政觉悟，每位教授专业课程的教师不仅要有扎实的专业课程教学水平，也要具备过硬的思政教学基本功，能够自觉

---

[16] 参见王金伟：《基于"大国方略"课程教学模式的高校思想政治理论课话语体系研究——以上海大学实践探索为例》，载《思想教育研究》2016 年第 1 期。

将思政教育内嵌于专业知识教育中。

要想成为卓越的教师,专业课教师理应认同先进的教育思想,从内心真诚实践教育的责任感和使命感,在教学设计过程中突破课本原有知识框架,挖掘蕴藏其中、能够生成情感态度与价值观的因素,赋予教学新的意义和内涵,积极探索课程思政教学方法。任课教师对自己所授课程思政的效果审视,往往也是对自身思政观点、信念、思想认识的检视,使专业知识的教授升华到情感态度与价值观的水平上。

法学院校也应积极开展专业课教师课程思政教学指导,课程思政优秀课堂展示,表彰教学骨干,以增强教师对教育事业的归属感和成就感。

四、法学课程思政的教学方法

为完成法学课程思政教育任务,需要采取恰当的教学方式和手段,使思政教育的精神和智慧融入学生发现知识的过程,以主动的学习体验者身份获得新的知识,达到培养合格法学人才的教育目的。

(一)嵌入式教学

法学专业课程中的思政教学,就是在教授专业知识过程中,将思政教育嵌入教学之中,使思政教育与专业知识相互整合、相得益彰。

嵌入式教学的设计,要求教师具有捕捉思政教育元素的敏感性和教育效果的经验判断,备课时要走出法学学科知识教授的围栏,将国内外政治、经济、文化、生活等产生的法学影响导入教案,创设恰当的情境问题展开教学,授予学生新的、宽泛的知识。

以《民法典》编纂为例,“绿色原则”纳入《民法典》不仅使实体法如民法、经济法、环保法专业知识更新,也不仅是对诉讼法学知识如“绿色诉讼”的拓展,还是从“执政治国战略”和绿色发展、生态文明、国际形象等角度彰显《民法典》的中国特色,认识法律在生态文明建设系统中的地位。

(二)翻转微课堂

法学专业课程中的思政教育元素诸多,将其纳入专业教学势必导致课程内容扩增而学时不够的矛盾。运用翻转式教学不仅可以较好地解决课时少的难题,还可使学生对课程的自主学习方式有所体验,培养学生的适应性学习能力,调动自我学习的积极性。

制作微课程视频是实现翻转教学的基础和前提,首先,统一制作法学思政公共教学资源,应用于各门法学课程思政教育,主要体现马克思主义法学观的实践应用、社会关切的法律热点问题、公平正义的审判案例等,将这些核心、共性知识素材制作教学视频,强化刑事与民事、实体法与程序法、理论法学与实践法学等交叉学科思政教学的有效融合,形成法学各门课程之间同向同行的教学培养体系。其次,各门课程根据课程内容选择思政教学单元制作微课程视频,突出本学科特有的思政教育内容。最后,课程思政微视频应根据国家政策、社会进步、法学发展的要求不断更新,使思政教育功能常用常新。

课堂教学主要用于解决学生感兴趣和关注的思政问题或者对疑惑问题进行讨论,教师通过多维视角、多元文化引导,使学生获得思政知识与教育的认同,起到不同观点碰撞、判断争鸣或释疑解惑的作用,培养学生客观辨析观点、创造性思维的基本能力。

(三)社会调查

专业课程包含的思政元素不能虚位表征或者自说自话,不是为了给个标准答案让学生短暂记忆,这样势必造成专业课与思政教育两轨道行驶。要想让专业课程中的思政意义发挥作用,引发学生对法学思政的现实思考,需要给学生一个观察社会的机会,围绕不限于教材中列出的和教师设计的问题开展不同形式的调研。

"同类人审判"观念是陪审制度的理论渊源,是专业课程教学的基本知识。如何理解列宁认为人民的代表参加法庭,毫无疑问是民主的开端,[17]以及如何认识中国特色人民陪审员制度,均可成为课程思政教学的切入点。可通过分配有趣的调研任务,如通过旁听审判、访问人民陪审员,或者观看影片《黄克功案件》等形式,让学生认识践行社会主义核

---

[17] 参见《列宁全集》(第18卷),人民出版社1959年版,第296~298页。

心价值观对司法、对民主有哪些影响。

实践教学使学生对“民主”“公正”核心价值观有真实感受，得到更多与学科知识相关的其他知识，重新组装专业知识，其自主学习、探究学习能力亦得到升华；调研也是他们步入法律专业人员行列前的一份体验，无论成功还是失败，都是宝贵的经历。

（四）法学思政学术研究

课堂上专心致力一种道德说教和政治宣传，不是完整的思政教育，让学生自我发现专业课上的思政对自己产生意义才是有效的教学。

将法学课程思政研究作为法科学生论文写作选题范围，一方面，培养学生的科学素养，产出并发展学科知识，促进中国特色社会主义法学学科发展；另一方面，让学生的学术成果成为法学思政教学成果，产生联动效应。

有些思政的内涵与意义不一定先要告诉学生，在主体多元化的时代，“失之毫厘，谬以千里”的“真相”纷纷干扰学生的价值判断。教育就是要培养“理想人性”，对法学思政指向的社会现象、行为和问题进行科学研究，通过老师的指导，对法学思政产生的历史状况、思想潮流、社会反响、价值引领等进行系统梳理，对道德处境、价值冲突、问题出路等进行思考，形成超越观点和结论的思维方式，起到重构人生经验、提升道德能力的作用。⑱

（五）法学课程思政教学示例：人民陪审员制度课程设计

［教学目标］1. 认识人民陪审员制度在新时代社会主义阶段的人民民主和主权在民的价值。2. 思政的意义对于人民民主，不是口号而是诉讼中实实在在的表现。

［教学方法］讲授、头脑风暴、案例分析、观看影片

［重难点分析］本节课难点在于如何使人民陪审员真正发挥对事实审判的作用；重点在于理解人民陪审员如何陪审，即审判组织形式的构成。

---

⑱ 参见辛治洋：《从道德态度到道德能力——兼论道德教育实践的改进路径》，载《教育发展研究》2020年第4期。

[教具]教学短片、教学组织管理小程序应用

第一阶段　问题导入

《中华人民共和国人民陪审员法》制定背景，其意义在于以法律的形式确立了陪审制度的中国价值、中国模式。

1. 播放《黄克功案件》截取短片(5 分钟)。

2. 头脑风暴：该片段中如何体现人民陪审员制度、存在什么问题。

3. 归纳总结。

第二阶段　陪审制度的理论基础

1. 陪审制度的理论渊源——同类人审判的理论。

该思想实质在于打破精英阶层对司法的垄断，保证普通民众在自身所熟悉、理解的案件当中有表达相关意见的机会。

2. 案例导入：人民政治协商会议全国委员会第一届第二次会议(1950 年)第 11 号提案——邓颖超。

3. 分小组讨论："同类人审判"观念的合理性，如何实现同类人参与审判。

4. 小组汇报。

5. 点评与总结。

6. 回应《黄克功案件》中人民陪审员制度存在的问题。

第三阶段　人民陪审员制度的思政意义

1. 延安时期司法民主的特征与黄克功案审判长雷经天的讲话分析，体会"在情感上、政治立场上同人民同心同德"的意义。[19]

2. 列宁认为人民的代表参加法庭，无疑是民主的开端。

3.《中华人民共和国宪法》规定，"中华人民共和国的一切权力属于人民"。人民是社会主义国家的主人。

4. 诉讼法中制定并落实人民陪审员参加审判的制度。

5. 习近平总书记的"坚持党的领导、人民当家作主、依法治国有机统一"指导方针的意义。

---

[19] 侯欣一：《陕甘宁边区司法制度理念及技术的形成与确立》，载《法学家》2005 年第 4 期。

第四阶段　反馈及作业

1. 课堂反馈。

2. 课后作业:怎么看待“包青天”情节与“同类人审判”?

面对课程思政教学,专业课教师没有身处于专业教学情境中的经验与自信,加之法学课程思政教育难以固定有规律性的主题,原因在于法律变化快、思政的时代主题变化快等,这些因素交织起来影响着教师的授课情绪。专业课教师需要经过一番探索和努力,才能发现那些对专业课程最有价值的思政元素,找到最有效的授课方式。

我国高校思政课程教育、教学体系已经成熟,思政课程教师在教学中探索出卓越的教学方法,积累了诸多经验。法学课程思政教学需要应用好这些教育力量和教育资源,逐渐掌握课程思政的教学特点,使法学课程思政在构建“大思政”的体系中凸显特有的作用。

On the Building of the Teaching Path of Ideological and Political Education in Law Major Courses

Li Jun

Abstract: This paper discusses that ideological and political education in law major courses and the course of ideological and political education go in the same direction, both of which work coordinately to achieve the goal of “all-round education of all students through the whole process” and should be considered as the new direction of teaching and educating students in universities in the New Era. In China, legal education has always been inseparable from Marxist jurisprudence, humanities and social sciences and traditional culture, which provides the unique conditions for the exploration of generating curriculum, knowledge and ideology for the ideological and political education in law major courses. The paper starts from the ways to carry out ideological and political education in law major courses and asserts that the sources of ideological and political education in law major courses lie in Marxist jurisprudence, Chinese traditional culture, time themes and local folk culture. On this basis, it further puts forward the thought on the systematic construction of ideological and political education in law major courses and embedded teaching and the exploration of the teaching forms of ideological and political education in law major courses in order to exert the important functions of ideological and political education.

Key Words: ideological and political education in law major courses, core socialist values, Chinese traditional culture, embedded teaching

我国高校本科生"港澳基本法"教学探究

——以深圳大学、暨南大学及中国政法大学三校为分析样本*

黎沛文** 何建宗*** 杨梓哲****

摘　要：我国高等院校作为"港澳基本法"研究和宣传教育的重要参与主体，目前对"港澳基本法"教学的重视程度仍有所不足。在实践中，"港澳基本法"教学面临开课单位稀缺、师资不足、教学资源分散等种种问题。在教育部2018年出台《法学类专业教学质量国家标准》的背景下，高校"特色办学"原则被突出强调，"港澳基本法"教学有望在我国新一轮本科法学教学改革中迎来新的发展机遇，过去整体"不温不火"的状况亦能得到改善。当下，面对传

* 基金项目：本文系2018年度国家社科基金青年项目"增强港澳同胞国民身份认同的实施机制研究"（项目编号：18CZZ039）阶段性成果。感谢邹平学教授、王千华教授、姚秀兰教授、姚国建教授、沈太霞副教授以及陈志杰博士为本文写作提供的帮助。

** 黎沛文，深圳大学港澳基本法研究中心副研究员，法学博士。研究方向：宪法学、港澳基本法。

*** 何建宗，香港特别行政区"一国两制"青年论坛主席，原香港特别行政区发展局局长政治助理，法学博士。研究方向：港澳基本法。

**** 杨梓哲，深圳大学港澳基本法研究中心粤港澳大湾区青年发展法律研究所研究助理。研究方向：港澳基本法。

统困境和时代变革所带来的双重挑战和机遇,应及时对我国高校“港澳基本法”教学的整体状况进行调研了解,总结优秀经验的同时对不足之处进行反思和改革,通过转变教学思维和革新教学模式,实现“港澳基本法”教学水平的发展和提升。

关键词:基本法教学　基本法教育宣传　法学本科教学　MOOC 化教学

一、引言

“港澳基本法”研究经过三十多年的发展,已逐渐成为宪法学研究中的一门“显学”。从 20 世纪 80 年代最早的港澳基本法国家社科基金项目“一国两制与香港基本法律制度研究”正式立项开始,到两部基本法先后在 20 世纪 90 年代初通过后迎来的研究成果“井喷”,再到 1997 年我国香港地区回归、1999 年我国澳门地区回归以来研究成果的实务化和深入化,如今除了形成数量可观的期刊论文和研究专著外,成套的研究丛书编撰、各种文献资料汇编以及相关的学术刊物也在陆续面世,这意味着这门学科正不断地走向成熟。① 然而,在“港澳基本法”研究蓬勃发展的今天,学界对“港澳基本法”教学(以下简称“基本法教学”)的研究仍极为不足,与“港澳基本法”实践问题研究的发展现状不相协调。我国高校的基本法教学,在实际开展过程中也面临开课单位稀缺与分散,授课人才储备相对紧缺,教科书迭代更新缓慢,总体学科发展重实践而轻学科基础建构,依托宪法学框架下的学科发展逐渐面临一定程度的限制与阻碍等问题。为此,无论是在理论还是在实践层面,针对我国高校基本法教学状况的研究有必要及时展开。

---

① 参见邹平学、黎沛文、张晋邦:《我国基本法研究 30 年综述》,载中国宪法学研究会编:《中国宪法学三十年——(1985—2015)》,法律出版社 2015 年版,第 269 ~357 页。

二、高校开展“港澳基本法”教学的意义及其研究价值

坚持“一国两制”和推进祖国统一,是我国新时代坚持和发展中国特色社会主义的基本方略。基本法的宣传教育和人才培养不仅与基本法的进一步准确实施以及“一国两制”的行稳致远关系密切,更是我国国家治理中的重要组成部分。然而,高等院校作为基本法研究与宣传教育工作的重要参与主体,目前对基本法教学的重视程度仍有所不足,在实践基本法教学的过程当中亦存在种种问题。首先,受制于师资资源、法学学科培养传统等因素,针对构成本校学生主体部分的本科生专门开设基本法课程的高校仍寥寥无几。其次,在已开设相关课程的高校群体中,由于各开课单位在教学过程中联系互动不多,对彼此的教学情况往往知之甚少,长期处于分散化的“单独作战”状态。最后,学界长期缺乏对基本法本科生教学的深度关注,亦造成了基本法教学长期处于“有人为之却无人论之”的局面,有益的教学实践经验难以被有效推广传播,教学质量的互相带动和整体提升存在较大困难。此外,由于缺乏自上而下的有效组织统筹,目前甚为有限的师资和相关教学资源在各校间也未有被充分整合利用,各开课单位在基本法教学的实际开展过程中面临或多或少的师资不足和教学资源短缺问题。

2017 年 5 月习近平总书记考察中国政法大学并提出,“要坚持中国特色社会主义法治道路,坚持以马克思主义法学思想和中国特色社会主义法治理论为指导,立德树人,德法兼修,培养大批高素质法治人才”。② 之后,教育部为创新法治人才培养机制,深化法学专业类教学改革,提高法治人才培养质量,本着坚持、改革、调整、创新的法治人才培养思路,遵循《国家中长期教育改革和发展规划纲要(2010—2020 年)》与教育部《全面提高高等教育质量的若干意见》的要求,并参照《法学学科门专业

---

② 《习近平在中国政法大学考察》,载新华网,http://www.xinhuanet.com/politics/2017-05/03/c_1120913310.htm,最后访问日期:2020 年 4 月 25 日。

类教学质量国家标准参考框架》及制定要求，发布了《法学本科专业教学质量国家标准》。在《法学本科专业教学质量国家标准》的指导下，高校法学院系可以在16门主干课程之外，逐步扩大选修课开设的范围，突出法学教育的“特色办学”原则。在实践中，以法学专业供给者为中心的课程设置体制，渐次转向以需要者为中心的设置模式，以需要者的需求为基础确定课程结构，教师开设课程的自由范围也越来越大，除专业必修课外，可根据教师的研究领域，开设专门化的课程。③ 在此背景下，长期属于法学教育中的“冷门”课程的“港澳基本法”也迎来了自身发展的时代机遇。未来，若能及时对基本法整体教学状况进行充分调研了解，并对现存问题进行反思与改革，则基本法教学将有望在我国新一轮法学教学改革中得到发展和提升，而基本法教学过去整体“不温不火”的状况也能得到改善，中央所强调的基本法宣传教育工作亦可更为顺利地推进。

而遗憾的是，在基本法研究如火如荼的今天，尽管关于基本法的文本解释和实践问题的理论研究已可谓数量可观、丰富多元，但基本法教学却始终是基本法研究拼图中的一个暗淡角落，甚至可以说是缺失的板块。在中国知网等数据库中使用高级检索功能以“港澳基本法”“基本法”“基本法教学”“港澳基本法教学”作为主题或关键词检索，最终能检索到的文章数量只有3篇。④ 第一篇是钟业坤教授于1996年发表的《略论〈香港特别行政区基本法〉的意义与教学》⑤，另外两篇是邹平学教授等分别于2018年、2019年发表的《突破与创新：基于〈香港基本法MOOC〉的教学实践》⑥和《粤港澳大湾区背景下广东法学教育面临的挑

③ 参见刘坤轮：《我国法学专业核心课程的最新调整》，载《人民法治》2019年第8期。

④ 此外，香港特别行政区“一国两制”青年论坛曾分别于2019年9月和2020年4月完成两份有关“加强香港宪法与基本法教育的师资、场地和课程设置：的经验与启示”的研究报告，其中对北京大学、清华大学、中山大学以及深圳大学四所高校宪法与基本法教育的整体情况进行了调研和梳理。

⑤ 钟业坤：《略论〈香港特别行政区基本法〉的意义与教学》，载《暨南学报（哲学社会科学）》1996年S1期。

⑥ 邹平学、刘海林：《突破与创新：基于〈香港基本法MOOC〉的教学实践》，载《法学教育研究》2018年第2期。

战与对策——基于对基本法及港澳法教育重大需求下的探讨》⑦。其中,《略论〈香港特别行政区基本法〉的意义与教学》一文主要是对暨南大学自 1992 年开始的“香港基本法”课程的教学情况的论述,内容较为单一,且由于年代久远,相较于基本法教学的新近发展,该文章的参考价值相对较弱;《突破与创新:基于〈香港基本法 MOOC〉的教学实践》一文主要探讨了深圳大学“香港基本法”大型开放式网络课程(Massive Open Online Courses,MOOC)课程的教学实践经验及其进一步推广的可行性,在专业性、时效性和未来课程开设展望方面研究价值较强,但是由于讨论问题面向较窄,仍不足以填补当下高校基本法教学现状的研究空白;《粤港澳大湾区背景下广东法学教育面临的挑战与对策》一文是对广东省高校基本法教学研究空白的一个重要填补,文章行文思路偏向对粤港澳大湾区未来法学教育需求的实证研究,与本文的研究有较强互补性。

由此可见,学界对基本法教学的研究仍相当欠缺。究其原因,一是基本法学者过去更多的是将研究视角聚焦于实用基本法学之上,对理论基本法学的重视程度相对不足;二是法教育学研究在传统上是法学研究中的小众分支,在实际开展基本法教学的高校仍相对较少的背景下,学者对基本法教学问题关注不多也变得“理所当然”。事实上,即便是在发展更为完备的宪法学当中,关于宪法教育学的研究亦非主流。比如,在中国知网平台以法学学科分类搜索“宪法”这一主题有 42,839 篇文章,而加入关键词“教学”之后可以找到的文献就只有 30 篇。即便是以“法学”为主题,加入“教学”关键词也不过 330 条搜索结果,不及宪法学这一、二级学科文献总数的一个零头。当前,基本法教学研究以及港澳基本法学科建构理论的不足,已实际阻碍了基本法教学实践的进一步提升和发展。在基本法研究的范围和程度逐渐拓宽、拓深的情况下,基于教研结合,对基本法教学的梳理研究本就应是这门学科之下一个不可或缺的子部分,其对于学术成果的产出与转化也有不可替代的作用。基本法研究有必要及时回应本学科这一现存研究盲区,对之进行补缺。为

⑦ 邹平学、冯泽华:《粤港澳大湾区背景下广东法学教育面临的挑战与对策——基于对基本法及港澳法教育重大需求下的探讨》,载《法学教育研究》2019 年第 4 期。

此，及时对我国高校基本法整体教学状况进行充分调研了解，在总结优秀经验的同时对不足之处进行反思和改革，已成为新时期一项重要的课题。

三、高校本科生“港澳基本法”教学的现状

在“港澳基本法”长期属于法学教育中较“冷门”课程的背景下，高校专门为本科生开设基本法相关课程的并不多见。笔者于2019年3月至2020年1月先后就全国主要高校法学专业本科教学情况进行了摸底调查，并对深圳大学、暨南大学、中国政法大学、北京大学、清华大学以及中山大学六所高校开展了重点调研访谈，所了解的情况为，目前主要有深圳大学、暨南大学及中国政法大学三所高校长期为本科生开设“港澳基本法”课程，其他高校的本科生基本法教学则多体现为在宪法学课程中对“一国两制”基本方针政策以及港澳特别行政区的政权组织架构作概要介绍。在本部分，将结合调研情况对三校本科生基本法课程的开课情况进行全面梳理分析。

（一）深圳大学

深圳大学的基本法教学历史最晚可追溯至2006年，邹平学教授于当年为法学院本科生开设了“香港基本法”课程（2008年后与叶海波教授合作开设），讲授香港特别行政区基本法原理。2010年，姚秀兰教授开设的“香港法律与司法制度”课程更名为“香港法概论”，以专题形式讲授我国香港地区法律的历史渊源、制度概要、法律实践中存在的争议和热点问题等。该两门课程均属于法学专业选修课，授课对象为法学院本科生，2学分，每周2课时。如表1所示，在改为MOOC教学模式前，该两门课程均以传统教学模式持续多年开设，共2000余名学生先后参与选修，在本校学生中评价甚高，教学成果卓著。2016年，在深圳大学发起并成立的全国地方高校UOOC平台的支持下，该两门课程进行了MOOC化模式转型，“香港基本法”MOOC和“香港法概论”MOOC分别

于 2016 年和 2017 年正式上线。

表 1　深圳大学相关课程设置情况

课程	授课形式	课程时长/课时	课程性质
香港基本法	MOOC 模式	36	法学专业选修课
香港法概论	MOOC 模式	36	法学专业选修课

在具体教学情况方面,以“香港基本法”MOOC 为例,由于 MOOC 教学打破了传统授课模式下教学场地、教学形式等局限,截至 2020 年 4 月,该课程已持续开课 8 个学期,累计有来自全国各地 36 所不同高校的 2077 名学生参与选修。就师资情况而言,相较于传统教学模式阶段仅由本校一到两名教师进行授课,目前该课程的授课团队已通过整合境内外师资资源发展,由来自深圳大学、北京大学、香港大学和香港城市大学四所高校的 9 名基本法学者所组成。(见表 2)

表 2　深圳大学“香港基本法”课程 MOOC 化模式转型后的教学情况

项目	传统模式	MOOC 模式
师资人数	1 ~2 人	9 人
师资来源	深圳大学	深圳大学、北京大学、 香港大学及香港城市大学
授课规模	100 人/学年	对选课人数不设限制
授课资源	教科书和教师讲义	视频资料、文本资料、随堂测验和教科书
授课对象	深圳大学学生	深圳大学等 36 所高校学生

从选课学生的专业背景来看,MOOC 化模式转型后该课程选修学生的专业背景也更为多元。从 2019 年秋季学期课程线下见面课上针对本校选课学生所做的一次问卷调查的情况来看,参加该次见面课的 75 名深圳大学学生中仅有 31 名学生来自法学专业,其他 44 名学生均来自其他专业,如再加上其他 35 所高校的学生,选课学生的专业背景就更为多元。

在教学内容上,“香港基本法”MOOC 课程设置以香港特别行政区基本法文本的体例为依据，分为16讲，总共32学时。课程考核方式主要由各项成绩权重组成，通过网页签到次数、讨论区内讨论交流频次、在线观看视频时长、各章节的课后测试答题情况、期中论文得分以及期末测试成绩来综合评价学生的整体学习状况，给出课程学习成绩。

(二)暨南大学

暨南大学作为著名侨校，招生大量面向海外及我国“港澳台”地区，在近几年招生中，对外招生比例接近30%，且未来有进一步增加的趋势。早在1990年《香港特别行政区基本法》通过之时，国务院侨务办公室和暨南大学领导层便决定编写我国香港特别行政区基本法相关教科书，并准备为在校香港特别行政区学生开设“香港基本法概论”，作为必修课程。⑧ 1992年，该校先后出版了《香港基本法概论》和《香港法制教程》两部教科书，并开始为全校本科各专业的香港特别行政区学生开设“香港基本法”课程。⑨ 在当时有限的教学条件下，该课程的教学在传统讲授模式的基础上，在课堂上给予学生充分的互动交流机会，还为学生播放《基本法的由来》《基本法的起草过程》《齐来认识基本法》等影片。据课程主持人钟业坤教授介绍，当时98%的在校香港学生都没有读过香港特别行政区基本法条文，课程教学也因此调整为以介绍基本知识为主。⑩

在钟业坤教授退休后，课程改由黄志勇教授讲授，名称也因应《澳门特别行政区基本法》的颁布改为“港澳基本法”。其后，该课程被设定为暨南大学法学院外招生专业必修课，授课时长达54个学时。2019年黄志勇教授退休后，课程改由沈太霞副教授主持。在教学内容设置上，课程主要以“香港基本法”为主，“澳门基本法”为辅，并以“港澳基本法”比较的形式系统展开教学。在课程教学过程中，任课教师重点突出对案例

---

⑧ 参见钟业坤:《略论〈香港特别行政区基本法〉的意义与教学》，载《暨南学报(哲学社会科学)》1996年S1期。

⑨ 因为出版年代较远，且两书出版时均只印刷了4000册左右，如今市面上已经很难找到。

⑩ 参见钟业坤:《略论〈香港特别行政区基本法〉的意义与教学》，载《暨南学报(哲学社会科学)》1996年S1期。

教学法的运用,注重在基础理论教学基础上引导学生研读经典判例,鼓励学生对判例涉及的关键问题展开深入研讨。由于该门课程面向的学生群体为法学院外招生,每学年的选修人数视当年外招生招收情况会略有不同。(见表 3)

表 3　暨南大学相关课程设置

课程	授课形式	课程时长/课时	课程性质
"港澳基本法"(番禺校区课程)	传统授课	54	法学专业必修课(外招生)
"港澳基本法"(珠海校区课程)	传统授课 + 翻转课堂	32	全校公共选修课

在暨南大学珠海校区,人文学院下设的法律系也有开设"港澳基本法"课程,由青年教师陈志杰博士主讲。该课程属于法学专业本科生专业选修课,开设至今已有 7 年。由于珠海校区法律系的培养方案较有特色,该系学生除修读必修课程外,也需要在各个"选修课程模块"中选修一至两门选修课程以满足毕业要求。目前,"港澳基本法"隶属于"港澳法模块",该模块下还设有"港澳司法制度"、"香港仲裁制度"和"普通法导论"三门课程。相较于其他三门课程,"港澳基本法"开课历史最长,选课学生也相对较多,每学年选课人数 110 人左右。课程选用的教材为焦洪昌教授等主编的《港澳基本法概论》,授课形式以教师主讲与"翻转课堂"相结合,在每次授课的两个课时中,前一课时由主讲教师为同学讲授理论知识,后一课时交由学生围绕特定专题做课堂研讨。课程考核一般采取半开卷期末考试或提交期末论文的形式,从考核结果来看,选课学生的基础知识掌握以及论文的题材选择和写作均表现良好,达到教学预期效果。

(三)中国政法大学

中国政法大学是我国较早开展"港澳基本法"研究和教学的高校之一。20 世纪 90 年代,廉希圣教授先后参加了两部基本法的立法工作,受其影响,焦洪昌、田瑶、姚国建等教师积极投身于"港澳基本法"的研究和教学当中。由焦洪昌教授领衔撰写的《港澳基本法》和《港澳基本法概论》一直是我国高校基本法教学的主流教材。目前，该校长期为本科生开设的基本法相关课程为"港澳台法制"，由罗晓军、王理万、朱铮等青年教师主讲，授课时长为32课时。（见表4）

表4　中国政法大学相关课程设置情况

课程	授课形式	课程时长/课时	授课教师	课程性质
"港澳台法制"	传统模式	32	罗晓军、王理万、朱铮	基础专业选修课

在中国政法大学过去的法学教学中，由于该校法学专业人数占本科生的最主要部分，加上其他专业的学生基本上会通过该校"4+2"或者"4+1"教学培养政策双修法学院的课程，因此全校大部分本科生都会接触到宪法学课程，并在宪法学课程中对涉及港澳特别行政区政权机关制度的基本法内容展开学习。据该校学科负责人介绍，在接受完该部分内容的学习后，每年招收的1500名左右法学专业学生和另外500名左右其他专业的双学位学生中，大致会有1/10的学生有意愿在大二年级选修"港澳台法制"课程。以2019～2020学年第一学期为例，"港澳台法制"这一门课程就有131位学生选修，与该校同时开设的其他相关课程加起来大致可以满足全校本科生的学习需求。在以往的教学中，该门课程虽然名称为"港澳台法制"，但实际课程教学中多以"港澳基本法"为重心，授课过程中任课教师主要参照焦洪昌教授等撰写《港澳基本法概论》，以传统教学模式展开课堂讲授。从任课教师罗晓军博士编写的教学大纲可以发现，该课程每个专题都会有比较清晰的学时分配和教学内容介绍，每一章节的知识讲授任务也相当明了，并和选用教材的编写体系相对契合（见表5）。

表5　中国政法大学“港澳台法制”课程的教学内容及学时分布

“港澳台法制”章节内容	课程教学的学时分布/学时
第一章　港澳基本法的制定	3
第二章　“一国两制”的基本法律涵义	4
第三章　中央与特别行政区的关系	6
第四章　特别行政区居民的基本权利和义务	6
第五章　特别行政区的政治体制	8
第六章　特别行政区的经济	2
第七章　特别行政区的教育、科学、文化、体育、宗教、劳工和社会服务	1
第八章　特别行政区基本法的解释和修改	6

另据该校学科负责人介绍，由于中国政法大学一直有着深厚的基本法研究和教学传统，加上该校学生对基本法有着相对浓厚的学习兴趣，“港澳台法制”课程的教学将会持续开展下去。此外，考虑到基本法研究和教学是我国国家治理中的一个重要组成部分，对大力发展基本法人才培养有着重要意义，未来该校将会加大基本法在本科生教学中的推广，进一步建设和完善相关课程，做好基本法的宣传教育工作。

四、高校“港澳基本法”课程教学模式比较及展望

(一)“港澳基本法”课程的教学期待与学习情况

从深圳大学、暨南大学以及中国政法大学这三所高校的教学情况来看，尽管各开课单位对基本法课程的教学期待不尽相同，但大体上而言，任课教师在知识传授层面均是以围绕基本法文本的教义学讲授和基本法实践问题的分析而展开的。

首先，深圳大学“香港基本法”MOOC课程。该课程的教学集中于对香港特别行政区基本法的文本与实践问题进行介绍和探讨，过往学期

期中论文的选题主要侧重于考察学生对基本法实践问题的分析能力，期末考试则主要考察学生对基本概念、原理的理解和掌握以及对基本法实践问题的综合分析能力。在学生的培养方面，虽然该课程定位为法学专业选修课，但基于 MOOC 教学模式的优势，在外系学生中也影响颇大。而且，在过往考核中不少非法学专业学生都取得了“A 等”的综合成绩。这反映出，在法学原理的学习方面，MOOC 模式相较于传统教学并无明显劣势，而且 MOOC 模式在教学资源配置的优势使得学生的学习效率大为提升，即使非法学专业的学生也能通过充分利用教学资源学好法学专业课程。但是，由于 MOOC 课程的主体视频的录制和更新均需要一定的周期，随着这种“时间差”的拉阔，亦会导致 MOOC 课程的形式虽然新颖，但主体内容与学生的学习期待却有所差别。即使具体教学中设置了线下见面课以集中答疑和补充对最新知识的讲授，但实际效果仍不理想。比如，在针对 2019 ~ 2020 学年秋季学期选修学生的问卷调查中，受访学生普遍希望教师在线下见面课中围绕“香港基本法”实践中的最新问题对课程内容进行详细的延伸讲授，以获得更多的最新知识。

其次，暨南大学“港澳基本法”课程。目前，番禺校区和珠海校区“港澳基本法”的课程教学情况各有不同。番禺校区开设的“港澳基本法”由于自 20 世纪 90 年代起便是一门针对外招生的专业课程，经过早期摸索阶段，逐渐从早期的基础知识讲授为主发展为以案例教学为主的教学形式。围绕案例而展开专题研讨讲授模式给予了学生和教师较大的理论讨论空间，加上法学专业的外招生数量相对较少，小班制教学也使得教师与学生有了更加充分的思想交流空间。但受限于师资与教学资源等因素，实际上该门课程也面临一定的发展瓶颈。例如，教辅资料出版审核周期过长，导致如今使用的教材仍是黄志勇教授于 2012 年出版的《港澳基本法要论》⑪，而教学案例教材的出版在短期内也难以实现，教材更新的缓慢使得以案例教学为主的课程教学开展存在一定困难。

---

⑪ 黄志勇：《港澳基本法要论》，暨南大学出版社 2012 年版。

而该校珠海校区人文学院法律系人才培养目标一直都强调实务操作能力,甚至该系在招生简介就已明确其人才培养目标主要集中于培养律师人才,在此培养模式下,教师与学生对教学的期待都是熟练掌握基本法原理并在实务中加以有效运用。在该校区“港澳基本法”课程的翻转课堂教学中,让学生围绕每一专题所涉及的法律争议问题点主动搜集、研读相关判例和文献资料并在课堂中就关键问题开展研讨,就是一种具体的教学实践。不过,该课程任课教师也指出,由于目前该校与港澳地区法院或律师事务所等实务机构之间尚未建立稳定的教学联系,导致很多的课堂教学实际还停留在“纸上谈兵”阶段,实操性仍略为不足。

最后,中国政法大学“港澳台法制”课程。根据其教学大纲的描述,该课程教学目的为“对港澳特区基本法的内容及实施状况予以介绍,对其中产生问题予以介绍和解释”。在具体教学中,各专题设置了与教学目的对应的重难点讲解。以课程教学大纲中第八章“特别行政区基本法的解释和修改”为例,其教学内容主要侧重在制度分析层面,即对基本法解释制度和修改制度的法律规范进行讲解。而章节难点内容则偏向于实践问题的探讨,通过对全国人大常委会的历次基本法解释以及1999年吴嘉玲案、2001年庄丰源案等重要案例分别展开分析,就不同法律解释制度的区别、基本法文本与实践间之冲突问题、解决方法等进行系统探讨。从教学目的与大纲内容的设置大致可以看出,中国政法大学的教学方式与期待偏于传统教学,基本符合高校法学教学讲授型模式中对学生知识接受的要求,具体表现为各章节在教案中的重点难点分布清晰,主要任务也是将知识梳理为本科生可以接受的知识内容给本科生予以详细介绍。

整体而言,各个高校在基本法的知识授予层面均有一定的独到之处。可以说,我国高校基本法教学自20世纪90年代发展至今,已有了较为可靠的授课模式,并在实际教学的开展中取得了较好的成果。但随着时代发展,从学生需求变化到教学理念不断进步,案例教学、翻转课堂、MOOC教学等新教学形式和模式逐渐成为新时期高等院校法学教育的多元选择,这在一定程度上也凸显出传统课程教学模式及其评价标准和考核标准与法学教学最新发展形势间之张力。

（二）“港澳基本法”教学中的“传统模式”与“MOOC 模式”

1. “港澳基本法”的传统教学模式

前文提及，基本法教学中存在“传统模式”“MOOC 模式”“案例教学法”“翻转课堂教学法”“讲授式课堂”等概念。严格来讲，前述概念属于教学模式的只有“传统模式”与“MOOC 模式”两种。至于其他的概念，都是基于这两种模式衍生出来的教学方法。所谓传统教学模式，即传统教学法，在法学本科教学的语境下是指讲授式教学法，具体形式主要“以教师的课堂讲授为核心，辅之以问题解答、阅读辅导、论文写作指导等”。[12] 一般认为，由于传统模式在法学教学中反映为课堂教学以教师讲授为主，授课内容偏重从概念和理论出发，随着时代的发展以及学生需求和教学理念的不断进步，已相形落后。首先，在信息化时代，这种授课模式可替代性较大，比如，将宝贵的课堂时间用于信息获取难度较小名词解释等就显得颇为浪费。其次，当今的学生对纯粹概念化的知识接受度较以往要更低，由于学生日常大量接触图片、视频等感官类素材，即便是文字信息也多以叙事形式被传播，概念讲授式教学法与当今学生的认知习惯不符。最后，法学学科科学性与实践性相结合的特点决定了综合教学与练习教学在学生本科学习中存在重要意义，本科阶段的大量法学研究和法律实务都离不开学生对案例的掌握和实务技巧的熟悉，而法学传统教学方法在案例化教学与翻转课堂教学中都比较薄弱，目前只有较少相对优质的法学院能提供相应的教学。

在现阶段，传统教学法仍然是高校基本法教学的主流模式，但各高校青年教师对该模式下的基本法教学有着各自的改进方法。比如，中国政法大学青年教师除了积极借助该校教师出版的宪法学案例研习教材[13]中的基本法案例资料作为教学材料外，还利用自己相较于老一辈学者的外语优势直接将香港特别行政区法院英文判例用于课程教学中，以

---

[12] 薛刚凌、李媛：《论法学教学方法的改革》，载《中国政法大学学报》2007 年第 1 期。

[13] 如姚国建和秦奥蕾编著的《宪法学案例研习》、姚国建和焦洪昌合著的《宪法学案例教程》以及李树忠主编的《宪法学案例教程》。

争取在传统教学的基础上丰富课堂研讨的案例资源。这对教学中的理论证成和学生的知识接受度提高均有好处。在暨南大学,基本法课程的教学工作目前正处于教师迭代过程,老教师的退休和新生代教师的接手也使教学工作有着与传统教学不一样的气息,无论是番禺校区课程的案例化教学还是珠海校区课程的翻转课堂模式,均走在法学教学方法论的发展前沿。如今,两个校区的任课教师也都不满足于停留在教学方法的革新上,均表示有将课程 MOOC 化的愿望,争取在下一阶段对课程的教学模式进行革新。

2. 港澳基本法的 MOOC 教学模式

MOOC 教学法是 2012 年在美国兴起的线上教学模式,推出后受到各个国家和地区高校的热捧,2014 ~ 2016 年国内出现 MOOC 化教学热潮,教育界对此关注有加。深圳大学“香港基本法”MOOC 作为全国首门基本法 MOOC 课程,第一次将 MOOC 教学法推广至基本法教学领域。随着 MOOC 教学模式的开展,原先传统教学模式下基本法教学存在的一些局限得到了较好的克服。⑭ 考虑到基本法教学在师资、教学资源、校际交流、科教矛盾等方面均存在自身特殊性,“MOOC 化”教学模式的转换和推广,是基本法教学未来在我国新一轮本科法学教学改革中突破局限、实现自身发展的一条可行途径。

不过,深圳大学“香港基本法”MOOC 的教学模式与通常意义上的 MOOC 模式仍存在一定差别,按照分类,其并非传统 MOOC 模式,而是“后 MOOC 时代中的 SPOC 模式”⑮。原因在于,该课程的学习群体主要为全国地方高校 UOOC 平台高校的在校学生,与 MOOC 教学模式所强调的大规模化和学习社群化相比,教学规模依然较小。此外,以在校注册学生为主体的课程附带着高结课率和考核模式多管齐下的特点,学分制管理也注定课程的开设和考核机制并不十分轻松。这种模式下的高校教学虽然不能完全体验 MOOC 教学中规模化、开放式和自由度高等

⑭ 邹平学、刘海林:《突破与创新——基于〈香港基本法 MOOC〉的教学实践》,载《法学教育研究》2018 年第 2 期。

⑮ 陈然、杨成:《SPOC 混合学习模式设计研究》,载《中国远程教育》2015 年第 5 期。

优势，但是一定管理机制下的课程设置对高校教学有相应的好处，在这种模式权衡中减少教师授课的重复性知识讲授，对学生按时按量的参与课程也有一定保障。在 2016～2017 学年春季学期的教学评估中，“香港基本法”MOOC 教学模式整体满意度高达 90%，一定程度上也体现了其教学模式在学生群体中有比较高的接受度。而在对暨南大学的调研中，两门“港澳基本法”课程的任课教师都表示有将课程“MOOC 化”的想法，这也说明 MOOC 教学法对基本法教学的未来实践有着重要指导意义。

然而，随着时间推移，MOOC 模式相较传统的线下授课模式的劣势——课程革新困难、师生课堂互动较为僵化等——亦会逐渐呈现。在针对 2019～2020 学年秋季学期深圳大学选课学生的问卷调查中，就有学生建议加强该门课程与线下传统模式的授课结合，主要是因为香港特别行政区基本法的实践问题发展较快，而更新周期相对较慢的 MOOC 课程视频显然无法满足学生的求知需求。由此可见，MOOC 教学模式与传统教学模式相比，由于 MOOC 教学视频录制周期长，对基本法最新实践问题的及时回应显得乏力。以“香港基本法”MOOC 教学模式为例，整门课程录制时长约为三个月，且由于教学团队成员来自境内外各校，按目前的录制标准而言，课程主体视频要做到短期更新有一定困难。为此，未来若推广基本法 MOOC 教学模式，应针对其局限做好相应补足措施。比如，通过缩短录制周期，及时更新教学视频；此外，在 MOOC 教学中也有必要辅以定期的课外教学直播，以及时回应最新的基本法实践问题，同时加强师生间的互动交流。

（三）案例化教学、翻转课堂教学在基本法 MOOC 教学中的运用

上文提到，传统教学模式中的法学教学以概念输出与观点展示为课堂的主要内容，但在高校教学不断发展的过程中，旧模式下的新方法在教学中也有所展现。其中的典型代表便是案例教学法和翻转课堂教学在大学课堂中被相对较广泛地运用。当然，这些方法的“新”，主要针对的是我国整个高校教学大背景而言,具体概念的产生与运用其实早已有之。⑯ 在本文调研的三所高校中,以暨南大学的基本法课程对案例化教学和翻转课堂教学方法的运用最为明显,且收效甚大。这种珠玉在前的实践经验启示我们,在未来基本法课程MOOC化教学模式转换的过程中,运用好案例化教学和翻转课堂的教学方法,对于整体教学质量的提升意义重大。

具体而言,有效运用案例化教学方法的首要条件是确保教学案例的充足性和可读性。而目前,在基本法MOOC教学中开展案例化教学的主要阻碍则恰恰是适合使用的中文案例相对缺乏。比如,我国香港地区的普通法传统使得其司法实践中有大量的案例可供基本法教学运用,但相对地,学者要系统搜集这些案例会面临一定的困难;而且,香港特别行政区基本法相关案例的判案书一般较长,且大多以英文写成,阅读起来难度较大。未来,为配合MOOC化课程设置,我国基本法教学不妨借鉴西方高校法学院的案例教学经验,建立起一个基本法教学资源共享网站,以便集中翻译和定期更新教学案例。⑰ 这类教学资源平台的建设,除了对基本法教学有好处之外,对各级对港澳工作部门日常工作的开展也有重要的现实意义。在有充足教学案例的前提下,基本法MOOC教学模式对案例使用的天然优势就会凸显出来。以"香港基本法"MOOC课程为例,在授课视频或课程讲义文件中加入教学案例的讲授,不仅相较于传统教学模式更为便捷,而且通过在视频任务链接或章节测试中加入让学生自主阅读的案例,并附以教师对案例所涉关键问题的梳理和评析,可以引导学生在课程学习的基础上进一步围绕教学案例的关键问题展开延伸思考。当然,前述设想在客观上也面临着一定制约。现今既通晓香港特别行政区基本法和普通法原理又有一定法律翻译功底的人才

---

⑯ 比如,在2000年华东师范大学出版社已出版由郑金州主编的《案例教学指南》,同时期各个法学学科的案例教学教材也相继出现,宪法学案例教学教材有韩大元和莫纪宏主编的《外国宪法判例》、姚国建和焦洪昌合著的《宪法学案例教程》、李树忠主编的《宪法学案例教程》等。

⑰ 参见黄忠:《论法律e化教育对传统法学教育的优化》,载《现代教育科学》2016年第7期。

缺口仍然较大，大规模的案例翻译工作短期内仍较难实现，这一问题有待开始出现一批既有翻译才能又能专门总结提炼基本法案例的研究者才可能得到改善。未来，以什么样的激励机制吸引人才参与案例翻译工作，或是如何鼓励各高校进行相应人才培养，对基本法 MOOC 教学中案例化教学的实现至关重要。

相较于案例化教学，翻转课堂教学法强调在教学过程中以学生为中心的交流、讨论及实践运用，目前要在基本法 MOOC 教学中全面实现这些目标也存在较大难度。原因在于，借助互联网而开展的 MOOC 教学，在教师与学生之间以及学生与学生之间开展直接、深入交流讨论方面存在一定的局限。对此，深圳大学采取的解决方法是在课程教学平台开设网络讨论区，讨论栏目主要分为“学生提问”、“综合讨论”和“随堂讨论”三项。然而，前述补救措施在实际教学的运用中亦存在一定问题。比如，虽然确实有很多学生在讨论区提出与课程学习相关的问题，但其中也夹杂不少内容空洞的提问，例如，有学生会在提问区重复提问一些无实质性内容的问题，系统对这些提问也一样会计入评分。而且，由于问题的总量较大，很多时候任课教师最终只能挑出重点问题于线下见面课集中作出回应，难以实现及时、深入的交流讨论。若要对此加以改善，在教学过程中定期通过教学直播课进行答疑和互动应是可行办法。即定期由不同授课教师在 MOOC 平台通过直播形式就相关提问进行答疑，与学生进行直接讨论之余及时补充讲授新知识。此外，基本法课程翻转课堂教学法运用的重要支点亦在于与港澳的实务部门建立起良好教学联系，为教学实践提供可能。未来，高校应在开设基本法课程的过程中加强与港澳方面建立教学上的联系互动，争取一些对应的参访和实习名额，使基本法教学“翻转课堂”中的理论实践得以落到实处。

五、结语

在本文写作过程中，正逢新冠肺炎疫情在中国及世界范围内大流行,我国高校被迫停止实体课堂教学,代之以网络授课,最大规模的“高校网课”正在全国范围内开设,这种特殊时期的特殊举措极大地凸显了法学高等教育信息化的重要性。然而,高校法学院教师尽管是法学研究与教学的中流砥柱,但在网络授课的技巧以及计算机和移动设备的运用方面却往往处于相对不熟练的状态,以往我们认为网络教学在技术上不难实现,但一旦要付诸实践,即遭遇到各种各样的困难。对于“港澳基本法”的本科教学而言,在当下除了要面对授课资源欠缺、师资人才不足且后继乏力、教科书更新迭代缓慢、学科建构不完善等传统制约之外,又迎来了新时期的新挑战。不过,这种挑战所带来的变革局面对于“港澳基本法”教学而言也可能说不上是一件坏事。尤其是在《法学类专业教学质量国家标准》发布以来,高等院校法学教育的“特色办学”原则被突出强调的时代背景下,基本法教学完全可以在总结既往教学中的优秀经验以及反思与改革现存问题的基础上,通过转变教学思维和革新教学模式实现自身整体教学水平的发展和提升。

Study on the Situation of Education on the Basic Law of Hong Kong and Macao in Mainland China

—Taking Shenzhen University, Jinan University and China University of Political Science and Law Used as Analysis Samples

Li Peiwen　He Jianzong　Yang Zizhe

Abstract: As an important participant in the research and publicity and education of Hong Kong and Macao Basic Law, the higher education institutions in China still pay insufficient attention to the teaching of the Basic Law of Hong Kong and Macao. In practice, the teaching of Basic Law in Hong Kong and Macao is faced with various problems such as the scarcity of teaching units, insufficient teachers, and scattered teaching resources. In the context of the "National Standards for the Quality of Legal Education" issued by the Ministry of Education in 2018, the principle of "characteristic education" in universities has been highlighted. The teaching of basic law in Hong Kong and Macao is expected to usher in new development opportunities in the new round of undergraduate law education reform in China. The overall "common" situation in the past can also be improved. At present, in the face of the dual challenges and opportunities brought by the traditional dilemma and the changes of the times, we should promptly investigate and understand the overall situation of the basic law teaching in Hong Kong and Macao in mainland universities in China, sum up the excellent experience, and reflect and reform the shortcomings through transformation. In this way, to improve the teaching thinking and innovative teaching mode can be achieved by the development and improvement of the basic law teaching level of Hong Kong and Macao.

Key Words: education on the basic law, education and publicity on the basic law, undergraduate education on the basic law, MOOC education

领域法学视域下“财税法学”“金课”建设探究*

席晓娟**

摘　要:领域法学契合“新法学”的法学研究要求,作为领域法的“财税法学”契合“新法学”的法学教育要求,“财税法学”成为领域法学契合“新法学”要求的典范课程。以领域法学为导向,分析“财税法学”课程要素,提出问题导向、新兴交叉、实践应用的课程目标,以通识课堂为主、实践课下为辅的课程内容,打造五类“金课”以实现课程组织与实施,建立标准化、特色明、高质量的课程评价,以此探究“财税法学”“金课”的建设路径。

关键词:领域法学　“财税法学”课程　“金课”建设

---

* 基金项目:2020 年西北政法大学教学改革研究项目《新文科背景下“财税法学”课程教学研究与实践》(项目编号:XJYB202015);2019 年度陕西省基础教育重大课题《陕西省教育领域事权与支出责任划分改革对策研究》(项目编号:ZDKT1917)。

** 席晓娟,西北政法大学经济法学院副教授,法学博士。研究方向:财税法。

一、问题的缘起

党的十八大以来,党中央将财税体制改革和财税法治建设提到了前所未有的顶层设计高度,财税法治建设对财税法实践人才培养提出了更高要求。我国“财税法学”高等教育起步于20世纪80年代,2018年教育部规定法学专业核心课程“10 + X”分类设置模式,财税法位列“X”,专业必修课地位由此确立。① 作为具有代表性的领域法学,“财税法学”自身理论体系建构任务繁重,客观上造成重“财税法学”理论研究,轻“财税法学”教育研究的现状。因此,现行“财税法学”高等教育模式已无法满足社会对财税法律人才的迫切需求,需要通过改革打破传统法学教育的僵化模式,培养合格的财税法律人才。

法学本科教育改革的基本问题是培养目标问题,核心问题是课程及其结构问题。“新法学”建设是新文科建设的重要组成部分,法学领域落实优化学科专业结构、发展新文科的任务,建设新法学正在成为法学界的共识。② 如何在新文科背景下建设“新法学”,将学生培养成为复合型、应用型和国际化的真正的“法律人”,是“财税法学”教学改革的终极目标,而“财税法学”课程建设则是目标实现的关键。

二、“财税法学”是领域法学契合“新法学”要求的典范课程

(一)领域法学契合“新法学”的法学研究要求

1. 领域法学契合“新法学”研究任务的调整

新时代法学研究应立足于中国现实问题,以建设中国特色社会主义

---

① 《法学类专业教学教育质量国家标准》要求,法学专业核心课程采取“10 + X”分类设置模式。“X”指各高校根据办学特色开设的其他专业必修课程,包括经济法、知识产权法、商法、国际私法、国际经济法、环境资源法、劳动与社会保障法、证据法、财税法。

② 参见杨宗科:《论“新法学”的建设理路》,载《法学》2020年第7期。

法治体系为目标。构建中国特色社会主义法学学科体系、学术体系和话语体系,推进新时代法学研究内容、方法与范式的创新和发展是新时代中国法学研究及学科发展的新任务。③ 领域法学是以问题为导向,以特定经济社会领域全部与法律有关的现象为研究对象,融经济学、政治学和社会学等多种研究范式于一体的交叉性、开放性、应用性和整合性的新型法学学科体系、学术体系和话语体系。④ 问题意识是领域法学的研究导向,契合"新法学"回应时代主题、解决时代任务的依法治国实践要求。交叉多元的研究范式是领域法学的立身之本,契合"新法学"积极建构新兴交叉学科为引领的法学学科体系要求。

2. 领域法学契合"新法学"研究主题的转化

从历史逻辑、理论逻辑、制度逻辑、实践逻辑上来看,新时代法学研究的主题必然要从"法律(体系)主题"转化为"法治(良法善治)主题"。⑤ 领域法学作为新兴交叉领域的法学研究新范式,旨在提供一类新的社会科学研究方法,甚至是一种新的国家治理方式。⑥ 领域法学通过形成新型法学知识体系,对立法、执法、司法及守法等法治要素产生变革性影响,进而影响法治国家、法治政府、法治社会一体化建设的法治国家治理模式,以此契合新时代法学研究的法治(良法善治)主题。

3. 领域法学契合"新法学"学科结构的优化

学科间的交叉、融合是推动学术创新、学科发展乃至学科重构的主因。积极推动新兴领域法学和部门法学的创建,使部门法学学科发展与"形成完备的法律规范体系"相互促进、相得益彰。⑦ 以问题意识为导向,针对现实社会问题,聚合不同学科资源,解决部门法尚未或无法调整

③ 参见周佑勇:《新时代中国法学研究及学科发展的新任务》,载《武汉大学学报(社会科学版)》2019年第2期。

④ 参见刘剑文:《论领域法学——一种立足新兴交叉领域的法学研究范式》,载《政法论丛》2016年第5期。

⑤ 参见杨宗科:《论"新法学"的建设理路》,载《法学》2020年第7期。

⑥ 参见刘剑文:《我国财税法治建设的破局之路——困境与路径之审思》,载《现代法学》2013年第3期。

⑦ 参见周佑勇:《新时代中国法学研究及学科发展的新任务》,载《武汉大学学报(社会科学版)》2019年第2期。

的社会关系的领域法学,正是学科交叉、融合的学术创新产物。2014年党的十八届四中全会《关于全面推进依法治国若干重大问题的决定》提出加强重点领域立法,其“领域立法”与“领域法学”的思路不谋而合,作为统领法律知识新体系的领域法学借势确立学科地位。至此,领域法学与传统部门法共同完善社会主义法律体系,优化学科结构。在内容上要素互通,在结构上一体两面,在方法上并行不悖,在效果上交互影响。[⑧]

4. 领域法学契合“新法学”学术体系的创新

“新法学”学术体系的创新取决于研究对象及研究方法的创新。新兴交叉学科法学理论研究领域因新兴的研究对象及交叉的研究方法实现学术体系创新。领域法学以特定社会领域内具有共性的法律现象为研究对象,有别于以某一类法律规范调整的社会关系为研究对象的部门法。领域法学的研究方法,除了包括所有现有传统部门法的研究方法,还更加呈现开放性的特点,即在思维方式上更加注重“观念更新与学术融合”,在研究方法上更加注重问题中心主义。[⑨] 领域法学在继受传统部门法学规范分析、价值分析、比较分析、功能分析等研究方法外,还基于问题导向,结合研究对象多元性与交叉性的特点,注重吸纳经济学、社会学及政治学等多学科的研究方法,形成新型研究范式,解决某一社会领域内具有复杂性、交叉性及开放性的法律现象。由此,领域法学基于研究对象及研究方法的创新而实现学术体系创新。

5. 领域法学契合“新法学”话语体系的重构

构建中国特色法学话语体系的战略目标应当定位于“重构中国法学话语体系”,在“重构中华法系”理论基础上实现重大理论创新。[⑩] 领域法学作为整合性、交叉性、开放性、应用性和协同性的新型法学话语体系,诠释学术话语体系所具备的法学价值判断、法律现象解释及法学发展引领等功能。一是法学价值判断功能。在理论上为新兴、综合和前沿

---

⑧ 参见刘剑文:《论领域法学——一种立足新兴交叉领域的法学研究范式》,载《政法论丛》2016年第5期。

⑨ 参见杨宗科:《论“新法学”的建设理路》,载《法学》2020年第7期。

⑩ 参见杨宗科:《论“新法学”的建设理路》,载《法学》2020年第7期。

社会经济领域的法学实践找到学术上的价值判断和理念支撑是领域法学的创新之一。⑪ 在学科视野上着重互融开放价值,在研究方法上强调整合互用价值,在主线逻辑上体现论用并举价值。⑫ 二是法律现象解释功能。能否构建与领域性法律现象相匹配的法学理论体系和法律规则体系,是领域法学范式成为法学范式的重要标志,也是衡量领域法学是否成熟的重要尺度。⑬ 通过领域法学研究范式解释特定领域的法律现象,构建领域法学的法学话语体系。三是法学发展引领功能。在功能上引领财税改革和促进法治建设,是领域法学的典型例证和重要组成。⑭ 通过加快新兴领域的法学研究,推动重点领域的司法实践,引领新兴领域的法学发展。

(二)"财税法学"课程契合"新法学"的法学教育要求

"新法学"建设中的法学教育发生了教育性质的职业导向、培养目标的法治化国际化导向、课程体系的人文导向、教学体系的科技导向、培养模式的联合导向等新变化。⑮ 以领域法学为指引的"财税法学"课程契合"新法学"的法学教育要求。

一是"财税法学"课程的实践性符合法学教育性质职业导向的要求。作为领域法学的"财税法学"基于问题导向,采用多学科研究方法,解决财税领域内具有复杂性、交叉性及开放性的法律实践问题。"财税法学"课程内容及教学方法强调应用性和实践性,符合建立在法学素质教育基础上的职业教育要求。二是"财税法学"课程所涉国际税法内容符合培养目标的法治化与国际化导向。"财税法学"课程培养具有国际意识,拥有法律、税收、会计、外语等专业知识,精通国际财税法规、税收筹划和经营决策的涉外财税法专业人才,维护国家税收利益,增强国际

---

⑪ 参见王桦宇:《领域法学研究的三个核心问题》,载《法学论坛》2018年第4期。

⑫ 参见黄家强:《从割裂到互融——领域法学的价值彰显与研究路径——以财税法学为例》,载《财税法论丛》2018年辑。

⑬ 参见侯卓:《"领域法学"范式——理论拓补与路径探明》,载《政法论丛》2017年第1期。

⑭ 参见王桦宇:《论领域法学作为法学研究的新思维——兼论财税法学研究范式转型》,载《政法论丛》2016年第6期。

⑮ 参见杨宗科:《论"新法学"的建设理路》,载《法学》2020年第7期。

竞争力。三是“财税法学”课程培养目标符合课程体系的人文导向。“财税法学”教学质量与水平关系财税法治建设事业的兴衰成败,关系财税法专门人才培养的素质与潜能。课程体系设置坚持“以人为本”,传播财税法“理财治国法”、“公共财产法”及“纳税人权利保护之法”的多维属性。四是“财税法学”课程“金课”的科技手段符合教学体系的科技导向。“金课”教学充分运用互联网和数字技术,理论教学以线下“金课”与线上线下混合式“金课”为主,线下“金课”做有益补充;实践教学以社会实践“金课”为主,辅之以虚拟仿真“金课”。五是“财税法学”实践课程符合培养模式的联合导向。邀请涉税法律工作者及业内精英进高校课堂开设财税法专题讲座、参与翻转课堂教学活动。高校与税务机关、政府财政部门、财税中介机构建立实习基地,使学生有机会深入一线学习,进行实务操作,实现财税法律人才的联合培养。

三、“财税法学”本科课程要素分析:目标、内容、组织与实施、评价

课程是人才培养的核心要素。课程是一个非常复杂的系统,分析课程问题,需要确定课程的要素以及各个组成部分之间的关系。课程要素包括课程目标、课程内容、课程组织与实施、课程评价四个层面。[16]

(一)“财税法学”本科课程目标分析

课程目标制约课程的设置,规定课程内容的选择和组织,以及学生学习活动的方式。狭义上的课程目标定位于教育内部的教育与学生的关系,主要指教育目标。[17] “财税法学”高等教育目标应以法学类专业人才目标为基础,坚持立德树人、德法兼修,适应建设中国特色社会主义法

---

⑯ 参见孟卫青:《高校本科课程质量标准研究》,广东高等教育出版社2015年版,第36~37页。

⑰ 广义上的课程目标定位于教育与社会的关系,涵盖面是全层次的,即教育意图。包含了教育方针、教育目的、培养目标、课程教学目的和教学目标。本文研究对象是狭义的课程目标。

治体系、建设社会主义法治国家的实际需要。基于市场对财税法律人才的需求,"财税法学"教学以素质教育为基础,以能力培养为本位,立足培养学生的创新能力、实践应用能力与独立动手能力,实现培养国家急需的复合型、应用型、创新型法治人才目标。该培养目标虽然符合法学类专业人才目标要求,但较为抽象且操作性不强。

(二)《财税法学》本科课程内容分析

课程内容是课程目标的具体化。"财税法学"本科课程内容取决于课程体系设置。据不完全统计,全国近200所大学开设了"财税法学"或"税法学"课程,但绝大部分高校仅将"财税法学"作为选修课,甚至不开设相关课程。⑱ 个别高校以"财税法学"或"税法学"为中心课程,开设系列相关课程。⑲ 从课时分布看,最高达64课时,最低只有16课时,大部分高校处于30课时的区间,以32课时最多。⑳ 由此可知,受限于各高校课程体系与课时安排,"财税法学"虽被确定为法学核心课,但课程内容结构存在问题。

一是课时安排与课程内容不匹配。"税法学"课程变为"财税法学"后,大多数高校并未因内容增加而增加课时,在课时不变的情况下只能压缩税法课时又无法做到财政法课时与税法课时平分秋色,看似学生的知识体量增加了实则是"蜻蜓点水式"学习,效果不佳。二是课程内容与课程名称不匹配。"财税法学"包括财政法与税法两部分,㉑虽以"财税法学"命名课程,但受限于课时安排,税法在既定课时内讲完都勉为其

⑱ 全国仅有6所高校将"财税法"规定为法学B类核心课,这6所高校是:中央财经大学、西北政法大学、厦门大学、江西财经大学、华南理工大学、兰州财经大学。以2018年"财税法"核心课地位确立为时间划分标准,2018年以前各高校大都开设"税法",很少开设"财税法",只讲"税法"不讲"财政法"。

⑲ 中国政法大学开设"财税金融法""比较所得税法""欧洲税法与比较税法""国际税法""税法实务""税法案例研习"等系列课程。厦门大学开设"税法""税收征管法""财政法""国际税法""中国税制与政策概览"等系列课程。

⑳ "财税法"或"税法"课时分为:64、54、51、48、45、36、34、32、30、28、24、16课时不等。

㉑ 财政法分为财政法总论、财政收入法、财政支出法、预算法及政府间财政关系法;税法分为税法总论、税收实体法(流转税法、所得税法、财产与行为税法、环境与资源税法)及税收程序法。

难,因此几无高校讲授财政法,以学生课后自学为主。三是讲授内容与课程要求不匹配。“财税法学”作为专业性强且跨学科的应用型课程,从现行教学内容看,教学计划、教学大纲、课堂教学等均以“财税法学”理论为主,实务教学几无。理论教学重税收轻税法、重税种法轻程序法,侧重于税种、税收要素、应纳税额计算等税收理论,对于因税收征纳引起的税收执法、司法问题涉及较少,不符合法律实践性学科的要求。

(三)“财税法学”本科课程组织与实施分析

课程组织是指学习机会的序列化、顺序化和整合化,以便达到预期效果,或者让学习者从所提供的各种机会中获得其他方面的益处。㉒ 课程组织的预期效果通过课程实施得以实现。书面课程转化为具体教学实践的效果取决于教学方法。高校文科传统教学模式以被动式教育为主,重在学生认知层面的培养。师生间缺乏应有的互动与交流,既不符合素质教育要求的创新学习精神,也在很大程度上抑制了学生的学习积极性。“财税法学”课程实施的教学方法,此问题尤甚。从历届学生选课情况看,“财税法学”几乎是学生最不愿意选修的法学课程。究其原因,一则法学专业学生惧怕最不擅长的税法计算;二则专业术语不易掌握生僻晦涩;三则财税法知识体系学科跨度大且内容庞杂,学生自有知识储备跟不上学习要求。因此,改变教学方法适应核心课教学要求,培养兼具理论知识与实务技能的合格财税法人才是亟待解决的问题。

(四)“财税法学”本科课程评价分析

大学课程评价是以一定的方法、途径对大学课程的计划、课程实施的可能性、有效性和教育价值等进行研究和判断,从而为课程改进、提高提供依据和建议的活动。㉓ 教学效果是法学本科课程评价最直观有效的标准,包括课堂教学效果、教学成果及生源与就业等三个指标。㉔ 长期以来,法学本科课程重视课堂环节,忽略课程评价机制,未建立系统科学的细化评价标准。

㉒ 参见[美]麦克尼尔:《课程导论》,施方良译,辽宁教育出版社 1990 年版,第 193 页。

㉓ 参见徐同文:《大学课程设计》,教育科学出版社 2011 年版,第 207 页。

㉔ 参见《法学本科专业教学质量国家标准》。

在被确立为法学核心课之前,很多高校因师资不足未开设"财税法学",或者即使开设也多将其设置为选修课。由于未建立定量与定性评价相结合的"财税法学"课堂教学效果评价指标体系,也无具体细化的考核标准,致使课堂教学效果参差不齐。21世纪初高等院校虽普遍开设"财税法学"课程,自2010年以来又逐步走向体系化与精细化,但传统法学界始终将"财税法学"科看作是经济法学科下的三级学科。作为领域法学代表的"财税法学"从蓄势待发到厚积薄发,2018年法学专业核心课程的确立奠定了"财税法学"的学科地位。早期乃至很长一段时期内"财税法学"是传统意义上的小学科,立足尚且成问题,至于教学效果则少有问津,以西北政法大学《财税法学》教材为例说明。"财税法学"的交叉性决定其不可能由单一的教材涵盖,需要系列化的"财税法学"教材。"财税法学"的实践性决定了教材既包括财税法基础理论教材,也包括财税法实务案例教材。从实际情况来看,本校自编教材仅有"财税法学"基础理论而无实务案例等配套实践性教材。由此,需要加快"财税法学"系列教材建设,以改变课程内容上轻应用性的现状,增加实践与实际操作的内容与分量。生源与就业的综合性决定本科生法学课程体系的全面性,但就业岗位的专业性显然更注重专业课程的对口。虽然"财税法学"2018年已被确立为法学专业核心课,但绝大多数开设"财税法"或"税法学"的高校仍然将其设置为选修课,除非学生选修,否则对"财税法学"知之甚少,更不可能应用"财税法学"知识进行实务操作。

四、"财税法学""金课"建设路径探索:领域法学的试点

"新文科"是对传统文科的提升,试图打破专业壁垒和学科障碍,以广博的学术视角、开阔的问题意识和深厚的学术积累为基础,为学生提供更契合现代社会需求的素养训练。[25] 发展新文科是新时代哲学社会

㉕ 参见陈鹏:《"新文科"要培养什么样的人才》,载《光明日报》2019年5月20日,第1版。

科学发展的新要求,新文科建设是我国高等教育学科发展战略。法学学科的内在诉求与新文科建设深度契合。“财税法学”作为一门新型的、交叉的“领域法学”学科,以问题为导向,具有交叉性、开放性、应用性与整合性,是新兴交叉领域“诸法合一”研究的有机结合,与部门法学同构而互补。㉖

课程是教育最微观、最普遍的问题,但它要解决的却是教育中最根本的问题——培育“人”。㉗“金课”是新文科的课程建设要求。从课程质量和培养目标的实现角度来讲,“金课”建设本身更多蕴含的是一种教学各环节的全面变革。㉘“金课”具有高阶性、创新性及挑战度。高阶性培养学生解决复杂问题的综合能力和高级思维。创新性要求课程内容具有前沿性和时代性,教学形式体现先进性和互动性,学习结果具有探究性和个性化。挑战度是指课程要有一定难度。“财税法学”“金课”建设作为落实“新文科”建设的重要举措,是加强“财税法学”课程建设的应有之义。基于此,“财税法学”“金课”建设应立足于课堂改革,结合教材创新,推动教学内容、方法手段及实践教学的改革。通过深化课程改革,提升“财税法学”科内涵建设质量,建设符合我国财税改革体制改革和国家治理体系、治理能力现代化的“财税法学”科。

(一)“财税法学”本科课程目标:问题导向、新兴交叉、实践应用

作为领域法学的“财税法学”,本科课程目标应以问题为导向,结合学科新兴交叉的特点,培养实践应用型人才。

一是以问题为导向是财税法作为领域法学的属性要求,契合“金课”的高阶性。体现在“财税法学”课程教学上,是以培养学生解决财税法复杂问题的综合能力和高级思维为目标。二是“财税法学”的新兴交叉特点契合“金课”的创新性和挑战度。创新性要求创新“财税法学”课程内容及教学形式,课程内容反映“财税法学”的前沿性和时代性,教学

㉖ 参见刘剑文:《论领域法学——一种立足新兴交叉领域的法学研究范式》,载《政法论丛》2016 年第 5 期。

㉗ 参见吴岩:《建设中国“金课”》,载《中国大学教育》2018 年第 12 期。

㉘ 参见韩宁:《高等院校本科课程改革中“金课”建设的要素研究》,载《华北理工大学学报(社会科学版)》2020 年第 2 期。

形式体现师生互动与个性化学习。挑战度是“财税法学”固有特点,“财税法学”课程目标应解决难教难学的问题。三是法学本科素质教育的核心要素是法律职业品质和职业能力的培养。因此,应利用思政进课堂及参与实践活动等机会,从职业语言、职业知识、职业思维、职业技术、职业信仰和职业道德等方面加强财税法律职业道德及职业素养训练。

(二)“财税法学”本科课程内容:通识课堂为主,实践课下为辅

建设“财税法学”“金课”,切入点是优化“财税法学”本科课程内容。通过增加课时解决“财税法学”课时安排与课程内容不匹配问题的思路,在现阶段法学专业课时既定的情况下很难突破,因此应转变思路多途径解决问题。

1. 以通识教育为主,实践教育为辅

将“财税法学”列为法学专业核心课是中央要求“税法教育”进入国民教育体系在高等教育的落实与体现。法学专业的通识教育既是当代大学教育的使命和适应社会对高素质、复合型人才需求的必然反应,更源于法律职业和法律人才的特殊性。㉙ 随着我国财税法治建设的逐步推进,财税实践活动日益丰富。高校作为向社会输送法官、检察官和律师的重要渠道,以及培养具有现代法治理念的社会公民的重要场所,理应担当起培养能将法律知识融入经济生活的应用型卓越法律人才的责任。具体到“财税法学”课程内容安排上,应涵盖财政法与税法的专业基础理论与基本法律制度,夯实学生专业基本功。

2012 年教育部、中央政法委员会颁布的《关于实施卓越法律人才教育培养计划的若干意见》提出法律通识教育与职业教育相结合的理念。作为领域法学的“财税法学”,教学应以通识教育为基础,以能力培养为本位,立足培养学生的创新能力、实践应用能力与独立动手能力。因此,应加强“财税法学”课程的实践教学比重,为税法实务部门,包括立法机关、司法机关、行政机关(财政部门、税务部门、海关、审计机关、监察机关)、企业、中介机构(律师事务所、税务师事务所、会计师事务所)等,培

㉙ 参见陈焱光:《法学专业通识教育的维度与路径》,载《通识教育研究》2015 年第 00 期。

养应用型、复合型、高层次的高级财税法律人才。

2. 课堂面授精讲与课下自学辅导相结合

课堂面授是传统教学方式，提纲挈领的大学教学不可能按部就班讲完整本教材，课堂教学以课程重点与难点为主，“财税法学”本科课堂面授同样遵循此教学规律。以个人所得税法教学内容为例，重点讲授个人所得税法的概念、纳税人、应税所得项目、税率及税收征收管理一般理论等内容。难点讲授应纳税所得额尤其专项附加扣除额的确定、应纳税额的计算、个人所得税年终汇算清缴、反避税征管等较为抽象且实践性较强的问题。作为纳税人最关注的直接税，《个人所得税法》的修法作为热点问题应由教师在课堂面授时带领学生进行前瞻性探讨。

由于课堂面授课时不足只能精讲，但精讲又无法涵盖“财税法学”全部知识点，因此，课下教学成为弥补课堂面授不足的必然选择。教育部倡议在校教学新常态，“互联网 +”“智能 +”技术的在线教学已经成为中国高等教育和世界高等教育的重要发展方向。㉚ 传统的课下教学多采用 QQ 群、微信群、电子邮件等方式由教师解答学生疑问。2012 年慕课（Massive Open Online Courses，MOOC）伊始，通过翻转课堂的方式进行混合教学。结合“财税法学”课程教学内容，仍以个人所得税法教学内容为例，课前自主学习了解《个人所得税法》立法沿革、历次修法内容及主要变化之处，知晓个人所得税的基本税法要素及征收模式，带问题进课堂听老师讲解重难点问题。课后网上讨论主要延续课堂教学因时间关系尚未讲全讲透的知识点，解决诸如在不同情况下如何确定个人所得税应纳税所得额、如何计算综合所得年度汇算清缴的应纳税额等课堂面授无法详细展开的内容。由于网络教学不受时空限制，学生可以留言方式随时提出问题，教师针对问题结合教学目标有选择地回复，必要时可由教师组织学生在线讨论，集中解答学生的问题。

（三）“财税法学”本科课程组织与实施：打造五类“金课”

教学方法决定书面课程转化为具体教学实践的效果。“财税法学”

㉚ 参见张盖伦：《教育部：在线教学要从“新鲜感”走向“新常态”》，载《信息系统工程》2020 年第 5 期。

“金课”建设应实现教学方法上的三个转变,即从以教师为中心到以学生为中心、以考试为中心到以学习为中心、以被动灌输为主到以主动探索为主。通过主动式教学方法使法学本科生掌握税法理论逻辑,增强学生“财税法学”思辨能力及涉税法律风险防控能力,能够综合运用税法技能解决实际问题。考虑到当前“财税法学”教育以高校教育为主,因此“财税法学”“金课”的理论教学以线下“金课”与线上线下混合式“金课”为主,线下“金课”做有益补充;实践教学以社会实践“金课”为主,辅之以虚拟仿真“金课”。

一是“财税法学”线下“金课”。线下“金课”要求实现课堂3D(discussion、dialogue、debate)教学,通过师生间的讨论、对话及辩论达致大学课堂的最高境界。[31] 作为领域法学的“财税法学”属于新兴交叉学科,既有实体法内容也有程序法内容,知识跨度大且难度大。学生既要熟练掌握财税法基础理论又要掌握财税实务操作技巧。因此,课堂教学应注意将抽象的财税法理论知识与丰富的财税法实践活动有机结合,避免从理论到理论的枯燥传授。二是“财税法学”线上“金课”。线上“金课”即“慕课”,通过课前自主学习,课中3D教学,课后网上继续讨论,打破了传统课堂教学的时空界限,实现了随时、随地、随心地自主学习,真正推动了教学理念、教学方法、教学手段及教学模式的转变。“财税法学”慕课建设现状不容乐观,中国大学MOOC、智慧树、学堂在线等主要慕课平台,尚无一门以“财税法学”命名的慕课,仅有极个别高校的“税法”慕课,这与“财税法学”作为法学专业核心课的地位不匹配,制约了“财税法学”科在现代教学方式下的发展。因此,应组织团队建设慕课课程资源,考虑到慕课课程开放性的特征,团队成员可由中国法学会“财税法学”研究会从各高校精英教师中选取,确保“财税法学”慕课课程的教学质量。三是线上线下混合式“金课”。充分运用线上“金课”与线下“金课”的各自优势,从本校人才培养需求和学生特点出发进行混合式教学,充分利用线上线下时间,将学习决定权从教师转移给学生。在此

---

[31] 大学课堂教学的五重境界分别是:silence、answer、dialogue、critical、debate。

教学模式下,学生预先在线上自主完成财税法基础知识的初步学习,即通过看视频讲座、关注财税法公众号、阅读电子书等方式查阅所需的课程材料,激活本科生认知财税法治学术理论的兴趣。“财税法学”基础知识以线上自学为主,节约的宝贵课堂时间由任课教师以问题导向和能力培养为核心,将以往单一的讲授转变为引导式教学,突出财税法课程的重点难点解析,通过案例分析,实现师生互动讨论。学生则更专注于主动的基于问题导向的学习,深入参与教学活动,理解财税法律规则背后的学术思想,改变填鸭式的教学模式,实现良好的教学效果。以案例分析教学为例,教师精选财税法经典案例,简化案情提炼问题,[32]既讲授财税法知识点又贯通与案例相关的各部门法知识点,帮助学生更好地理解案例所涉法条和相应知识点,以达到通过案例分析启发学生发现问题、引导学生分析问题、增强学生解决问题能力的教学目的。四是虚拟仿真“金课”。“财税法学”课程的技术性与实操性为虚拟仿真“金课”建设提供依据。通过纳税申报仿真模拟实验,以学生为主体,突出知识的实际运用,训练学生专业技能。[33] 此外,还可以虚拟仿真税收征管流程,通过实务操作理解纳税担保、税收保全、税收强制执行措施等具体征管手段,减少从事税收法律服务工作的实操障碍。五是社会实践“金课”。社会实践“金课”强调以学生为主体、以教师为指导,围绕课程内容进行综合性实践活动。采用“请进来”的方式将税务部门执法人员、主办税务案件的法官、财税律师等涉税法律工作者,税务师、会计师、审计师等税务中介业内精英,请进高校课堂,或开设专题讲座或参与翻转课堂教学或担任财税专业活动导师,使校内学生直接与财税专业人员对话,听取其实践经验分享,感知不同财税法工作者思维的差异,提升用法律思维解决问题的能力。采用“走出去”的方式,积极开拓学生实习渠道,与税务机关、政府财政部门、财税中介机构建立实习基地,使学生有机会深

---

[32] 自2018年起中国法学会“财税法学”研究会每年组织“中国十大影响力税务司法审判案例”,截至目前已有两届共20个财税法经典实务案例。

[33] 参见李珂、袁浩然:《基于线上线下混合式〈税法〉“金课”建设的路径探讨——以湖南工商大学为例》,载《教育现代化》2020年第24期。

入一线参观、学习、实操,检验课堂理论欠缺之处,自觉补上学习缺口。采用“稳下来”的方式,在校内举办财税法知识大赛、开展法学创新创业活动、设立财税法模拟法庭等系列活动,及时消化所学知识并反馈于课堂教学,掌握财税法知识重难点。

(四)“财税法学”本科课程评价:标准化、特色明、高质量

课程评价是高校课程管理中的重要环节,是课程质量监控中的重要环节。教学难度、强度设计的科学性与合理性在于依据不同的课程类型,应设计新颖的教学内容、适合学生学习的教学方式以及能有效反映学生学习成就的教学评价。[34] 鉴于“财税法学”课程的专业性与技术性,应建立定量与定性评价相结合的“金课”教学效果评价指标体系,提高教师教学和课程建设积极性。从“教”的方面评估教学效果,可以采用教学督导、同行评议、学生打分等方式考核教师的课程教学是否遵循课程教学目标,是否完成了教学目标所设定的授课任务。从“学”的方面评估教学效果,应在课程考核上推行开放、多元的考核体系,对开放性问题不设置标准答案,注重对学生逻辑思维能力和解决实际问题能力的系统考察。以课题随测、参与课堂交流情况、期末考试、平时作业、专题论文、参与课题等非标准化测试的方式综合评分。

特色鲜明、水平较高、具有示范作用的教学成果体现在培养模式、课程建设、教材建设、教学方法等多方面。教材是“财税法学”“金课”建设的标志性成果,以其为例说明如何建设高质量的教学成果。“财税法学”的领域法属性是“财税法学”教材编写的指导原则,因此教材体例设置以财税法问题为导向,在规划设计上处理好全国统编教材与各校自编教材间的关系;在教材体系上以本科基础教材为中心,加快“财税法学”系列教材建设,增加实践与实际操作的内容与分量。在教材内容上既要偏重财税法基础知识又要体现财税法发展的时代特色;在体例安排上宜采用财政法与税法分列的学界惯例,两部分均由基础理论与具体制度构成。考虑到财税法律变化快的特点,采用“互联网+”的形式在文中加

---

[34] 参见马浚锋、罗志敏:《什么是大学“金课”——学生如是说》,载《江苏高教》2019年第5期。

入辅助教学的材料，以二维码形式体现出来，涵盖客观题、音频、视频、动画、pdf 或者 word 文档等内容。在已有教材基础上，建设一批高质量的、能代表中国财税法教学水平、符合本校“财税法学”教学要求的“财税法学”系列教材。

生源质量与招生规模、创新创业教育相关情况、毕业生就业率等内容是教学效果考核的指标。“财税法学”教育重视学生法律与财税等经济学的双重知识架构的形成，重视法律基础知识的传授和财税法职业技术操作的双重培训，为税法实务部门培养应用型、复合型、高层次的高级财税法专业人才。[35] 因此，应加强对专业声誉和生源质量的动态评估机制，根据涉税实务部门及单位对财税法律人才的需要，及时调整“财税法学”人才培养计划，保证较高的专业声誉和较好的生源质量。

On the Construction of the Course of Fiscal and Tax Law as the "Gold Course" from the Perspective of Department Law

Xi Xiaojuan

Abstract: Department law meets the legal research requirements of the "new science of law". As one of the department laws, the course of fiscal and tax law meets the educational requirements of the "new science of law" and it is qualified to become a model course in the "New science of law". Guided by the essential principles in department laws, this article analyzes the elements of the course of fiscal and tax law, and puts forward the curriculum goals of problem-oriented, intersection of emerging disciplines, and practical

[35] 税法实务部门包括立法机关、司法机关、行政机关（财政部门、税务部门、海关、审计机关、监察机关）、企业、中介机构（律师事务所、税务师事务所、会计师事务所）等部门。

application. The curriculum content is mainly based on general education and supplemented by practical lessons, which constitute the organization and implementation of the five "gold courses" and standardize the course evaluation system with characteristics and quality. In this way, the construction path of the course of fiscal and tax law can as the "gold course" can be explored.

Key Words: department law, the course of fiscal and tax law, construction of "gold courses"

我国立法学课程的教学困境、成因与缓解

——以立法学研究方法为视域

王起超*

摘　要:我国立法学课程获得了一定程度的推进,但面临着教学技术选择的困境。这种困境的根源在于立法学研究地位的边缘化。而造成这一现象的直接原因在于立法学研究方法的混乱,因此必须对立法学研究方法进行类型化,阐明哪些研究方法应当或不应当由立法学课程所采用。其中"通过"立法的研究主要由具体法律部门的立法研究和哲学层面的立法研究构成,二者都不应被立法学研究的课程所采用。而"作为"立法的研究则包括《立法法》的"法教义学"和立法的法社会学,应当成为立法学课程所采用的主要研究方法。而就立法学研究方法在课程教学中的具体作用而言,首先,立法学研究方法的确定能够对教师起到规范作用;其次,立法学研究方法对课程内容发挥引导作用;再次,立法学研究方法对课程的目的具有引领作用;最后,对法学教育格局而言,立法学研究方法有助于在司法课程主导

* 王起超,中国人民大学法学院博士研究生,中国法学会法治研究基地中国人民大学法治评估中心研究人员。研究方向:立法学。

之外扩展立法学的领地,提升地方院校的话语权与影响,并形成立法学的研究群体。

关键词:立法学　立法学研究方法　法学教育　法学方法　立法学课程

地方人民代表大会对立法人才的需求十分迫切,立法学课程更是在全国范围如火如荼地展开。这些年来立法学课程的普及与发展取得了巨大的进步,但是在法学教育强调职业化的当下,法科学生毕业之后能够将其所学得的法学专业知识与立法实践相结合的程度究竟有几何?一些地方立法机关无法在短时间内招聘到足够多的接受过立法学教育的法学毕业生或相关立法人才,进而可能导致出现立法能力不足的情况。实际上这种担忧在现实中已经逐渐作为真实的问题而暴露(例如,设区的市立法较高的重复率、地方立法选题的高度重合)。高校加强立法学教育、承担起培养立法人才的重任迫在眉睫。

在高校开展立法学课程的过程暴露出的问题之中,最为迫切的困境在于教学技术选择上的迷茫。在讲授立法学课程时,许多教师发现立法与司法的课程传授所需要的教学方法完全不同。司法课程中的所谓"案例教学法"作为方法在立法中难以运用。有鉴于此,不同的法学教师开始采取带有本人学术研究特征的教学方法。许多立法学课程都仅仅对我国立法制度进行讲解,而不注重立法理论的教学;而另外一些教师讲授立法学课程的重点则恰恰相反。为什么会造成这样一种现象?如何对立法学课程的内容和目的进行规范呢?目前这些问题并没有引起法学界重视。本文认为背后的原因还在于立法学研究方法的混乱,研究方法的不同导致立法学课程面临内容、目的等的不确定。已有对立法学教育和课程的研究多停留在表面的口号式主张,尚未在立法学研究方法层面讨论立法学课程的困境及其解决。鉴于上述背景问题,本文在分析我国立法学教学过程中教学技术选择的困境的基础之上,分析教学困境的根本原因与直接原因,对我国的立法学研究方法进行类型化论述,并由此探讨立法学研究方法如何摆脱这一教学困境。

一、我国立法学的教学困境：教学技术的混乱

一直以来，中国法学教育都呈现“司法主导”的倾向。在中国的法学教育，尤其是在本科法学教育中，以民法、刑法、诉讼法为代表的学科呈现某种程度上的“法条至上”的色彩，教师的授课围绕法律条文的规定展开。较为典型的是侵权责任法课程中对“侵权责任构成要件”的讲解，尽管在民法学界对构成要件的细节问题多有讨论，且具有相当的理论深度，但是表现在该课程的课堂上，则不得不从法学的通说和四个要件的概念与内涵入手。为了加深学生对构成要件的理解，教师们通常选取非常生动的案例以引发学生的思考，使学生在掌握构成要件之前对该问题阐发自己的直观看法，进而教师们通过“击溃”学生的“道德观察”而达到一种灌输法学规范性观点的目的。这种教学技术能够使教师在类似的法律概念和规则的讲解上获得类似的、可预期的效果和反映，而学生也可以在这种学习的过程中体会到法学的严谨性和稳定性，能够树立学生的法治观念乃至对法治的憧憬。

但是鉴于立法学课程的特殊性，立法学的课程却无法照搬这种教学技术。首先，立法学具有一定程度的抽象性，立法过程、立法技术、立法主体等都难以被学生们所直观感知。其次，立法学课程经常被设置在部门法课程之后或作为必修课之后的选修课而存在，在经历过以法律适用为导向的部门法课程之后，学生们已经建立了对法律稳定性原则和价值的理解，而此时教师告诉他们这套稳定的规则体系来自作为政治决策的立法活动，来自充满利益博弈、说服与妥协的立法过程，学生一时往往难以接受。部门法的教学过程就好比现代性观念的建立，而立法学的教学过程则宛如后现代对法律信念的摧毁。① 最后，在

---

① 后现代法学认为，理性的个人作为自治的法律主体不存在，现代社会的“进步”是虚幻的，法律的普遍性是虚拟的“宏观话语”，法律中立的原则仅仅是一种假设。参见信春鹰：《后现代法学——为法治探索未来》，载《中国社会科学》2000 年第 5 期。

部门法课程中教师能够直接讲授其对某部法律的直接研究成果,依靠案件对法律条文的解读与讲解足以支撑起一门部门法的课程;而在立法学课上,即便都是关注立法问题,不同的教师也会讲授完全不同的立法学知识体系。由此可见,立法学课程的教师在授课时采用何种教学技术存在困境。

立法学课程知识的稳定依赖于立法学教师找到"最大公约数",这一"公约数"使立法学研究者在自己的立法学研究过程中找到一条研究线索,生产合理的知识,更使立法学研究者在立法学课程教学过程中能够为学生带来一套稳定的知识体系。在此背景中,探索立法学研究方法及其教育功用便十分迫切。然而,在立法学研究方法之外,什么是这一困境产生的根源?为什么学界放任立法学方法的混乱而罕见对其进行系统论述呢?

二、教学困境的根本原因:立法学的地位与反思

我国法学教育往往以法律条文的适用为导向,那么这是偶然还是有其理论渊源和背景?本文认为,前文论及困境的根源乃是立法理论研究作为法学研究中的"冷门"和边缘学科而存在,与国家法治实践的历史和传统密切相关。西方法学研究大多以司法为主要研究对象,这实际上受到了西方国家政治革命的影响。在美国广为流传的法律理论中,法律并非因袭性的而是阐释性的,这种阐释实际上强调了法官的优势地位,德沃金提出的"赫拉克勒斯"法官模型的理想模型正是这种法治模式的最佳代言人。在这种传统中,法学研究必然十分注重对司法过程进行研究。这种背景影响了中国法学界,作为法治后发国家的中国对这种模式进行了一定程度的模仿。沃尔德伦也不得不承认立法和立法机构在法哲学和政治哲学中的名声欠佳,以至于很多人会怀疑它们是否有资格成为法律的值得尊重的来源,更为尴尬的是"我们甚至没有发展出一种规

范的立法理论,可以作为批评或惩戒那种古怪姿态的基础"[②]。中国的司法研究贯穿了改革开放以来近四十年的法学学术研究,司法研究完全可以被称为一个学科。[③] 中国的法学理论研究者们往往将重点放在司法研究上而对立法研究态度轻蔑,在某种程度上是一种学者对精密型理论和法治传统的选择。

然而这并不意味着立法学不应当被关注与研究。事实上,在司法之外,立法过程成为政治活动的场域,美国关于立法本质的各种理论认识都建立在立法是调整利益的政策制定基础上。[④] 沃尔德伦追问道:分析法学给对立法感兴趣的法官、律师或法律教授提供了什么回报吗?答案是令人尴尬的。他们在建构解释理论时,分析法哲学家们对立法结构特征几乎没有只言片语,但是这些特征往往能够对法律解释与原则进行区分。[⑤] 中国法学研究在承袭西方法学研究注重司法时却忽略立法研究,继而人为割裂了司法和立法研究。法学界流行的法教义学是以法律文本为依据,依照法律规范的内在逻辑和体系要求解释、应用及发展法律的做法。[⑥] 基于法教义学方法的司法研究如若仅仅关心法律本身如何规定,且不论它是否关注法律与社会的相互影响,至少它忽略了"法律如何产生"这一研究前提,这将使得司法研究脱离实际,更难以言及司法确保形式法治的实现。事实上,已经有学者提出了相关理论以改善立法研究的困境。对于中国而言,主张立法法理学的温特根斯认为,立法法理学应有助于理解和回答中国问题,应当实现从司法中心主义的法理学转向以立法为中心的法理学。[⑦]

---

② [美]杰里米·沃尔德伦:《立法的尊严》,徐向东译,华东师范大学出版社 2019 年版,第 1 页。

③ 参见侯猛:《知识结构的塑造——当代中国司法研究的学术史考察》,载《现代法学》2019 年第 4 期。

④ 参见江辉:《论立法区分为法律问题与政策问题》,载《清华法学》2018 年第 5 期。

⑤ 参见[美]杰里米·沃尔德伦:《法律与分歧》,王柱国译,法律出版社 2009 年版,第 12 页。

⑥ 参见许德风:《法教义学的应用》,载《中外法学》2013 年第 5 期。

⑦ 参见叶竹盛:《面向立法的法理学——缘起、理论空间和研究问题》,载《杭州师范大学学报(社会科学版)》2012 年第 5 期。

既然蕴含着立法论题的中国法治与西方国家的法治存在路径差异,那么中国立法的实务界与理论界走出一条立法研究的“中国经验”与“中国法治模式”并非毫无可能,而关键问题在于解决方法论上的无序与混乱。立法研究方法的确定需要将其置于中国法治的进程之中,中国立法注重理论和实践的共同发展,体现了因时而变、与时俱进的特征,是国情主义法治观的生动体现。中国法治自主型道路的实质就是把解决中国实际问题、实现有效的社会控制与治理的要求渗透到法律及其运作的整个过程中,从而形成与中国国情相适应的法治体系。[8] 强调国情主义法治观并不意味着无须坚守司法理论的重要性,而是强调在司法研究之外重视立法理论研究,立法理论能够成为司法研究的理论来源,以使中国国情之下的法治理论更加融贯而科学。

三、教学困境的直接原因:立法学研究方法的混乱与勘定

(一)研究方法的混乱:“通过”立法之名的研究

本部分所处理的是立法学课程中不应当借鉴的方法,将其称为“通过”立法之名的研究,以为只是将立法现象作为中介而达成其他研究目的,表面上带有“立法”的字样但产生的知识并不是严格意义上的立法学知识,干扰了立法学教学内容的构成。

1.具体法律部门的立法研究

在高校法学教育课程体系中,以民法学、刑法学等课程为代表的部门法教学中,立法问题往往体现为各该部门法的制定、修改、补充和废止。部门法中“立法学”的本质问题是立法论,法教义学在各部门法研究,尤其是在民法学、刑法学研究中广泛运用,法教义学所依赖的前提之一便是对现行法律规范的信赖,那么要保证部门法展开前提的可靠,则必须保证该部门法的准确。例如,民法学的立法论为民法学研究者提供

⑧ 参见顾培东:《中国法治的自主型进路》,载《法学研究》2010年第1期。

了一个沟通的底线，也即所有的民法研究都必须从现行有效的民事法律规范出发，为民法学提供了研究范畴与界限的同时，也为民法学课程的开展勘定了范围。

然而，部门法的立法研究皆为从自己所在学科和各自的研究领域出发，最大程度上也只能成为立法学的专题式研究。部门法的立法研究能够成为立法学的方法与知识的重要来源，但是却并未将立法过程作为一个单独的研究对象。而在法学教育中，法科学生大多在部门法课程中获得该部门法的最新立法动态，而无法从部门法的立法研究中获取关于立法作为一门专业技艺的一般性知识，这也正是为何法科学生们往往对各部门法中的法律制定和修改熟稔于心，却无法运用立法学知识系统地论述该法如何经历立法提案和审议过程等。因此，部门法学者往往难以承担立法学课程的教学工作，具体法律部门的立法本身也无法构成立法学的主要知识来源。

2. 哲学层面的立法研究

在思想史上，立法话题从未缺席，但主要在哲学的范畴中展开，当代法学家开始尝试建构属立法法理学，但仍具备深刻哲学研究的色彩。比利时的卢卡·温特根斯对立法法理学的框架进行了论证。⑨ 而影响范围更大的是沃尔德伦教授，他倡导用政治理论的资源来丰富在法哲学领域的工作，并以两部著作合起来构成了这项计划的开端：《法律与分歧》采取分析哲学的风格来处理问题，对立法、分歧和权利予以论证和反思；《立法的尊严》主要聚焦于政治思想史对我们理解立法所做的贡献。前书聚焦于立法法理学、原则分歧和权利与司法审查三个部分。在“立法法理学”部分，沃尔德伦有意识地选择了“立法机关”“议会立法”“文本与复调”“立法、权威与投票”“立法者的意图和无意图的立法”这五个部分来展开论证，紧扣立法作为集体行动这一中心问题。即使在更为一般的意义上，这五个部分的选择也并非随机的，沃尔德伦试图以此构成的立法法理学与法律实证主义进行沟通，在其行文中吐露了作者的意图与

⑨ 参见[比利时]卢卡·温特根斯：《作为一种新的立法理论的立法法理学》，王保民译，载王保民主编：《立法法理学——立法学前沿理论》，法律出版社2019年版。

雄心。[⑩] 事实上,这种以法哲学或政治哲学为进路的立法研究是批判性的、超越性的,很多具备深厚法学理论知识的教师都倾向于以这种研究方法作为教学中主要采用的方法。

然而哲学层面的立法研究给我们带来的是理念与原则层面的知识,不同的立法理论在不同国家的解释限度都不尽相同。每个国家经历了不同的法治传统,极端抽象的立法理论面对繁杂的立法细节时往往十分无奈。立法的哲学理论能够打开研究者的理论视野、提升研究品质,却难以形成具有解释力的、具备操作意义的立法理论。

(二)研究方法的勘定:"作为"立法的研究

"作为"立法的研究方法将立法现象视为独特的研究对象,具有立法学研究的独特性,主要包括《立法法》的"法教义学"和立法的法社会学两类。

1.《立法法》的"法教义学"

以2000年《立法法》的颁布实施为时间界限,立法学研究开始从立法原理、立法制度建构的价值论、认识论研究转向以立法程序、立法技术和立法后工程为中心的方法论、解释论研究。[⑪] 一方面,这种进路可以对立法制度问题进行深入分析。此种研究的对象主要是我国的立法制度中的某个方面,离不开对现行法律的大量引用,与法教义学研究风格较为相似。在2015年《立法法》修订之后的一定时间内,这种研究有助于提高立法实务工作者的业务水平,从而有助于《立法法》的实施和实现。另一方面,立法学教材大多采用了这种研究进路和风格。在一些立法学教材中,编者们用大量的篇幅对《立法法》条文进行解读或释义,有助于将最为基础的知识传授给学生,立法实务工作者也能在这类教材中获得体系化的知识。立法学教材数量的增多反映了开设立法学课程的高校逐渐增多,而开设立法学课程将在教学理念、教学内容、教学方法等

---

⑩ 参见[美]杰里米·沃尔德伦:《法律与分歧》,王柱国译,法律出版社2009年版,第29~190页。

⑪ 参见封丽霞:《面向实践的中国立法学——改革开放四十年与中国立法学的成长》,载《地方立法研究》2018年第6期。

方面对我国现行法学教育提出新的更高的要求。

《立法法》的"法教义学"研究方法也面临着质疑。首先,《立法法》能否建立一套"法教义学"？立法本身并没有什么教义可言,立法的本质往往在于政治的判断,《立法法》是一套立法程序的规范体系而并没有触及立法活动的本质,将其作为一种法教义学或许意义并非那么重大。更为实际的是,《立法法》条文数量十分有限,其中的许多条文都是技术性条款,留给学者挖掘理论的空间并没有许多学者所设想的那么巨大。其次,这种研究风格导致了目前广为流传的立法学教材内容较为单薄。笔者认为,对立法制度进行介绍是重要而必要的,但教材的行文大多呈现一种"司法案例"风格,通过长篇累牍地罗列立法实践、立法例来解读《立法法》,这种教材展开的风格与民法学、刑法学、经济法学等课程教材大同小异,所培养的并不是学生对立法作为一种法律现象的"感知",而似乎仅仅将《立法法》视为案例教学体系中的一个环节而已,回避对立法现象的深层发问。最后,根据经验,这种研究往往难以吸引法学本科生的注意力,使得其成果在法科学生中的影响十分有限,继而使得立法学研究者未完成激发学生对立法的兴趣与热爱的任务。综合而言,倘若《立法法》的"法教义学"研究所形成的仅仅是这套知识体系中最基础和基本的而非最深刻和深入的立法学知识,因此立法学走向深刻也呼唤着研究方法的变革与研究境界的提升。

2. 立法的法社会学

立法的法社会学并非以《立法法》规范作为主要的分析对象,而是关注立法制度和程序在现实中的运作效果,什么因素影响立法以及立法如何影响社会。例如,在2020年新冠疫情之下,中央和地方立法纷纷快速出台,那么这种社会现象即可为立法学研究提供问题意识:特殊社会事件会使立法计划重新排列,从而使得某部法律的立法条件快速成熟,进而研究在病毒这一客观原因之外,舆论、社会组织、突发事件等如何对立法程序产生影响。一些高校已经在立法学课程中引入公共管理、公共政策制定等其他相关学科的知识与方法,这是立法学教育中的积极尝试。

在学术品格上,立法社会学不满足于传统理论法社会学的进路,更尝试引入社会学的众多研究方法,包括但不限于政治社会学、组织社会学、风险社会学、公共政策学等研究方法,以此提供了更为多样的方法论来源,从而使得立法学知识的产出更加新颖。以全国人大专门委员会的立法职能研究为例,以往的研究多围绕《立法法》和国家制度的相互关系展开。但若引入法社会学的相关研究视角,我们就能够对如下问题进行深入研究:专门委员会在共和国立法实践的发展历程中的地位和作用如何?专门委员会的立法职能如何顺应立法精细化的趋势?在从专门到专业的过程中,专门委员会的委员和工作人员在何种意义上被视为法律职业者?专门委员会的工作人员如何在立法空间中扮演着“隐性立法者”的角色(尽管他们的政治地位并不高)?[12] 通过比较我们能够发现,受《立法法》法教义学研究方法的局限,上述问题往往被立法学研究者忽略,但是上述问题却是真正存在于我国立法场域中的“真问题”。

(三)小结

在上文中,笔者对立法学的研究方法进行了类型化划分,并认为“通过”立法的研究方法使得立法学研究陷入混乱,进而不应当为立法学课程所主要采用,而“作为”立法的研究方法则保证了立法学研究自身的独立性,进而应当为立法学课程所借鉴。在一定程度上,对方法论的类型分析解释了立法学教学技术困境产生的直接原因。

四、教学困境的缓解:立法学研究方法的具体作用

(一)立法学研究方法对教师的规范作用

高校的法学教师往往身兼科研任务和教学任务,然而研究者和教师二者的工作内容和重点都不尽相同。对于科研任务而言,研究者具有较强的自主选择权。研究者可以自由安排时间、自由选择学术研究的对象

---

[12] 参见王起超:《从专门到专业——全国人大专门委员会立法职能的理论阐释》,载《地方立法研究》2020 年第 2 期。

与问题、针对不同的问题和对象采用不同的研究方法,研究者的选题深度、写作能力和论文发表等在一定程度上反映自身的科研水平和学术追求。但是就教学任务而言,教师的个性时常受到一定的约束。在教学过程中,教师传授给学生的不能仅仅是教师本身对学科知识的理解和偏好,更应当是对学生有益的知识。那么立法学研究方法对于教师而言就具有一定的规范作用,它在课程开始之前传递着这样的信息:“作为”立法的研究和“通过”立法的研究所产生的知识在立法学课程的教学过程中所占的时间比重是不同的,前者应当是重点,后者为前者的补充和例证。

更为重要的是,适当的立法学研究方法能够检验立法研究的知识产出,从而判断某一研究者是否能够担任立法学课程的教学工作。是否熟练掌握立法学研究方法是检验研究者是否能够胜任立法学课程教学工作、其学术研究成果是否能够被归于立法学的知识范畴的重要标志,而并非任意一位研究者都能够随机地担任立法学课程的讲授者。通过其他课程的教学实践,我们大体能够认为,在一个理想的教育模式中,立法学课程的效果受到课程讲授者的能力和讲授方式的直接影响。立法学课程更大的抽象程度,学生对立法体制、立法技术等专业实务问题理解难以深入,倘若讲授者本身就缺乏对立法学研究方法的深刻理解和系统训练,那么学生从立法学课程中提升知识和能力只能凭借其自身兴趣。有鉴于此,要实现对立法学教学水平的把控,必须在研究者和讲授者的层面做好筛选,进而控制立法学课程教学过程中的不确定因素。

(二)立法学研究方法对课程内容的规范作用

相对稳定的研究方法为立法学确定了研究对象,有助于立法学课程的内容更加集中。立法学研究方法为立法学排除了本不应该由其所关注的内容,或者至少将不应首先归于立法学的内容排除在外。当立法学的研究方法能够为立法学研究者提供可靠的方法论来源时,兼具立法学课程讲授者身份的研究者便能够判断什么内容可以或不应进入立法学课程,进而为立法学课程的模式提供了规范:既不会过于偏向于理论,也不会过于偏向实践,但是必须同时包含理论与实践。在理想的条件下,立法学的经典论题和前沿问题都应当成为立法学课程的重要讨论内容,但是由于课时有限,教师们必须有所侧重,这种侧重既是因地制宜的,也是因时而变的。在 2015 年《立法法》修改之时,设区的市立法无疑成为立法学课程的重点;而在区域协同立法较为发达的省份,立法学课程对该内容的关注就显得十分必要。

那么如何处理以法律适用为主宰的部门法课程的教学技术与立法学课程教学技术之间的运用?案例分析法并非与立法学课程完全不兼容。立法也存在案例,但是这种案例并非单纯地以司法判决的形式表现出来,也体现为立法目的与立法实施效果之间的偏差、立法过程对自然法价值的体现、立法时机的判断、立法政策的影响等。值得注意的是,法律适用风格的课程中,教师往往将案例分析型的作业交由学生完成,以加深学生对法律规范的理解。而鉴于中国法科学生勤奋刻苦且具有较强的模仿能力,可以借鉴公共政策等研究方法,在立法学课程中设定相应的法律草案的草拟作业,以激发学生的创造力和想象力。这种创造型的规范建构作业,既能使学生以立法者的视角对立法体制有更为深刻地理解,又增强了学生的法治意识。

(三)立法学研究方法对课程目的的引领作用

无论在何种意义上,立法学课程的目的必然包括培养富有专业立法知识和正确立法理念的人才,使学生能够较为全面地掌握立法学知识。亚里士多德所论证的分配的正义与矫正的正义并不是价值上非此即彼的关系:分配的正义要通过矫正的正义得以实现,矫正的正义实现的前提是分配的正义,在这个意义上立法学所关注的是更为起点意义上的法学问题。分配权力、权利和义务,本身应当是一个审慎的过程,是一种公共生活中政治权力的行使方式。让学生站在立法者的角度去思考问题,进行一场场政治生活的"头脑试验"。成熟的公民和市民应当具有参与公共事务和政治生活的能力。在立法学的课堂上,站在立法者立场的学生能够领悟到国家政策作出的合理之处;而站在公众的立场上,学生能够表达自己对于某部法律制定的必要性的理解、对立法目的的理解等。那么不同的立场在同一门课程上出现,使得立法学课堂成为了一个生动的公民政治实践的场域。在这个场域内，持有不同立场的学生进行交流、沟通、商谈，产生了分歧、达成了共识或进行了妥协。而这种观念上的对抗和生动的“头脑实验”，在以法律适用为主要内容的课程上则难以达成如此强烈的共鸣。

法律人群体的理性思维十分发达，学生在理性和感性、理想与现实之间的往返流转会产生困惑。一方面，涉世未深的法律人强调所谓的“公民意识”，以一种“权利卫士”的角色而自居；另一方面，法律人常常“哀民生之多艰”，忧天下人之所忧。在法学教育中，使学生掌握探索社会不公正之根源和公正实现之手段的方法对于塑造其价值观和培养其社会责任感具有重要意义，深化学生对何为公正以及公正与法之间关系的认识，能够有力促使学生追求社会公正的志向，有助于他们成长为有社会责任感的专业工作者，因而法学研究方法教学对于法科学生价值观培养来说非常关键。[13] 立法学课堂不应仅仅为学生呈现各种专业知识，更应当起到弥合社会鸿沟的作用，应当适当引导学生停止在法学理论上的高谈阔论，而在现实中将某种价值和观念付诸实践，进而激励更多的年轻法科学生走上法治建设的道路。

（四）立法学研究方法对法学教育格局的影响

1. 扩展立法学的学术领地

葛云松教授曾明确主张：“宽泛地说，法科学生的毕业去向主要是从事法律实务。此外，也有部分法科毕业生从事立法工作、教学研究工作，甚至不乏‘弃法’从商从政者，其成功者已经不乏其例。”[14]葛云松教授将法律职业分为了法律事务工作者、立法工作者和法学教授与研究人员三类，言下之意法科毕业生从事立法工作并不是从事法律实务，其本质在于将法学教育的培养目标仅仅设定为培养法官、检察官和律师。在中国法学界，这种观点并不罕见，其背后仍然隐藏着一种以司法为研究对象、以法教义学为法学研究和教育主体的思路。然而，苏力曾经预测：“大约

---

[13] 参见周元：《论法学研究方法教学与价值观的培养》，载《教育现代化》2017 年第 47 期。

[14] 葛云松：《法学教育的理想》，载《中外法学》2014 年第 2 期。

30 年后,法教义学研究——有别于教学,很可能不再能进入中国顶尖高校法学院顶尖学者的视野,相关的研究会转移到二流或三流法学院中去。"[15]就当下许多法学院的教育模式而言,这一预测的实现或许远远不必等三十年。如果任由当前法学教育模式发展,立法学便不太可能在法学教育中得到重视,地位不可能得到提升。不过上述两位同样就职于中国法学教育标杆之一的北京大学法学院的教授对法学教育的观点也会产生对立,恰恰证明了法学教育模式并不一定是统一的且必然以司法导向的,这对立法学研究者的启示在于,只有立法学研究者和课程讲授者提高研究质量和教学质量,立法学课程才能在法学教育中获得尊重和相应的地位。

2. 提升地方院校的影响

在我国的法学教育版图中,传统五院四系以及"双一流"学科高校等往往被认为具有强大的法学研究和教育实力,而一些地方院校由于缺乏国家或地方财政的持续有力支持,更加无法在法学教育和研究中获得话语权。而设区的市立法权作为崭新的研究对象自 2015 年横空出世,为地方院校提供了发展的契机。在理论上,实行地方立法分权和立法职能的多中心化,由多个立法主体同时供给法律产品和提供公共政策,则是各国中央与地方关系发展进程中的一个普遍趋势。[16] 地方立法一直是中央立法的智慧和经验来源,甚至"当地方立法普遍开花成燎原之势时,就是中央立法条件成熟之日"。[17] 随着设区的市立法活动的开展,地方立法成为立法学研究的热点,由于地方高校能够更为便捷地接触到地方立法机关、获取地方立法信息,地方高校研究者成为立法学研究知识的主力军。单一制体制的中国对地方立法的研究更容易产生具有中国

---

⑮ 苏力:《回望与前瞻》,"社科法学与法教义学的对话"学术研讨会会议论文,2014 年 5 月于武汉。事实上,社科法学在我国法学教育刚刚出现的时候也面临着许多质疑,但随着研究队伍的壮大、知识产出水平的提高,社科法学得到了法学界的认可,而这一切的前提在于社科法学方法论的自觉。

⑯ 参见封丽霞:《中央与地方立法关系法治化研究》,北京大学出版社 2008 年版,第 254 页。

⑰ 封丽霞:《中央与地方立法关系法治化研究》,北京大学出版社 2008 年版,第 349 页。

特色的原创性的立法理论,尤其是二三线城市的地方立法机关求贤若渴,地方立法理应成为地方高校法学院办学的特色或主打方向之一。立法学研究方法有助于帮助学生丰富立法知识、提升立法研究能力,继而有助于地方院校为地方立法机关输送合格人才。因此,对于无法在传统法学话语体系中发声的地方高校而言,应当牢牢把握地方立法蓬勃发展的契机,加快高质量地方立法知识的产出。

3.形成有规模的立法学研究者群体

判断立法学能否成为一门独立学科的重要标志在于是否有一批主要致力于立法研究的学者。尽管中国法学会立法学研究会和众多省级立法学研究会聚拢了一批立法学研究的事务工作者,这对于发展立法学研究具有积极的意义,但必须承认这个“立法研究共同体”十分松散:立法问题并不是“明星学者”们的主要研究方向;作为学术阵地的立法学研究的专门刊物只有中山大学和广东省立法研究所创办的《地方立法研究》⑱;许多学者自诩为“立法研究者”,热衷于参加立法实务⑲。从社科法学发展壮大的轨迹来看,研究方法对形成稳定的研究群体具有十分有效的粘合作用。“粘性”这一概念来自经济学和传播学,指公司保留使用者、驱使顾客和浏览者进一步访问其网站,用于描述网站吸引并保留访问者的能力。⑳ 研究方法维持了某领域研究群体的坚强内核。研究方法的习得通常需要经过漫长过程,这种时间成本的投入需要在后续研究进行应用、获得回报,研究者反复使用某种研究方法以产出知识,在获得研究群体的认可后会更加激励研究者进行更为深入的知识产出。在“粘性理论”框架中,立法学研究者需要在研究方法的意义上找到这种强大的吸引力,形成立法学的研究群体,使中国立法学研究迈上高速发展的轨道;而一旦这种研究群体形成,立法学课程在法学教育体系中不

---

⑱ 仅指具有刊号的立法学学术期刊。

⑲ 这种部门法学者自我标榜“立法学研究者”的现象在法学界非常常见。“中年一代的如今40~50的法律学者,特别部门法学者,绝大多数仍然渴望参与立法。”参见苏力:《当代中国法学教育的机遇与挑战》,载《法学》2006年第2期。

⑳ 参见吕洪兵:《B2C网店社会临场感与粘性倾向的关系研究》,大连理工大学工商管理系2012年博士学位论文,第16页。

被重视的难题便在一定程度上得以解决。

五、结语

立法学研究方法的自觉仍旧是正在进行的命题,对立法学研究方法的总结与反思,对当前我国法学教育和立法学课程存在的问题具有重要的意义。立法学课程的重要性被忽视或许并不是源自学术论题本身而是源自历史和体制,需要我们这代立法学研究者的耕耘与奋斗。本文回顾了立法学课程面临的教学技术上的困境,分析了其产生的根本原因和直接原因,并提出研究方法对立法学课程教学困境的缓解作用。然而,真正地解决这些问题有赖于立法学研究者和教师在长期的工作中加以实践。立法学课程的发展需要鼓励立法学课程教师积极探索和创新教学技术,本文的旨趣便在于在这种探索和创新中迈出第一步。

On the Dilemma, Cause and Resolution of the Teaching in Chinese Legislation Course

—Taking the Research Methods in Legislation Studies

Wang Qichao

Abstract: At present, China's legislative course has made a certain degree of progress. But it faces the dilemma of the technological choices of the teaching methods. The root of this dilemma lies in the marginalization of the status of legislation studies. The direct cause of marginalization of legislation studies is the confusion of legislative research methods. Therefore, it is necessary to categorize the research methods of legislation studies, and to clarify which research methods should or should not be adopted by the legislative course. Among them, the method "with legislation" is mainly composed of the legislative study of specific legal branches and the legislative research of philosophical level, neither of which should be adopted by the courses of legislative research. The method "as legislation" includes the research from the perspective of law and social sciences and the research from the perspective of the "dogmatics" of the law on legislation, which should be the main research method adopted in legislation course. Regarding the specific role of legislative research methods in the course, the author of this paper contends that, first, the confirmation of legislative research methods can play a normative role for the course teachers; second, legislative research methods play a guiding role in the content of the course; third, the research on legislation methods has a leading role in the realization of the course objectives; finally, for the paradigm of legal education, the research method of legislation studies can help to expand the boundaries of law outside the dominance of judicial courses, which can enhance the discourse power and influence of provincial colleges and can form the research circle of legislation studies.

Key Words: legislation studies, research methods in legislation studies, legal education, legal methods, legislation course

法科学生从事实证研究应该注意的几个问题*

杨 帆**

摘 要：实证研究是重要的法学研究方法，它与“法律实证主义”等概念相区分。总结过往论文指导的经验，笔者认为，法科学生在从事实证研究的过程中应该注意以下常见的问题：第一，法学实证研究既包括定量研究，也包括定性研究，方法选择和运用都要注意科学性，避免数据内生性问题。第二，不同于其他社会科学研究，法学实证研究要不断地游走于事实与规范之间去寻找意义，即以规范研究为出发点，并且力求对解决规范问题有所助益。就法学实证研究的应用价值而言，它不仅仅是重要的法学研究方法，对提升法律职业技能也有重要意义，是不可或缺的法学教育路径。

关键词：法科学生　实证研究　规范意义　法律职业技能

---

* 基金项目：本文系2018年度国家社科基金一般项目“司法裁判中的说理方式问题研究”（项目编号：18BFX011）的阶段性成果，并得到吉林大学法学院研究生精品课程培育项目“司法问题经验实证研究”的支持。

** 杨帆，吉林大学理论法学研究中心/法学院副教授，吉林大学司法数据应用研究中心研究员，社会科学、哲学博士。研究方向：法社会学、法哲学、比较法。

2020年7月,最高人民法院出台了《关于统一法律适用加强类案检索的指导意见(试行)》,对各级司法工作人员提出了开展类案检索进而总结司法经验的相关要求。① 这一要求的提出,直接与我们法学教育和法学研究中的实证研究(Empirical Study)方法相对应。可以说,类案检索是十分重要的法学实证研究方法,甚至在其中扮演了核心角色。但是广义上的法学实证研究不只包括类案检索,它还包括运用不同经验科学方法对法律问题进行探寻、总结规律的各类相关研究。开展法学实证研究是培养法律人才的必要手段。但是在过去,这种方法似乎并没有引起我国法学界的足够重视。

近年来,这种情况发生了很大变化,实证研究方法在法学研究中占据了很重要的位置。我国法学专业期刊发表的基于实证研究的论文越来越多,②有学者提出了"数据法学""计算法学"等相关概念,甚至也有法学院开设了相关课程。③ 包括笔者所在的吉林大学法学院在内的国内众多法学院系,都积极鼓励研究生或高年级本科生针对一些具体的法律问题多做实证研究,尤其是基于公开裁判文书的"司法大数据"研究越来越多地被提倡。④ 很多学生在选择论文方向的时候也选择了此种类型的实证研究,并突出强调其法社会学属性。笔者认为,这些都是应该被鼓励的。但是作为一名经常接触此类论文并从事法社会学研究的教师,笔者在审阅和指导学生论文的过程中,也发现了一些问题,其中很多都是常见的、基础的误解,有必要在此与大家进行深一步的交流。

---

① 参见最高人民法院:《关于统一法律适用加强类案检索的指导意见(试行)》,载最高人民法院官网,http://www. court. gov. cn/fabu-xiangqing - 243981. html,最后访问日期:2020年8月1日。

② 参见程金华:《当代中国的法律实证研究》,载《中国法学》2015年第6期;屈茂辉:《基于裁判文书的法学实证研究之审视》,载《现代法学》2020年第3期。

③ 参见于晓虹:《计算法学——展开维度、发展趋向与视域前瞻》,载《现代法学》2020年第1期。

④ 例如,吉林大学法学院连续数年组织研究生、高年级本科生开展"基于司法大数据的实证研究"项目,锻炼学生们的司法数据分析与研究能力。载吉林大学法学院官网,http://law. jlu. edu. cn/info/1043/15331. htm,最后访问日期:2020年7月8日。

一、法学实证研究的概念澄清

为什么有人说实证研究是重要的法学方法,而有的人却说实证研究并不主流,法教义学才是主流的法学方法?为什么有些人说的"实证研究"跟其他人说的"法律实证主义"似乎不是一个概念?我们先要厘清这些基本的概念,这正是做法学实证研究的基础。

(一)作为法学方法的实证研究

笔者认为首先有必要对"法学方法"与"法律方法"两个概念进行区分和讨论。法学方法(Methodology of Legal Research)主要是学者针对法律现象开展研究的方法,而法律方法(Legal Method)主要是法律职业者从既有规范和事实出发去解决法律问题的方法。⑤ 在一些国家的法律传统中,比如德国的法教义学传统中,法学方法与法律方法并没有作区分;但是在另外一些国家的传统中,主要是英美传统,这两者之间却有一定的区分。这是为什么?

在德国法学传统中,教义学既是法律方法也是法学方法。首先,其原因是以德国为代表的欧陆法学在历史上就受到高度形式化的神学解释学的深刻影响;其次,德语法学的学术市场相对较小,德国法学学者与司法实践的结合也非常紧密(如司法判决会经常引用学者的观点,法官与法学教授经常交叉任职等);最后,德国大学的教席设置机制十分有限和保守,新的研究范式很难快速获得传统法学的接纳。这种情况下,绝大多数德国法学学者研究法律的目的也是解决法律争议问题,而较少有学者从社会科学的角度对法律现象进行"二阶观察"。⑥

---

⑤ 参见陈林林:《法律方法比较研究——以法律解释为基点的考察》,浙江大学出版社2014年版,第3页。

⑥ 即便是在法教义学传统中,在经历"自由法运动"以后,已经有越来越多的学者主张,必须更多吸纳经验研究才能弥补教义学的缺失。比如佩策尼克和阿列克西也都认为法教义学同时是规范性的和经验性的。参见雷磊:《什么是我们所认同的法教义学》,载《光明日报》2014年8月13日,第16版。

但是这种情形放到美国、中国的法律和法学环境中却不见得可行。在美国,"二战"以来的法学研究经历了多次"法律实质化"运动的洗礼,比如"法律现实主义""批判法学运动""法与社会运动"等。今天的美国法学研究呈现了高度实质化的特征,实证法学研究占据了非常主流的位置。⑦ 在一些排名较高的美国法学院中,比如加州大学伯克利校区法学院、斯坦福大学法学院、芝加哥大学法学院等,多数的学者倾向于选择实证方法对法律现象进行社会科学意义上的经验研究。⑧ 在这样的背景下,当今英语世界的多数法学方法论书籍都会对法律方法与法学方法进行区分,而实证研究方法又是法学方法中最重要的部分。⑨

我国的情况则更为特殊。"一方面,我国历史上并没有与宗教神学及法解释学高度关联的形式主义法学传统,反而是受到马克思主义的'法律工具说'影响较大,因此法律的外部视角在我国学界的历史土壤相对比较深厚;另一方面,我国当今的政治社会结构也处在急剧变革时期,社会主义法治建设还不尽完善,寻找法律规范的正当性基础是每一步'社会—法制'变革都亟待解决的问题。"⑩因此在中国,实证研究方法依然是一种重要的法学研究方法,有着坚实的社会基础和广阔前景。但是目前它相对于法律方法(如法律推理、法律论证、法律解释)以及部门法研究的主流情况来说,可能并没有那么显赫。⑪ 在当今我国部门法学的研究中,尤其是民法和刑法部门中,教义学依然是占据主流地位的研究方法。⑫ 不过话说回来,即便是像法教义学这样的形式主义法律方法

---

⑦ 参见赵骏:《中国法律实证研究的回归与超越》,载《政法论坛》2013 年第 2 期。

⑧ 读者可以参阅这些学校法学院各位教师的主页介绍,会发现多数教师都倾向于从实证经验的角度研究具体法律问题。

⑨ See Mike McConville, Wing Hong Chui, eds., *Research Methods for Law*, 2nd Edition, Edinburgh University Press, 2017, p. 1 – 17.

⑩ 杨帆:《法国法社会学的发展与转型——兼议中国语境下的法学研究范式之争》,载《法学家》2018 年第 1 期。

⑪ 参见陈瑞华:《论法学研究方法》,法律出版社 2017 年版,第 285 页。

⑫ 我国部门法研究中对于实证方法的应用事实上是很不均衡的,传统的民法、刑法学科对于教义学的依赖还很强,但是在程序法(尤其是刑事诉讼法)研究中,实证方法的应用又是非常主流和普遍的。参见赵骏:《中国法律实证研究的回归与超越》,载《政法论坛》2013 年第 2 期。

发展到今天,也不能完全忽视事实问题。正因如此,实证研究方法在法律方法及部门法研究中也将会有更广阔的用武之地,甚至已经越来越多地渗透并影响部门法学研究。

(二)法学实证研究与法律实证主义

第二组重要概念,“法学实证研究”(empirical study of law)与“法律实证主义”(legal positivism),虽然在中文翻译上共享了“实证”两个字,但是在含义上却差很远,很多法科初学者容易将二者混淆。前者指通过经验方法研究法律现象的进路;而后者则泛指一种以实在法(positive law)为基础的现代法学思潮,其超越的对象是在西方存在了两千多年的“自然法”(nature law)传统。与法律实证主义比较相近的概念包括法律形式主义等,但也不完全相同。当然,在法律实证主义思潮诞生初期,它与经验主义(empiricism)也有着一定的亲缘关系。在孔德的理论中,实证主义(positivism)思想是理性主义(rationalism)与经验主义的混合——“一个通过理性建构的理论需要被经验观察去验证为真,才可说是正确的理论”。[13] 应该说,孔德所强调的“实证”还是一种超越本质主义(naturalism)与神定论基础上的实在主义。他的这一思想对后世涂尔干的社会学实证主义、维特根斯坦的逻辑实证主义,以及法律实证主义理论都有不同程度的影响。

但是在今天,已经很难说法律实证主义是一种法学方法。它可以被称为一种“视角”,一种以实在法为基础解决法律争议或者进行法律续造的视角,而与其对应的方法则主要是教义学等。所以我们今天说的法学实证研究不同于法律实证主义。中文语境下的实证研究主要是一种经验的、社会科学的法学研究方法。它与法社会学、法经济学等概念联系比较密切,但是也并不等同于后两者。法社会学的历史比较长,概念外延也比较广阔。它可以追溯到社会学古典三大家(涂尔干、韦伯、马克思),甚至是孟德斯鸠对法律现象的研究,是把法律现象作为社会整体的

---

⑬ Anol Bhattacherjee, *Social Science Research: Principles, Methods, and Practices*, Accessed July 20, 2020. http://scholarcommons.usf.edu/oa_textbooks/3.

一部分，进而透过社会来研究法律的一种范式。[14] 与很多法科生将社会学单纯地看作是实证方法不同，法社会学还有其理论面向，即在各种宏大的社会理论和社会哲学中考察法律现象的意义。法经济学则主要是通过经济分析的方法来研究法律现象的一种范式，其基本前提是"经济理性人"假设，核心诉求是"成本—效益分析"，[15]也不排除以经济学理论构建法律学说的情况。但相对来说，法经济学的人性预设比法社会学更为单纯，概念外延也比法社会学要清晰明确一些。总而言之，法学实证研究代表了经验面向的法社会学和法经济学的绝大部分，但是并不能表征其理论面向。

二、法学实证研究的方法论问题

(一)实证研究包括量化研究和质性研究

接下来要讨论的问题是"实证研究是什么样的"。这点对于受过社会科学训练的学者来说比较清晰，但是对很多法科生来说还有点混乱。有学者认为实证研究就是做统计分析，针对大量样本，运用各种数学方法，得出一些说明性的结论。[16] 实际上，这仅仅是实证研究的一个方面。实证研究的英文对应词汇是"empirical study"，即"经验研究"，只不过我们约定俗成地把它翻译成"实证研究"。与其意思最相近的词是社会学和人类学中的"田野研究"(field study)，只是后者比较强调研究的现场感。既然是经验研究，那么经验就可以来自各种社会事实，既有统计归纳的，当然也包括各种其他感知渠道的。在美国学术语境下，近年来的法学实证研究主要以量化分析为主，也有美国学者将实证研究等同于量

[14] 参见[英]罗杰·科特威尔：《法社会学导论》(第2版)，彭小龙译，中国政法大学出版社2015年版，第5~7页。

[15] 参见桑本谦：《探索法律背后的逻辑》，载周尚君、尚海明主编：《法学研究中的定量与定性》，北京大学出版社2017年版，第193~202页。

[16] 参见白建军：《论法律实证分析》，载《中国法学》2000年第4期；左卫民：《挑战与回应——关于法律实证研究的若干阐述》，载《中国法律评论》2018年第6期。

化研究。[17] 近些年,著名的美国《实证法律研究期刊》也主要发表一些基于大量数据统计和数学建模的法学文章。[18] 即便如此,综合来看,我们也不能认为实证研究就仅仅是数量统计研究。

事实上,社会科学的实证研究主要包括两种类型:定量研究(quantitative study)和定性研究(qualitative study)。前者也被称为"量化研究""数量统计研究"等,我们通常说的"计算法学"等概念即立基于此种方法;而后者也有"质性研究"等称谓。两者之间的比较、争论、分化、融合,在社会科学领域持续了上百年,在不同地域、不同流派中都有不同的认识,在此不予赘述。简言之,定量研究与定性研究扮演了不同的社会科学研究进路,承担了不同功能,也没有办法相互替代。如果说前者的方法论特征主要是数理统计,目的是发现宏观的社会事实及规律;那么后者的方法论特征则主要是深入挖掘小样本,寻找一些数字外的信息,并对其进行意义的阐释。前者是当今社会科学(尤其是美国的社会学)领域比较主流的方法,而后者往往与人类学等注重个案阐释的学科联系在一起,但这并不意味着两者是截然对立的研究方法。

最基础的定量研究方法实际上就是以数字显示比例或者趋势,比如以饼状图显示各种情况在总样本中所占的比例,或者以曲线显示数量对比及发展趋势等。统计学上称为"单变量分析",是一个由点(个案)到线的、最直观和简单的数据信息呈现,也是其他量化研究的第一步。在此基础上,量化研究的主要功能是发掘不同变量之间的相关性,其路径包括"双变量分析"和"多变量分析"。双变量分析是一种由线到面的统计分析。它预设了两个变量之间存在相关性,并试图检验这种相关性是否存在以及强度问题,所以是一种共变分析。[19] 例如,在有关刑事诉讼的实证研究中,我们通常会考察量刑结果跟审级、地域等变量之间的一

---

⑰ See T. Eisenberg, *The Origins, Nature, and Promise of Empirical Legal Studies and a Response to Concerns*, University of Illinois Law Review, 5, 2011, p. 1713 – 1738.

⑱ 载《实证法律研究期刊》网, https://www.lawschool.cornell.edu/SELS/journal.cfm,最后访问日期:2020年2月25日。

⑲ 参见李连江:《戏说统计——文科生的量化方法》,中国政法大学出版社2017年版,第149页。

对一关系。但很多时候,事物之间的相互作用并不是简单的一一对应,很可能是多个因素综合地造成一种结果。单变量与双变量分析可能会忽视另外因素的影响,这就会造成所谓"数据内生性问题"。因此,现代社会统计学多提倡使用多变量分析,就是把各种可能的影响因素尽可能多地搜集起来,考察它们之间错综复杂的相关性,这样就可以把变量间的内在联系和相互影响考虑在内,让结果更接近客观真实。多变量分析较为复杂,常见的路径包括回归分析、判别分析、因子分析、主成分分析、聚类分析、生存分析等。法学实证研究中运用多元回归分析较多,包括线性回归分析和非线性回归分析,其目的依然是发现相关性,并用以概率归因或者趋势预测。[20] 还以刑事诉讼中的影响量刑的因素为例,比较恰当的多变量分析就是把各种可能的自变量,例如,审级、地域、犯罪嫌疑人的性别、年龄、有没有请律师、是否有前科……都进行编码,以回归分析呈现各种因素或者因素组合对量刑结果的影响。这是一种典型的对司法规律进行研究的量化分析路径。

常见的定性研究方法包括访谈、参与式观察、话语分析、个案分析等。其中访谈又分为开放式访谈、半结构化访谈、结构化访谈。它们之间的区别主要是是否有拟定好的问题,彼此承担的功能也不相同。定性研究也可以在一定情形下转换成定量研究。即便定性研究所呈现的结果显得不如定量研究"科学",而更偏向人文学科的"讲故事"(story telling)。但是在现代社会科学看来,它依然是不可或缺的研究方法。[21] 因为它可以发掘量化研究没有办法呈现的深层机理。比如,当你研究影响司法裁判行为的诸种要素的时候(这是司法大数据研究的常见提问方式),会发现很多内容没有办法体现在裁判文书中,因此就没法编码——它可能会在附卷中被发掘,但更有可能需要通过对法官的访谈或者对审判的参与式观察来获知。当然,定性研究的数据积攒到一定规模,就可

---

[20] 关于法学量化实证研究如何进行因果推论,参见张永健:《量化法律实证研究的因果革命》,载《中国法律评论》2019 年第 2 期。

[21] 参见叶启政:《实证的迷思——重估社会科学经验研究》,生活·读书·新知三联书店 2018 年版,第 242 ~ 267 页。

以此为基础开展定量研究。两者也可以转化。问卷调查就是这种转化的重要方式,因为问卷往往可以被视为最“结构化”的访谈,在样本数量上也通常能满足统计的需要。

现代社会科学虽然强调“科学性”,但是对于自身属性也有着不断的反思和重新认知。无论是定量还是定性,都无法完全再现客观世界,因此对于意义的阐释(也就是能否完整、自洽地讲一个有意义的“故事”)也越来越受到重视。这可以视为社会科学向人文的一种“回归”。[22]当然,在地域流派上认知也存在差别,比如美国社会科学传统一直比欧洲传统更强调所谓的“科学性”,而欧洲则有更强的人文主义传统。但无论如何,一个理想的社会科学研究(包括法学实证研究),定量研究与定性研究结合是最好的状态,相互补充,看到对方看不到的事实和问题。二者结合,可以更好地进行归因,而不仅仅是描述性的实证研究,而这又是开展规范性法学实证研究的基础步骤。[23]

(二)实证研究方法要得当,注意数据的科学性

针对什么样的问题,选择什么样的方法(无论是宏观方法还是微观方法),这一点对于法学实证研究来说非常重要。初学者千万不要为了追求方法的“炫酷”,而把简单的问题复杂化。比如,针对简单的两组变量进行相关性分析,多数情况下就没有必要运用复杂方法,只需用柱状图比对,就可以显而易见地发现规律。在可寻的自变量数量较少,且常识即可分辨彼此相关性不是很大的情况下,回归分析等方案通常也是可用可不用的选项,需要综合衡量其必要性。简单而可替代的方法包括卡方呈现等。又如,当问题比较结构化且有效问卷较易获取的情况下,也没必要采用太多参与式观察的方法进行质性研究,有时太过刻意的参与式观察反而会弄巧成拙。社会科学方法的基础还是“常人方法学”,其目的是让读者(尤其是同行读者)理解研究的发现,因而没有必要追求

---

[22] 参见叶启政:《实证的迷思——重估社会科学经验研究》,生活·读书·新知三联书店2018年版,第242~267页。

[23] 参见[美]詹森·西赖特:《多元方法社会科学——定性和定量工具的结合》,王彦蓉、余利青译,格致出版社、上海人民出版社2020年版,第1页。

方法上的所谓“高大上”。这也是刚接触实证研究的法科生比较容易犯的错误。

数据的科学性也值得被强调。一般来说，社会科学意义上的“数据”(Data)，不仅仅指表现为数字的各种信息，还包括以各种方法(比如质性研究诸方法)获得的经验材料。㉔ 在很多语境中，它大体等于“文本”(Text)和“资料”(Materials)的含义。强调数据的科学性就是强调各种渠道获得的经验信息都必须完整、可靠，具有可信度，而不仅仅指运用数理方法来分析数据。甄别、选择和运用数据是社会科学训练的重要环节。比如，随机抽样如何才能做到不偏不倚？什么样的样本是合格样本？如何看待和恰当解释样本的异质性？等等，㉕都是被反复追问的问题，也需要在论文中进行详细的说明。㉖ 举个例子，有同学的研究要比较一审和二审对某一个问题的不同态度。但是他把所有发回重审或者撤诉之后又重新起诉的案件都算成了一审案件(因为不仔细看裁判文书很难甄别)，而恰好实践中撤诉重起在某类案件(比如离婚案件)中又很普遍，那么他的样本数据显然就是不合格的。又如，有的同学通过关系找到了访谈基层法官的进路，这本无可厚非，但是在他(她)访谈的过程中，法官的上级领导一直在场，并且明示或暗示了被访法官哪些不能说。这样的访谈所能获取的有效信息就是非常有限的，很难作为关键论点的支撑材料。这些现象也都是数据本身的内生性问题，严谨的社会科学研究一定要避免。

㉔ See *Data in the Social Sciences*, Accessed May 11, 2020. https://www.cessda.eu/Training/Training-Resources/Library/Data-Management-Expert-Guide/1.-Plan/Data-in-the-social-sciences.

㉕ 关于法学实证研究中的样本选取问题，详细论述可以参见[美]汉斯·采泽尔、戴维·凯：《用数字证明——法律和诉讼中的实证方法》，黄向阳译，中国政法大学出版社2008年版，第138～160页。

㉖ 关于目前我国法学实证研究在数据(尤其是量化数据)选取和应用上的诸多困境及其克服，参见程金华：《迈向科学的法律实证研究》，载《清华法学》2018年第4期。

三、法学实证研究的规范意义

(一)实证研究要以规范研究为基础,并对解决规范问题有所助益

那么,法学实证研究与其他的社会科学研究应该有什么区别呢?或者说法学实证研究更强调什么?仅仅笼统地回答它更"关注法律现象"还不够。在笔者看来,回答这一问题的关键主要有两点:"规范基础"与"规范效果"。换言之,一方面法学实证研究要建立在规范研究基础上;另一方面它要尽可能地对规范研究有所助益。

与其他人文社会学科不同,法学专业迄今为止已经过了近千年的发展,[27]比任何近代社会科学的历史都要悠久。在漫长的历史发展中,法学学科不但积累了比其他学科多得多的专业术语,并由此筑起了高高的学科壁垒,还发展了多数其他学科不具备的方法——基于规范进行阐释和分析,进而得出具有规范效力的确定性结论的方法。我们可以看到,这种方法过程的首尾两端都强调具有规范意义,这也是法学实证研究应该注意到的问题。[28] 当然,从广义上讲,我们这里所强调的规范(norm)不仅指实在法意义上的法律规范,也指具有规范性诉求(应然性指向)的各种法律/政治理论、政策等。

法学实证研究如何做到具有规范意义?一方面,法学实证研究针对的应该是具有规范性争议的问题,比如某一个问题在如何适用法律或者法律效力认定上具有不确定性。研究者在运用实证方法研究这个问题之前,必须先运用法学传统的规范分析方法,确定其应然属性以及不确定的区间。举例来说,如果要研究"代孕合同的法律效力"问题,首先就应该梳理有关代孕的各种法律、政策等规范,从最宏观的法律原则开始,分析其语义指涉,理出其规范定位,锚定规范空白或者冲突的焦点所在。在此基础上进行的实证研究才是有针对性的法学实证研究。如果一个

㉗ 从"罗马法复兴"时代开始算起。如果从罗马法经典时代算起,时间就更长了。

㉘ 参见程金华:《当代中国的法律实证研究》,载《中国法学》2015 年第 6 期。

问题通过规范分析就能得出绝对确定的答案，那么对它进行实证研究的意义就值得怀疑。或者需要换个角度，对它背后规范本身的正当性进行研究可能才是比较好的提问题方式。

另一方面，法学实证研究的结果最好也是具有规范意义的。也就是说，它需要具有应然指向性，最好可以指导争议中的问题如何解决，虽然不一定是彻底的、具体的解决方案。这种研究的结果可以是一种具体的“差异制造事实”，它指导人们这么做就可以得到较优的结果。比如前面提到的代孕合同法律效力的问题，如果实证研究（此时可以主要表现为案例检索）表明，绝大多数在中国签订的代孕合同最终都被司法认定是无效的，那么作为法律职业人就应该将以这一事实为基础的规范性建议（比如不要在中国签订代孕合同）提供给自己的服务对象。又如关于是否应该禁止食用某种动物的立法实证研究，其结果如果是食用该动物会对公共利益造成重大损害，那么其规范性结论就应该是在立法中禁止食用该种动物。当然，实证研究的结果也可以是一种新的规范理论的建构或者趋势判断，从宏观上或者隐微的层面影响人们的行为。比如，如果有实证研究表明，在高度风险化的社会中，来自专业系统的决策往往比严密科层组织的决策更为有效，那么，作为实证研究的结果就应该指导法律实践多向专业系统赋权。

以上两点，在笔者看来，是法学实证研究不同于其他描述性社会科学研究的关键所在。换言之，理想的法学实证研究永远不要忘记自己的规范面向，要不断地游走于事实与规范之间去寻找意义，除了做“是什么”“为什么”的实然解释外，还要在“怎么办”的规范向度上提出主张。这种视角也是实证研究能够影响传统的部门法（尤其是刑法和民法）研究的必由之路。[29]

（二）立法论的实证研究与司法问题的实证研究

具有规范意义的法学实证研究主要关注的是实践中的法律（Law in Action）。因此，从法律运行过程的角度讲，它可以被大体分为立法论的

---

[29] 参见唐应茂：《法律实证研究的受众问题》，载《法学》2013 年第 4 期。

实证研究、执法的实证研究以及司法问题的实证研究,各自对应了法律运行的不同环节。其中立法论的实证研究与司法问题的实证研究是当今世界法学实证研究的主要问题领域。执法的实证研究作品虽然也会出现在重要法学期刊上,[30]但是因为它与政治学、行政管理等学科过于接近,而这些学科又在经验化、科学化方面走在了法学前面,因此对执法行为的实证研究在法学领域并不多见,甚至可以说远落后于相邻学科。立法论的实证研究在过去较为常见,其主要功能在于通过经验调研等方法为法律、法规的制定,以及政策的出台,提供科学的基础资讯,目的是让这些法律、法规、政策可以更为优化,发挥更大的功能性价值。它主要在一个国家法律体系健全和快速发展阶段比较有用武之地。比如在"二战"之后的法国,法学与实证化的社会学之间就有一段很长的"蜜月期",法学实证研究在建立更完备的法律体系过程中扮演了重要角色。[31]我国的立法论实证研究也曾在法律、政策的制定过程中起到了关键作用,很多重要政策、法规的出台都必须经过多次实证调研环节。未来的立法论实证研究需要更注重方法的科学性,避免走过场似的立法调研,以期为人大、政府等决策部门出台法律、法规、政策等行为提供更有力的支撑。

不少学生提交给笔者的论文,都说自己采用了实证研究方法,最终得出的结论往往是某某法律、法规如何进一步完善之类的。这类论文的落脚点通常也比较宏观,一般都是"提高执法人员素质""完善沟通机制""加强各部门配合""整合优势资源"等笼统的政策性建议。在笔者看来,这类论文就属于"低水平"的立法论研究。首先,他们关注的问题过于宏大和笼统,言之无物,对解决具体问题几乎没有帮助。其次,正是因为这些论文没有进行细致的实证研究,或者是方法不科学,仅仅是"拍

[30] 例如,在我国法学界,陈柏峰教授及其团队就在基层执法的实证研究方面取得了卓有成效的进展,代表性论文参见陈柏峰:《无理上访与基层法治》,载《中外法学》2011年第2期;陈柏峰:《城镇规划区违建执法困境及其解释——国家能力的视角》,载《法学研究》2015年第1期。

[31] 参见杨帆:《法国法社会学的发展与转型——兼议中国语境下的法学研究范式之争》,载《法学家》2018年第1期。

脑袋"想出一些"存在的问题",才会让本该复杂细致的结论过于简单化,提出了一些流于表面的"对策性建议"。此类论文在本科生和部分研究生中并不少见。

事实上,在法律实践当中,我们很少会遇到需要写这些宏观建议的情况。即便是在政府决策部门工作,立法论的实证研究也需要更为深入细致的调研方法,提出一些行之有效的具体建议,才能为决策带来可行性参考。立法论是法学实证研究的蓝海,但是多数人并不会从事立法相关工作。在我国法律体系不断完善的今天,㉜要通过立法解决的问题已经越来越少,更多的问题是一些微观的法律实施和法律适用的问题。因此,在笔者看来,今天的法学实证研究论文除了关注立法论外,还更应该关注司法实践当中的一些规范争议性问题。在法律体系相对成熟的国家,司法问题的实证研究一直是学术界普遍关注的重要议题。㉝ 目前主流的司法问题实证研究主要关注司法行为和司法组织。㉞ 前者是从动态的角度总结司法规律,而后者则更多的是在静态视角考察司法系统内的相互关系。当然,二者之间并不是对立的,而是彼此影响的,也往往共存于相关研究中,仅仅是侧重点不同。我国的裁判文书公开、庭审直播等举措,为司法问题的实证研究提供了非常丰沃的土壤。近年来,司法实证研究在我国学界也越来越占据了主流位置。㉟ 这些都说明,以规范问题为出发点和依归的法学实证研究正越来越多地将目光投向司法领域的具体问题,也逐渐形成了中国法学实证研究的主流问题域。

㉜ 自1979年以来,我国颁布了270余部全国人大层面的法律,涵盖国计民生的各个重要方面,其中1997年到2010年制定的法律又占了绝大多数。

㉝ 例如,在美国,司法实证研究在最近几十年经历了非常深入的发展,呈现多元而复杂的学术格局。参见田雷:《法官如何决策?——司法行为研究的文献综述》,载陈金钊、谢晖主编:《法律方法》(第8卷),山东人民出版社2009年版;王彬、刘巧巧:《法官为何如此决策?——关于法官行为策略模型的文献综述》,载陈金钊、谢晖主编:《法律方法》(第20卷),山东人民出版社2016年版。

㉞ 参见侯猛:《知识结构的塑造——当代中国司法研究的学术史考察》,载《现代法学》2019年第4期。

㉟ 参见侯猛:《知识结构的塑造——当代中国司法研究的学术史考察》,载《现代法学》2019年第4期。

四、实证研究对于提升法律职业技能的意义

最后,笔者想聊一下"法学实证研究有什么用"的问题。也许很多同学都明白了它对于写论文有一定的帮助,但这还不够。它对我们日后走上法律职业道路真的有帮助吗?简单来说,它对办案有用吗?通过以上的分析,答案已经呼之欲出。

前面我们提到了立法论的实证研究和司法的实证研究。其中立法论的实证研究对于法律职业技能的意义主要体现在对法律规范正当性的反思层面。虽然它依然比较理论化,但是在法律工作中也并非遇不到。例如,人大和政府法制工作中,经常要就某个规范性文件的合理性进行论证。此时如果能应用高质量的实证研究进行辨析,就可以发现那些具有规范意义的"差异制造事实",进而论证出一些规范细节在什么情况下是合理的,在什么情况下是不合理的。这对改变过往"靠文件治理"和"一刀切"的政府行政方式有很重要的纠偏意义,对实现"精细化治理"也有绝对正面的作用。即便是从事学术研究或者律师等法律实务工作,也经常会遇到就某个规范性文件给出专业性意见等情形,此时实证研究的应用就显得尤为必要。掌握了专业的法学实证研究技能,注意方法的科学性,摒除了各种不相干要素的干扰,不仅仅是走过场式的所谓"调研",才能够给出高质量的咨询意见,避免"拍脑袋决策"。只是在法治体系日益成熟完备的今天,立法论的实证研究应用起来可能确实没有关于司法问题的实证研究那样广泛,因为多数法律人还是要在司法机关工作,或者要面向市场提供专业服务。

司法的实证研究服务的对象首先就是司法机关工作人员——法官、检察官,或者是要成为这种职业的工作人员,可以在学习法规之外有效提高其专业技能。正如美国著名的霍姆斯大法官在《普通法》开篇所

说:“法律的生命不是逻辑,而是经验。”[36]现代司法除了仰仗实在法为自身提供规范基础外,很多时候是依靠法官本身对法律和事实的经验性理解,以及过往案件的积累来最终作出决断。虽然我国的司法体系更倾向于大陆法系传统,并没有普通法那样“过分”依赖于判例和经验的司法方法,也没有形成普通法传统中“师傅带徒弟”那种职业技能训练方式。但是这并不妨碍我国司法工作人业职业群体对既往司法经验越来越重视这一事实。作为司法权威机关的最高人民法院、最高人民检察院和各省高级人民法院、高级人民法院,也经常面向自身和下属司法机关发布指导性案例、典型案例等,目的就是将司法经验普遍化、固定化。2020年7月,最高人民法院出台的《关于统一法律适用加强类案检索的指导意见(试行)》,明确要求各级法官要在审判工作中“依托中国裁判文书网、审判案例数据库等进行类案检索”,将过往的司法经验与新案件进行对比,做到“同案同判”。[37] 而对于司法工作人员来说,获取这种司法经验的重要方法之一就是实证研究(包括案例检索)。无论是学习司法文书的写作,还是总结前人对类案的裁判尺度,都可以通过对司法判决文书、裁判行为等进行实证研究方法进行学习,进而达到事半功倍的技能提升效果。

同样的道理,在今天,如果你是一名律师,有人来向你咨询问题(比如代孕合同有没有效、某某行为是否可以要求损害赔偿)。你给他(她)的回答肯定不能是“这个法律需要进一步完善”,而是在分析法律规范的基础上总结司法规律,告诉对方在什么情况下通常可以、在什么情况下一般不可以。这样才能帮助客户作出最优选择。而在这个过程中,对于司法规律进行实证研究,显然就是一种核心技能。此时,法学实证研究的能力往往与法律职业技能中的案例检索、实地调研、给出法律意见书甚至辩护词等技能密切联系在一起,这些往往不同于我们在法学院接

---

[36] [美]小奥利弗·温德尔·霍姆斯:《普通法》,冉昊、姚中秋译,中国政法大学出版社2006年版,第1页。

[37] 参见最高人民法院:《关于统一法律适用加强类案检索的指导意见(试行)》,载最高人民法院网,http://www.court.gov.cn/fabu-xiangqing-243981.html,最后访问日期:2020年8月1日。

受的传统训练。

法科生在传统法学院接受的教育多体现为法教义学的能力教育。简单来说就是首先记住法律规范是什么,进而结合案例进行法律的适用分析,并循环往复地训练。法律职业资格考试所考察的能力也大体如此,考生们首先要对各种法律规范比较熟悉,其次可以将它们应用于解决具体案件和问题,无论其题目形式为何。这些无疑是法学这个学科千百年延续下来的基本训练模式,对于培养学生成为真正的法律人、具备法律思维(以事实为依据,以法律为准绳)具有重要意义。但在当今时代,作为一个出色的法律职业人,仅有这些技能还是不够的。他(她)还必须有出色的法律经验技能,知道在什么情况下某一类案件的司法裁判有什么样的倾向,知道如何避免或者淡化对自己不利的案件事实。除了从事司法工作长年累积外,获取"司法经验"最好的办法就是对过往判决、法官行为等进行实证研究。而这些都是除了会背法条、会做案例分析题外,法科生需要学习和掌握的技能。在法律职业市场中,法官、检察官转行成为律师往往能获得很好的待遇,成为成功律师的几率也会更高。他们的核心竞争力就在于拥有"司法经验"。而这种经验,正是我们试图通过实证研究(这里有必要回溯其英文意思——empirical study,经验研究)去获取的重要资源。

五、结语

作为重要的法学研究方法和法律职业技能提升手段的法学实证研究,越来越受到我国法学界重视。但是在具体应用过程中,作为初学者的法科生还存在一些概念上的误解、方法选择和运用的不当,以及对法学实证研究功能目标与意义上的认识偏差。本文针对这些问题,结合笔者指导相关研究的一些经验,尝试作了一定的梳理和论述。当然,这些尝试还较为初步,仅仅是针对初涉实证研究的法学学生提出的一些建议。如果学生想在法学实证研究领域有所收获,还必须在对实证研究的基本概念和功能目标有清晰认识基础上，深入细致地学习社会科学的相关方法，无论是量化研究方法还是质性研究的方法。

如前文提及，在今日美国的法学研究与法学教育中，实证研究占据了非常重要的地位。但是这种局面的形成也并非一蹴而就，其间也曾经有学界"大佬"提出一些非常重要的建议：例如，在法学院开设实证研究方法课程，鼓励雇主雇用具备法律实证研究技能的毕业生等。他们认为，唯有如此才能让法学实证研究方法的自觉成为一种学界共识。[38] 我国的法学教育和法学研究发展到今天，同样面临这样的问题。学界对于法学方法论的科学性、系统性要求越来越高，这是学科走向成熟的标志。[39] 社会科学实证研究方法在法学研究中逐渐占据核心位置，扮演关键角色，这当然也是学科发展的重要趋势。[40] 因此，无论是从法学研究的角度，还是从法律职业实践的角度，法科生都应学习和掌握实证研究方法，并自觉运用这种方法。笔者写作本文，希望在澄清诸多概念的基础上，激发法学院的学生们更多地参与到法学实证研究中，对促进相关法学教育的迭代发展做出些微贡献。

Instruction and Comments on the Empirical Legal Research for Law Students

Yang Fan

Abstract: Empirical study is an important approach for legal research. It is different from the concepts such as "legal positivism". By summing up the experience of paper supervision in the past, this paper suggests that law

---

[38] See Lee Epstein, Gary King, *The Rules of Inference*, University of Chicago Law Review 69, 2002, p. 80 – 93.

[39] 参见程金华：《当代中国的法律实证研究》，载《中国法学》2015 年第 6 期。

[40] 参见陈瑞华：《论法学研究方法》，法律出版社 2017 年版，第 283 ~ 304 页。

students should pay attention to the following common problems in legal empirical research: First, empirical research of law includes both quantitative and qualitative research, and the selection and application of methods should be scientific to avoid the endogenous problems of data. Second, different from other social science studies, empirical research of law should constantly go between facts and norms to find their significances, that is, starting from normative studies and making every effort to help to solve normative problems. As far as the application value of empirical legal research is concerned, it is not only an important method of legal research, but also of great significance for improving legal professional skills. It is an indispensable path of legal education.

Key Words: law students, empirical study, normative significance, legal professional skills

教育法制

学历认否、学制改革与民初教育行政诉讼

——1916年杨成源等诉北洋政府教育部案评析*

吴　欢** 　常　畅***

摘　要:1916年杨成源等诉北洋政府教育部案(以下简称杨成源案),是北洋政府平政院裁决的第一起"人事"类案件,也是近代中国第一起教育行政诉讼案件。该案原告虽未获胜诉,但平政院基于法定职权和治理者自觉,突破特别权力关系理论,开创性地受理并裁决该案,拓展了民初行政诉讼受案范围及其法理。平政院在该案审判程序、证据认定和事实查明等方面的做法也有可取之处。杨成源案折射出了清末民初学制改革的时代背景,是中国教育制度近代化的缩影,其中的经验教训对于治理现代化或曰现代国家建构进程中的教育制度改革不乏启示意义。

关键词:教育行政诉讼　平政院　近代学制改革

---

* 基金项目:本文系2019年度国家社科基金一般项目"民国初期平政院裁决实践中的行政法理研究"(项目编号:19BFX022)的阶段性成果。

** 吴欢,南京师范大学法学院副教授,中国法治现代化研究院研究员,法学博士。研究方向:宪法与行政法学、法律史学。

*** 常畅,南京师范大学中北学院2015级本科生。研究方向:法律史学。

在当代中国,提起教育行政诉讼案件,学界首先想到的可能是著名的田永诉北京科技大学拒绝颁发毕业证、学位证案(以下简称田永案)。① 田永案是新中国成立以来首例学生告学校的教育行政诉讼案件,对我国行政诉讼受案范围的拓展具有标志性的推进作用,不仅彰显了正当法律程序原则在行政诉讼中的法理意义,还影响了后续一系列类似案件的审理和裁判。② 我们认同田永案在新中国教育行政诉讼法制史上的重要地位,同时试图指出,在整体性的中国行政诉讼法制变迁视野中,田永案并非最早的教育行政诉讼案件。事实上,早在北洋政府时期,就已经出现了由当时最高且唯一的行政审判机构平政院③受理并裁决的一系列教育行政诉讼案件。其中的第一件,就是1916年杨成源案。④ 杨成源案堪称我国教育行政诉讼的开端,但就笔者所见,目前法律史学界抑或行政法学界几乎没有对该案展开研究,致使该案的基本史实长期以来不为人知,该案所蕴含的法理启示与治理意义更未获发掘。鉴于此,本文将立足清末民初学制改革和教育近代化的时代背景,充分利用杨成源案裁决书等一手史料,介绍杨成源案基本情况,分析该案所涉程序与实体、事实与规范、法理与治理诸问题。本文的研究,有助于透

---

① 1998年,北京科技大学学生田永提起行政诉讼,将母校起诉至法院,请求法院撤销母校对其作出的不予颁发毕业证、学位证的决定。此案在当时引起轰动,最终以田永的主要诉讼请求得到终审判决支持宣告结束。相关评析参见荣利颖:《高等教育行政诉讼的实践及其问题》,载《中国行政管理》2013年第7期。

② 在田永案判决尘埃落定的15年之后,最高人民法院公布第九批七个指导性案例,田永案位列其中,成为总第38号指导性案例。权威解读参见饶亚东、石磊:《〈田永诉北京科技大学拒绝颁发毕业证、学位证案〉的理解与参照——受教育者因学校拒发毕业证、学位证可提起行政诉讼》,载《人民司法(案例)》2016年第20期。

③ 北洋政府时期平政院制度的基本情况,参见胡建淼、吴欢:《中国行政诉讼法制百年变迁》,载《法制与社会发展》2014年第1期。

④ 杨成源案裁决书载黄源盛纂辑:《平政院裁决录存》,台北,五南图书出版股份有限公司2007年版,第901~906页。该案系《平政院裁决录存》所载第147案,也是"人事"类第一案,原题"民国五年八月三日筹边高等学校毕业生等陈诉教育部处分违法一案",今从简。下引该案裁决书文字,不再一一注明。

视民初学制改革的法律争议，也有助于深化当代行政诉讼的法理研究。

一、裁决概况与杨成源案背景

本案原告杨成源等在清宣统年间先后考入原殖边学堂，为该校甲乙丙班学生，被告是北京国民政府（北洋政府）教育部。1912 年 6 月，被告将性质相近之满蒙文高等学堂与殖边学堂合并，改设筹边高等学校，所有学生根据情况分班授课。原告就读三年先后毕业，但被告以其系由殖边学堂转学，而根据办理国民会议事务局“凡原由殖边学堂学生转学者不能认为有高等资格，于毕业时已在证书上注明”之意见，不予认定其“高等专门毕业资格”。杨成源等数次禀请教育部申请改正均遭批驳，遂于 1916 年 3 月 22 日向平政院提起行政诉讼。

北洋政府平政院批准受理杨成源案后，分由时任代理院长兼第三审判庭长张一鹏，⑤评事杨彦洁、蒋邦彦、李槼、卢弼等审理，书记官为张葆彝。期间，平政院咨行教育部提出答辩书，调取该案原卷到院。原告后“具状补举证据”，平政院又咨行教育部提出第二次答辩书。1916 年 8 月 3 日，张一鹏向大总统进呈本案裁决书称：“为审理行政诉讼，依法裁决，仰祈鉴核事。窃据筹边高等学校毕业生杨成源等陈诉，教育部不认该生等有高等专门毕业资格一案，指为处分违法，提起行政诉讼到院，分由第三庭审理，并依行政诉讼法第二十三条就书状裁决。查裁决书所具理由，教育部之处分并非违法，应予维持。除依法将裁决书缮本分别发交当事人外，所有审理并裁决本案各缘由，理合随裁决书呈报大总统鉴核备案。”呈文所附裁决书裁决理由部分则总结指出：“该生等主张已经

⑤ 张一鹏（1873～1944）：字云博，江苏吴县人。清末癸巳科（1893 年）举人，日本法政大学速成科毕业，历任清廷法部主事、京师地方检察厅厅长、吴江地方检察厅厅长、云南高等检察厅检察长等职。辛亥革命爆发后，任各省都督府代表联合会云南代表。中华民国成立后，历任江苏司法筹备处处长、江西财政厅厅长、司法部次长、代理司法部长，兼任东吴大学教授。1914～1916 年任北洋政府平政院评事兼第三庭庭长，其间两度代理院长。1927 年任国民革命军吴县临时行政委员会主席兼民政局长，旋辞任赴上海做职业律师。1944 年病逝。

取得高等专门资格之证据均系错误,教育部迭次批示根据成案覆实办理,并非违法。兹依行政诉讼法第二十三条之规定,裁决如主文",即"教育部之处分维持之",亦即认定被告否认原告高等专门学校学历资格之决定合法。据平政院裁决书整理,杨成源案争议焦点有三。一是两校合并前各自性质。平政院查证后认为"该堂系一特种专门学校,与满蒙文高等学堂本有区别"。二是两校合并后学生资格。平政院查证后认为"两堂学生程度不能齐一"早已认定,"合并后之区别办法"本已言明。三是相关铨叙例应否遵照。即原告主张该校 1911 年曾有毕业生同其他专门学校毕业生一道获得铨叙机会等,平政院查证后指出该事"系援前清学制而言,并非一称专门即为高等,铨叙局咨文亦并无'高等'字样"。总而言之,平政院认定原告并无高等专门毕业资格。当然,这里只是简要概述平政院对本案争点的基本结论,双方理由和推理过程下文还将详细分析。

杨成源案的核心议题是所谓"高等专门毕业资格"对于原告应予承认还是否认,或曰学历认否问题。这在当代中国近似于学位证毕业证之颁授与否问题,放在传统中国则是学业出路和仕途出身问题。杨成源等入学在前清,毕业在民初,理解该案是非曲直,须以清末民初治理秩序转型中的教育改革为大背景。

在"学而优则仕"被广为信奉和科举制延绵千年的传统中国,学业与仕途密切相关,学历出身直接影响读书人仕途前景。⑥ 孙中山在《五权宪法》即谓:"从前中国的官吏,凡经过考试出身的人,便算是正途,不是考试出身的人,不能算是正途。"⑦截至 1906 年被正式废除,科举制在长时间内为文化精英提供了可期的进身之阶和有序的参政通道,实为传统中国治理秩序中重要的构成性宪制。⑧ 但 1840 年以降,随着清廷国门洞开,科举取士之道日渐无法满足办理洋务之需,总理衙门和部分督抚开始设立学习西文西艺的新式学校,其代表者如 1862 年设立的京师同

---

⑥ 参见罗安宪:《"学而优则仕"辨》,载《中国哲学史》2005 年第 3 期。

⑦ 孙中山:《五权宪法》,载《孙中山全集》(第 2 卷),中华书局 1982 年版,第 364 页。

⑧ 参见苏力:《精英政治与政治参与》,载《中国法学》2013 年第 5 期。

文馆和1866年创办的福州船政学堂，由此引发教育近代化变革，并形成新的选官机制，即参照科举出身制度选任洋务学堂培养的专门人才，以充实各类新式衙门与实业机构。有论者指出，近代中国教育变革系以实业教育或职业教育为要务，进而以维新变法中创办京师大学堂为标志拓展至普通高等教育，再延伸至新式/西式中小学教育诸领域。⑨ 据不完全统计，从京师同文馆创办到维新教育改革，再到宣统元年(1909年)的四十多年时间里，清廷兴办了各类专业学校680余所，主要分为外语学堂、武备学堂、实业学堂和师范学堂。⑩ 其中就包括杨成源案原告就读的殖边学堂，以及与之性质相近的满蒙文高等学堂。殖边学堂系于清末新政时期的1909年，由开明蒙古王公那彦图等极力倡设，近代教育家范源濂等义务管理，以从速培养边疆开发人才为宗旨。因许诺对学生毕业后"优给出身"，甫一设立即报名踊跃，开办初期进展顺利。但限于公立官助性质，时常经费无着，还面临藏文师资难寻、学生畏难等困扰，尤其因未纳入清廷学制系统，直接影响日常教学并间接制约长远发展。⑪ 这也是清末新式教育发展困境的一个缩影，其中暴露的学生出路问题更是关键。起初清廷央地尚能顶住旧式官僚集团压力，对新式人才妥为安排。殖边学堂虽开办较晚，但因符合清廷急需，内阁曾拟给予学生出身官阶，发交驻藏大臣、外蒙古办事大臣等处分别差遣委用，并以"边地需才孔殷，主张殖边学堂学额再加扩充"。⑫ 但随着新式教育迅猛发展，速成专科越办越短，毕业文凭越颁越滥，毕业人数越来越多，各类公派或自费留学归国人才数量也与日俱增，到后面则不免人多岗位少，文凭不断贬值。⑬ 当然，对身在局中者而言，高等文凭即便贬值也是须臾不可放弃。政权交替后，北洋政府逐步更新学制、调整院系、改革教育，原本仅

⑨ 参见荀渊、谢安邦：《中国高等教育从传统向现代的转型》，载《高等教育研究》2010年第6期。

⑩ 参见王川：《论清末民初中国现代学制构建的类型与路径——兼论我国现代职业教育制度的选择》，载《职教论坛》2017年第34期。

⑪ 参见杨思机：《清末民初北京"殖边学堂"及其影响》，载《民族研究》2017年第1期。

⑫ 《理藩部议位置殖边学生》，载《顺天时报》1911年7月8日，第3版。

⑬ 参见孙家红：《欲速则不达——清末法政速成教育之反思》，载《社会科学论坛》2019年第4期。

系速成学校性质的殖边学堂,辗转成为名头颇大的筹边高等学校,而新学制下仍有按学历高低铨叙给奖之规则与实践。[14] 故杨成源等以为失之于大清者,或可得于之民国,遂自认具有“高等专门毕业资格”,乃至提起行政诉讼。

二、受案范围与诉讼程序

杨成源案牵涉的实体性问题固然重要,但在展开讨论之前,有必要解释该案何以被开创性地纳入平政院受案范围且被归入“人事”类?须知,被当代中国学人津津乐道,认为突破人事处理行为或曰内部管理行为不可诉规则的田永案,直到 1998 年才出现,且在 2014 年才成为最高人民法院指导性案例第 38 号。[15] 同样以学历认否为核心议题(尽管结果不同),杨成源案何以能领先田永案近百年进入行政审判?平政院在裁决书中并未解释理由,原告被告也未就此置词,似乎是理所当然,但其所以然值得深究。

论者多将当代中国人事处理行为不可诉规则的学理依据归结为特别权力关系理论。[16] 在德日行政法传统中,特别权力关系是为实现特别行政目的、依法律直接规定或当事人自主同意而发生、相对人居于特别从属地位的一种概括性的支配权关系,主要类型如国家与公务员之间的公法勤务关系、学校与学生之间的公营造物利用关系、国家与煤电等特许企业之间的特别监督关系和公共团体与团体成员之间的公法组合关系。特别权力关系下的内部管理行为无须直接法律授权,发生争议不适

---

[14] 参见武乾:《论北洋政府的文官制度》,载《法商研究(中南政治学院学报)》1999 年第 2 期。

[15] 参见湛中乐:《司法对高校管理行为的审查——田永诉北京科技大学案评析》,载《中国法律评论》2019 年第 2 期。

[16] 参见杨临宏:《特别权力关系理论研究》,载《法学论坛》2001 年第 4 期。

用诉讼救济。[17] 尽管随着时代发展，特别权力关系理论因明显违背法治原则而在德日不断遭受批判乃至被摒弃，当代中国人事处理行为不可诉规则也有其深层次法政逻辑；但至少在近代史上，该理论仍属于德日行政法通说。不宁唯是，通过美浓部达吉、冈田朝太郎、织田万等日本学者的中译著作或来华讲学，特别权力关系理论已然进入蹒跚起步的近代中国行政法学知识体系，彼时一纸风行的熊氏《京师法律学堂笔记》中即有体现。[18] 于是问题就更加有趣：在特别权力关系理论尚属通说且更近原旨的民初中国，平政院何以能开创性受理杨成源案？尤其是，平政院还在此后十余年接连受理22起人事类案件，涉及学生告教育部、公务员告部委、寺庙住持诉内务部等类型。[19]

综合民初行政诉讼实定法框架及其法理，可对前述问题作如下解读与解释。首先，平政院受案范围系概括主义，并未排除人事争讼案件。作为近代中国行政诉讼法制滥觞的1906年清廷《行政裁判院官制草案》，曾在受案范围上采用列举主义，即限于特旨饬交、租税公费、水利土木、准否营业等案类。在1914年《平政院编制令》和《行政诉讼法》框架下，平政院受案以人民不服行政官署违法处分为基准。[20] 其次，平政院审判庭享有法令解释权，可自主决定受理与否。概括主义并不必然意味着突破通说，受案无边。事实上，在杨成源案之后不久的祝书元等诉内务部案中，被告就主张平政院无权受理且拒绝答辩，平政院则以“至原告所指之违背各法是否可信本院届时自有弃取之权，不必由实行官署事先预存疑虑”，“贵部一再来咨不愿答辩是为被告官署自行抛弃答辩之权利”，“行政诉讼法令之解释自系本院职权，且法文明确，并无是法非法

[17] 参见胡建淼：《“特别权力关系”理论与中国的行政立法——以〈行政诉讼法〉、〈国家公务员法〉为例》，载《中国法学》2005年第5期。

[18] 参见吴小龙、王族臻：《特别权力关系理论与我国的“引进”》，载《法学》2005年第4期。

[19] 参见黄源盛纂辑：《平政院裁决录存》，台北，五南图书出版股份有限公司2007年版，第901～1004页。

[20] 参见吴欢：《清末民初行政诉讼法制中的“民告官”传统遗存》，载《北方法学》2014年第2期。

之争”作强势回应并缺席审判,作出取消裁决,其后虽经波折但终成定案。㉑ 祝书元等诉内务部案固有其政争背景,但平政院“自定权限”之说着实有据,因为1914年《平政院处务规则》第25条规定,平政院长有权就各庭“解释法令之错误”等情事“为适当之指告”。最后,民初行政法理尚显粗疏,平政院实有发明法理、助力治理之自觉实践。㉒ 民初的行政处分学理与实定法框架较为陈旧,同时行政权又广泛干预社会经济生活,对公民权利影响十分重大。在这一法律规范与行政实践相脱节、不匹配、有差距的现实面前,平政院法政人在大量受理常规行政处分案件的同时,将人事处分、行政命令、行政契约、私法行为、自治行政等行为超前性地纳入救济渠道,不仅大大拓展了行政诉讼受案范围,也在一定程度上发展了民初行政处分的学理框架。这一举措是平政院法政人治理者自觉意识的体现,不仅有助于公民权利保障,也有助于型塑民初国家治理秩序。㉓ 此外,平政院以直隶于大总统之超然地位而行使最高且唯一的行政审判权,其在民初治理机构体系中的定位颇近似于法国最高行政法院,而后者可以包揽对一切行政争议的审理,不区分内部与外部、一般与特别,故平政院受理杨成源等案或许也有效法“行政法母国”之意。㉔

除了受案范围,杨成源案其他诉讼程序也可在此简要述及。就起诉程序而言,原告所争执者系高等专门毕业资格,涉及后续铨叙任官等人事安排,属于彼时教育部职权,故不必经过诉愿,而由平政院直接受理起诉。就起诉形式而言,杨成源等提交诉状并补举证据,被告亦先后两次

㉑ 参见张超:《政治和法律的互动——孙洪伊与1916年平政院受理的内务部停职案》,载《北京社会科学》2014年第8期。此后的1917年1月,大总统黎元洪曾发布《限制平政院受理行政诉讼范围令》,遭到代理院长张一鹏等据理力争,遂重新发布训令收回成命。参见赵勇:《民国北京政府行政诉讼制度研究——基于平政院裁决书的分析》,西南政法大学行政法学院2012年博士学位论文,第78~79页。

㉒ 参见吴欢:《允协情法:民初行政诉讼中的审判技艺——以〈平政院裁决录存〉为素材的考察》,载《政法论坛》2021年第1期。

㉓ 参见吴欢:《论民初平政院的治理权能与角色》,载《江苏社会科学》2018年第4期。

㉔ 参见吴欢:《兼收并蓄——比较视野中的民初平政院》,载李曙光主编:《法大研究生》2018年第1辑,中国政法大学出版社2017年版,第48~60页。

答辩。就审理形式而言,民初行政审判依法本系以言审为原则,书状审为例外,但实践中因案多人少,实则颠倒过来,杨成源案即就书状审理,故平政院裁决理由中予以特别说明。就裁决程序而言,平政院除依时限裁决,还专文呈报大总统鉴核备案,以促执行。㉕ 总体而言,杨成源案诉讼程序符合民初相关实定法规定,体现了平政院对程序正义的坚守。

三、证据认定与事实查明

在杨成源案裁决理由中,平政院并未引述彼时相关立法,而是"据上列事实"径行判断,故杨成源案中的证据认定与事实查明问题,似可进一步分析,以发现平政院的裁判逻辑,进而为揭示其治理考量预作铺垫。

民初行政诉讼证据相关立法及其法理总体较为简陋。1914 年《行政诉讼法》第 15 条规定:"行政诉讼之诉状应载明左列各款,由原告或代理人署名签押:……(四)证据……有证据书状者需添具缮本……"第 24 条规定:"原告、被告或参加人于对审或莅庭时,得补正已提出之书状或另举证据。"第 25 条规定:"原告、被告或参加人所提出之证据外,庭长认为必要时,得传证人或鉴定人证明或鉴定之。"第 28 条规定:"平政院得派遣评事或属托司法官署、行政官署调查证据。"㉖这些条文涉及证据提交、举证期限、质证查证、自行取证等内容。平政院裁决实践中的诉讼证据主要包括书证、物证、证人证言、鉴定结论、当事人陈诉及勘查记录等类型。由于行政诉讼证据立法与法理尚不健全,1914 年《平政院处务规则》第 8 条规定了行政诉讼可参用民事诉讼证据规则。㉗ 因此,民初行政审判实践中并未确立类似今日之举证责任倒置规则,而是参用民事诉讼"谁主张,谁举证"规则,这使得行政诉讼原告亦须承担举证不能的

㉕ 参见吴欢:《民初行政审判实践中的"民告官"底色——以〈平政院裁决录存〉为素材的考察》,载《北方法学》2019 年第 1 期。

㉖ 参见黄源盛纂辑:《平政院裁决录存》,台北,五南图书出版股份有限公司 2007 年版,第 1289 ~ 1293 页。

㉗ 参见武乾:《论北洋政府的行政诉讼制度》,载《中国法学》1999 年第 5 期。

败诉后果。换言之,原告须提出其所主张为合法及所受行政处分系违法的证据,被告亦须提供所能证明其行政处分合法的证据,最终由平政院查证认证。此外,由于时代局限性,民初行政诉讼相关实定法并未确立证据采信或排除规则,因而在裁决实践中,平政院是否采纳各方证据,在很大程度上取决于审判庭的自主裁量。㉘

就举证程序而言,杨成源案原告先具状陈诉又补充证据,被告也进行两次答辩举证,平政院还依职权实施了查证活动,基本符合前述实定法框架。就事实查明而言,平政院根据原告陈诉与被告答辩,将本案待证事实按时序分为三点。一是两校合并前之事实。原告主张"合并效力应追及于合并以前,教育部追论合并以前两堂程度如何,实佚出本案问题范围以外",被告则称"两校科目程度、修业年限各不相同,均经报明前学部有案"。平政院卷查1909年春《殖边学堂章程》、1910年4月满蒙文高等学堂咨学部文、1911年6月学部咨理藩院文等,认定在两校合并前,殖边学堂"系一特种专门学校,与满蒙文高等学堂本有区别,该堂学生即不能与满蒙文学生具有同一之高等专门资格"。二是两校合并时之事实。原告称"当时合并原案,既未限定何项学生将来不能有高等资格",故其应享有高等专门资格。被告则称两校合并"校名虽有变而办法依然照旧"。平政院卷查1912年6月教育部咨筹边高等学校文,认定教育部所谓照旧办理办法业经该校校长公开告示,则"两堂学生程度不能齐一"也是事实。三是两校合并后之事实。原告称两校既然合并且承接此前班级序列,则他们的高等资格应与原满蒙文学堂学生及新的丁戊班学生相同。被告则称原两校学生和后续丁戊班学生实有三种入学程度,毕业资格自然不能相提并论。平政院卷查1912年6月教育部咨筹边高等学校两文,认定毕业文凭载明原就读信息正为表明资格差异,班级序列仅系形式,"与实际之资格问题渺不相涉",且"区别办法教育部本已言明至各该班毕业为止"。原告后"具状补举证据",提出殖边学堂和法律学堂分别有学生获被告咨送铨叙局录用的事例,欲证明自身享有

㉘ 参见吴欢:《融贯中西:民初行政审判中的规则适用——以〈平政院裁决录存〉为中心的考察》,载《法商研究》2017年第4期。

高等资格确定无疑，被告则分别解释并强调“未可援以为例”。平政院经查证认为被告解释符合卷宗。最后，平政院认定，原告主张所依证据“均系错误”，被告“根据成案覆实办理，并未违法”。

平心而论，杨成源案待证事实较为清晰明确，原告以较低程度入学，自不能以高等资格毕业，被告区别对待不同学生，近似当下人事改革中常见的“老人老办法，新人新办法”。[29] 也正如此，原告诉状中更多是表达观点而非陈述事实，其所论虽符合法人合并则概括承受之一般法理，但不符合本案既定方案，其所举证据也未获平政院采信。被告所举证据则较多且证明力较强，包括学堂章程、前清成案、本部公文等，彼此之间也能相互印证，对己方主张支持有力。至于平政院查卷所涉证据，与被告所举基本相同，但也有校长告示等新证据。就此而言，平政院对杨成源案证据认定和事实查明并无大的问题。但不得不指出的是，平政院在杨成源案和其他类似案件证据认定中，较多地依靠和采信既有成案和卷宗，这就导致对被告证据的审查相对不够。而成案和卷宗多藏之府库，一般人难以查阅获悉，这就导致原、被告举证能力不对等。[30] 事实上，1911 年 12 月，覆亡前的清廷学部曾核定殖边学堂属于实业学堂，开办程度是高等正科，毕业生照法政科给奖。[31] 但此番核定决策在杨成源案原、被告陈述答辩和平政院查证认证中均未提及，直到 1931 年才由南京国民政府教育部翻检前清学务档案，确认两校俱属高等学堂。[32] 当然，这并不影响殖边学堂本来性质，也可通过解释说理加以否认。但因平政院享有较大证据裁量权，实践中较少阐明认证认否理由，本案原告所谓“法律学堂学生已得别科奖励”情形，也未获平政院回应。当然，这些弊端之所以存在，主要还是因为彼时证据制度及其法理不够健全，不可苛责于平政院。

---

[29] 参见赵振宇：《事业单位人事制度改革“老人老办法”解读》，载《人力资源管理》2010 年第 8 期。

[30] 参见袁春兰、陈绍鹏：《平政院审理庙产纠纷评析——以〈平政院裁决录存〉为依据的考察》，载《西南政法大学学报》2016 年第 3 期。

[31] 参见杨思机：《清末民初北京“殖边学堂”及其影响》，载《民族研究》2017 年第 1 期。

[32] 参见《前清学部立案之各省高等学堂》，载《申报》1931 年 7 月 31 日，第 3 版。

四、部案沿革与学制改革

在杨成源案裁决书中,原告援引“合并原案”主张自身高等资格,被告也曾将两校区别办法“报明学部有案”,平政院裁决理由则说“可就成案证明者有三”,可见前清学部成案和被告并校方案在杨成源案裁决和行政实务中的重要性。[33] 不宁唯是,杨成源案所涉清末民初部案沿革,还是管窥近代中国学制改革的重要切入点。

结合杨成源案裁决和相关史料,可大致厘清相关部案沿革情况。在合并之前的宣统年间,“两校科目程度、修业年限各不相同”。由 1909 年理藩部《殖边学堂章程》可知,该校学制仅为 2 年,且不在学部学制体系。1908 年学部奏设的满蒙文高等学堂则要求预科 2 年毕业、正科 3 年毕业、别科 3 年毕业,预科毕业后始得升入正科。虽然 1911 年理藩部曾以甲班学生程度较优,拟会商学部按高等给奖,[34]但学部咨复指出“殖边学堂所定学科年限与满蒙文高等学堂不同,自不能照高等学堂给奖”。在合并之际的 1912 年 6 月,被告咨复筹边高等学校强调“两校性质甚属相近,拟即合并办理;倘因两校学生程度及科目不能一致,未便并班教授,无妨照旧办理至各该班毕业为止”。关于合并之后的安排,该咨文亦指出“两校学生程度、科目均不一致,将来毕业文凭自应分别标明原系何堂、何班、肄业几年、习何课目,均行一一详列,于合并之内仍寓区分”,被告同月另咨文强调“以后新生入学再按新章招考”。这充分表明被告并校方案继承了前清学部成案,“新旧两案始终一致”,两校合并实乃形合神不合,纯系过渡安排。事实上,就在两年后的 1914 年 4 月,被告又以“筹边学校不在教育部学校令范围”为由,将其并归 1912 年成立的北京法政专门学校(京师财政学堂、京师法律学堂、京师法政学堂合并而成),“未毕业学生一律转送”,“仍照从前功课继续讲授,办至毕业”。可

---

[33] 参见关志国:《清代行政成案初探》,载《苏州大学学报(法学版)》2017 年第 2 期。

[34] 参见《殖边学堂甲班毕业之希望》,载《大公报》1911 年 8 月 12 日,第 4 张。

见此次合并仍遵循新老有别的思路，系杨成源案所涉部案之后续。原告续诉状谓“被告将该校甲班毕业生与各专门学校毕业生汇案咨送铨叙局”，“法律学堂学生已得别科奖励”，被告二次答辩谓“法律学堂系仿照大学法科办理”，其中的“专门学校”和“专校”即指北京法政专门学校，“法律学堂”则是该校成立之际并入的三个前身之一，㉟这也无怪乎原告引以为铁证实锤。

值得留心的是，北京法政专门学校后于1923年升格为北京法政大学，1927年同北京大学、北京师范大学、国立北洋大学等合并组建松散联邦性质的北平大学。1928年合并各校纷纷退出，仅剩原北京法政大学支撑名号，至1937年北平大学参与组建西安临时大学（西北联大）。㊱抗战胜利后，西北联大解散，北平大学恢复，最后并入北京大学。又及，北京法政专门学校前身中的京师法律学堂和京师法政学堂，系1906年由京师法律馆和京师进士馆改名而来，而在1903年二者分别是京师大学堂速成科仕学观和京师大学堂预备政科，再往前追溯就是1898年京师大学堂。㊲ 于是乎，从殖边学堂的前清成案，中经北京政法专门学校，下可延至当今北大，上可溯至京师大学堂，枝枝蔓蔓几乎牵扯近代百年所有大学，着实令人脑洞大开，但也恰好透视出清末民初学制改革之深远影响。

高等教育在国民教育体系中具有标杆性地位。清末民初的教育现代化虽始自中等性质之实业教育，但以“四大学制”为代表的历次顶层制度设计，仍以搭建高等教育框架、建立国民教育体系为先导。㊳ 具体而言，1902年清廷颁布《钦定学堂章程》（又称“壬寅学制”），将国民教育分为初等、中等、高等三阶段，对应不同层次实业教育，还给予各级学

㉟ 参见李闯：《清末京师法律学堂创办始末》，载《北京档案》2020年第5期。

㊱ 参见杨云霞：《西北联大法学教育与陕西近代法制教育的初创》，载《西北工业大学学报（社会科学版）》2014年第2期。

㊲ 参见何勤华：《中国近代法律教育与中国近代法学》，载《法学》2003年第12期。

㊳ 参见王川：《论清末民初中国现代学制构建的类型与路径———兼论我国现代职业教育制度的选择》，载《职教论坛》2017年第34期。

堂毕业生以各等科举出身。[39] 该学制虽未施行,但却为杨成源案高等资格之争埋下伏笔。1904年清廷颁布张之洞等人起草的《奏定学堂章程》(又称“癸卯学制”),将学制主系列分为初等、中等、高等三段七级,主系列之外还有师范学堂和实业学堂等。[40] 杨成源案中殖边学堂系理藩部主管,不在“癸卯学制”体系之内,故有学生出路之忧;原告引以为参照的法律学堂和专门学校,则属于“前清学制”中的高等学堂。辛亥革命后的1912~1913年,北洋政府教育部先后颁布各种学校规程,统称“壬子癸丑学制”,将普通学制分为初等、中等、高等三段四级,其中高等教育分大学和专门学校,另有师范教育和实业教育两系统。该学制以改学堂为学校、废除尊孔读经、取消出身奖励、明确男女平等为特色,还颁布《大学令》等法令规范各级各类学校目的任务、课程设置、学校设备等。[41] 杨成源案裁决书所见两堂合并成立筹边学校、法律学堂仿照大学法科、原告毕业难获资格奖励等,均系癸丑学制的影响。至于1922~1951年施行的壬戌学制,因与本案关系不大,姑且存而不论。概括而言,清末民初学制选择及其实践表现,系根源于彼时教育救国、实业救国、改革救国的紧迫需求与学而优则仕、万般皆下品、清流尚空谈的强大惯性之间的张力运动,[42]而杨成源案及其前因后果,则为此番张力运动的一个缩影与注脚。

杨成源等或可谓改革的失意者,但其所以争执不休,除了求仕之心,也许还因为被告在涉案言行上与案外风波中态度暧昧反复。就涉案言行而言,教育部虽然被平政院裁决并未违法,但其既在并校时表示“一切办法均与部辖其他学校相同”,又在两年后称“筹边学校不在教育部学校令范围”,[43]则不免让相关师生认为前后不一,进而各取所需。面对原

---

[39] 参见金林祥:《中国学制近代化论略》,载《教育评论》1996年第1期。

[40] 参见钱广福:《清末学制改革中〈壬寅学制〉与〈癸卯学制〉之比较》,载《怀化学院学报》2009年第10期。

[41] 参见骆威:《“壬子癸丑”学制与民国初年高等教育立法评述》,载《西安电子科技大学学报(社会科学版)》2013年第5期。

[42] 参见周谷平:《我国近代学制改革的启示》,载《课程·教材·教法》1997年第2期。

[43] 参见《教育部行政纪要》(丙编),载沈云龙主编:《近代中国史料丛刊》(第三编第10辑),台北,文海出版社有限公司1985年版,第19页。

告所称专门学校和法律学堂学生均获铨叙奖励，被告回应前者系援引前清学制，“并非一称专门即为高等，铨叙局‘咨文’亦并无高等字样”，后者系仿照大学法科，“各科程度核与现在专校相当”。这种近似文字游戏的解释，也会令原告觉得厚此薄彼。故按旧部案与新学制，殖边学堂确实不在高等之列，但教育部的言行亦实有可商之处，好在平政院但论其根本，未予深究。不宁唯是，早在1912年的中央学会选举中，教育部就曾因认否殖边学堂等校毕业生高等资格而引发风波。㊹ 1912年11月29日北洋政府公布《中央学会法》，拟选举成立中央最高研究机构，在国内外大学或高等专门学校三年以上毕业者有互选资格。各校毕业生多将此资格视作政治身份而志在必得，但教育部选举细则并未对“高等专门”作出限定，疑心被否认资格的北京法政各校、原满蒙文高等学堂和殖边学堂等校毕业生则一再上书陈情，其中也许还有杨成源等。教育部遂解释称：“高等以程度而言，专门以性质而言，三年毕业以年限言。此三条件必须具备，缺一不可”，其中高等标准“以中学毕业或有中学毕业程度始准入学而言”。因满蒙文高等学堂毕业生系提前毕业，学习时间并不达标；殖边学堂是清末应时势需要施行的一种特殊教育，不在《专门学校令》范围；两者“所谓高等，不过前清推崇之词，与实际不符”；法律学堂和法政学堂毕业生的入学要求也不合标准。㊺ 各校学生当然不服，直欲提起行政诉讼，因有人说项及平政院尚未建立而作罢。但时任教育总长稍后却徇私认定不合标准的他校毕业生资格，遂引发更大抗议，甚至发生武力冲突，最终以总长辞职、学会“流产”而收场。此番案外风波中，教育部处置应对着实失当，且与杨成源案答辩书口径不一，当可谓杨成源案之近切诱因，也再度表明近代学制改革的艰难复杂。

杨成源案相关细节大抵分析完毕，但在这场因改革而起、为资格而争的经年诉讼中，尤其值得令人深思的，其实并非裁决本身，而是那彦图等倡设殖边学堂的筹边初心。申言之，为应对列强侵略和国内剧变，晚

㊹ 详情参见严昌洪、杨华山：《民初“中央学会”的筹设与夭折》，载《近代史研究》1995年第6期。

㊺ 参见中华民国《政府公报》第331号，1913年4月8日，第10页。

清政府开始重视疆、蒙、藏等边地治理,“塞防”与“海防”、边政与洋务甚至一度分庭抗礼。[46] 清末新政时期,短期内培养更多新式治边人才,成为边疆开发的客观要求和朝野上下的育才共识。[47] 开明蒙古王公那彦图等“故集资成立‘殖边学堂’,就蒙藏古今沿革情势,利害关系,编为讲义,并授以农、工、商各实业大意,使朝廷知道蒙藏有极大利源,应从速相机规划。因属特别办法,不在学部《奏定学堂章程》系统,将来毕业生奖励并无专条规定,呈请理藩部专核学行,优给文凭,酌量奏予奖励,或归部录用,或由沿边将军、大臣、督抚调用”。[48] 虽然不在学部体系之内,办学经费时有时无,但殖边学堂学生着实被寄予厚望。在首次开学典礼上,理藩部侍郎达寿莅临并演讲称“总期今日所学,即为异日办事之基础。造就一人,即收一人之用”。那彦图亦指出,中国既有广大领土和人民,就必须通过统一文字、言语、教化、风俗,建立一个大国家;中国行省偏于东南近海,内外蒙古、新疆、青海、西藏则土地广阔,数倍于其他行省,天然环卫其外,强敌环伺,如果自己不努力,将由外人代替;现代方法是以“教”改良风俗,以“养”孳息种族,以“捍卫”消除祸患,以“连络”结其腹心;财用不足,则通过屯垦、开矿、畜牧,使之富有;交易不便,则通过邮政、银行、铁路,使之通达;以上数端,言之甚易,行之甚难;诸生应有赵国李牧、汉朝班超经营西域的能耐,不能随众俯仰,仅思博一毕业文凭为“出身地”。[49] 百余年后,“一带一路”建设如火如荼,边疆民族研究日益重要,重览如此苦心孤诣,士人君子能不深有感动乎?当然,百年前端坐听讲的杨成源等,究竟是何感受,着实不得而知。

---

[46] 参见刘新华、秦仪:《略论晚清的海防塞防之争——以地缘政治的角度来考察》,载《福建论坛(人文社会科学版)》2003 年第 5 期。

[47] 参见杨思机:《清末民初北京“殖边学堂”及其影响》,载《民族研究》2017 年第 1 期。

[48] 《理藩部代奏蒙藩王公等创建殖边学堂折》,载朱有瓛主编:《中国近代学制史料》(第二辑·下册),华东师范大学出版社 1989 年版,第 835~836 页。

[49] 参见《那亲王博贝子莅殖边学堂演说》,载撷华书局编:《宣统己酉大政记》(第十五册),沈云龙主编:《近代中国史料丛刊》(续编第 25 辑),台北,文海出版社有限公司 1975 年版,第 1468~1470 页。

五、杨成源案的启示意义

百年大计,教育为本。杨成源案是近代中国第一起人事行政诉讼案件,也是近代中国学制改革的生动缩影,具有重要启示意义。

首先,笔者认为,研究包括杨成源案在内的平政院裁决实践,除了意在还原行政法史本身,更重要的使命是以现实的眼光洞察其中的行政法理,进而助力当代中国法治建设。[50] 平政院基于法定职权和治理者自觉,突破特别权力关系理论,开创性地受理并裁决杨成源案,从而拓展了民初行政诉讼受案范围及其法理。对照而言,1998 年的田永案虽然突破了教育行政诉讼的禁区,但公务员告行政机关的行政诉讼仍被现行《行政诉讼法》明文否定。故如欲进一步拓展当代中国行政诉讼受案范围,杨成源案中平政院的担当作为值得深思。

其次,平政院在杨成源案证据认定和事实查明中,既遵循和发展了相关实定法框架,又存在过于依靠行政案卷和证据认否说理不足等弊端。这当然是不可苛责的时代局限性,但时至今日,在当代中国三大诉讼证据规则体系中,行政诉讼证据规则体系仍是最薄弱的,行政审判实践中的证据说理也不尽如人意。2018 年最高人民法院出台《关于加强和规范裁判文书释法说理的指导意见》,旨在进一步加强和规范人民法院裁判文书释法说理工作,提高释法说理水平和裁判文书质量。这表明,为了实现从"看得见的正义"到"说得出的正义"的转变,建立健全行政诉讼证据规则以及深化其法理研究与应用任重而道远。[51]

最后,教育制度改革关系国家治理秩序甚巨,既要求整体顶层设计科学合理又要求个案处置应对妥善得当。清末民初学制改革限于时势

---

[50] 参见吴欢:《迈向行政法理:中国行政法史研究与教学基本问题刍议》,载刘艳红主编:《东南法学》(2019 年秋季卷),社会科学文献出版社 2020 年版。

[51] 参见雷磊:《从"看得见的正义"到"说得出的正义"——基于最高人民法院〈关于加强和规范裁判文书释法说理的指导意见〉的解读与反思》,载《法学》2019 年第 1 期。

多有缺憾,例如,杨成源案所涉及的殖边学堂,本系开发边疆、革新边政的重要举措,时至今日都难以掩盖主其事者的远见卓识,但因为彼时教育主管机关经费不足、政策不畅乃至认识不足等,竟然兜兜转转最终停办,何其可惜也。当代中国的教育制度改革,包括学校设置配备、政策法规导向和人才培养目标等,实有必要从殖边学堂之个案中充分吸取经验教训,既要着眼于具体规章制度,更要服务于治理现代化或曰现代国家建构的总目标,审慎考量各方利益,最大限度减少改革阻力。

On the Dispute on Educational Background, Reform in School System and Educational Administrative Litigation Filed in the Early Years of the Republic of China

—An Analysis of Yang Chengyuan et al. v. the Ministry of Education under Beiyang Government in 1916

Wu Huan Chang Chang

Abstract: Yang Chengyuan et al. v. the Ministry of Education under the Beiyang Government in 1916 was the first personnel related case ruled by the Administrative Appellate Court (Ping Zheng Yuan) under the Beiyang Government, which was also the first educational administrative litigation in modern China. Although the plaintiff did not win the litigation, the Administrative Appellate Court had broken through the theory on special power relation and it had also been innovative in handling and deciding a judgment on the case based on its legitimate authority and spontaneity of the "governing party", which had expanded the scope of acceptable administrative lawsuits and its jurisprudence in the early time of the Republic of China. The Administrative Appellate Court also served a very active role in those aspects of the case, including the judicial procedure, evidence verification and facts-finding. The Yang Chengyuan Case reflected the historical background of the reform in the school system, which took place at the late Qing Dynasty and the early Republic of China, and hence it is considered as a microcosm of the modernization of the education system in China. The experience and lessons from the case may give us some enlightenment in terms of either the modernized governance or the reform in education system in the process of constructing a modern country.

Key Words: educational administrative litigation, administrative appellate court, modern reform in the school systems, modernization of governance, administrative jurisprudence

中外合作办学机构的办学自主权及其法律规制*

李　威**

摘　要：作为高等教育的第三种办学模式，从现有办学活动和法律规范来看，中外合作办学机构作为独立法人享有独立自主招生、相对自主的教育教学权、依办学协议和章程自主管理、独立法人财产权、独立学位授予权、灵活外事权等六个方面的办学自主权。办学自主权的立法价值应当坚持以经验共享为导向，处理好自主办学和主权维护的关系、规范办学与促进发展的关系，以一种积极开放的人文交流实践模式推动教育创新和改革。围绕办学质量提升和教育主权维护，中外合作办学机构应当从遵守办学协议和合同、细化不低于外方办学标准、落实信息公开制度等三方面规范其办学活动。

关键词：中外合作办学　办学自主权　独立法人　法律规制

---

* 基金项目：2018年中央高校基本科研业务费专项资金资助"后发型高等教育的模式探索：基于中国的经验"（项目编号：2019TS052）。

** 李威，陕西师范大学教育学院博士研究生。研究方向：教育政策与法规。

中外合作办学机构作为中国教育事业的重要组成部分，是独立于公办院校和民办院校的第三种类型的办学模式，拥有着不同的组织架构、独立的办学权利和特殊的监管体系。具体来说，中外合作办学机构分为法人办学和非法人办学，相对而言，法人办学从筹办到运营都有着不同的程序和条件，也拥有更为独立的办学权利，因此，中外合作办学机构的办学自主权更多是针对法人办学机构的。① 目前，具有法人资格的中外合作办学机构除了拥有我国教育法律所规定的一系列办学权利外，主要还包括独立的招生权、依章程独立管理权、相对自主的教育教学权、自主开展外事活动权、独立的学位授予权、独立的法人财产权等六个方面的内容。

同时，教育作为一种公益事业，国家必须保证教育的公共属性，这就要求政府必须对教育事业进行监管，中外合作办学机构亦不例外。另外，中外合作办学属于国家教育权的让渡，为维护我国教育主权和师生合法权益，国家必须介入中外合作办学机构的办学活动当中。从中外合作办学机构办学自主权的六个方面来看，招生、教育教学、内部管理体制、学历学位颁发、学校收费及资产等方面都应当受到我国法律的规制。

一、以独立法人为特征的中外合作办学机构的办学自主权

从中外合作办学机构的办学实践来看，中外合作办学机构除了我国公立高校和民办高校所拥有的办学自主权外，还拥有独立自主招生、依章程独立管理、相对自主的教育教学权、独立法人财产权、独立的学位授予权、灵活的外事活动权等六个方面作为法人的办学权利。

---

① 本文中论述的是有独立法人地位的中外合作办学普通高等学校，有如下九所：西交利物浦大学、温州肯恩大学、昆山杜克大学、宁波诺丁汉大学、上海纽约大学、广东以色列理工学院、深圳北理莫斯科大学、香港中文大学（深圳）、北京师范大学—香港浸会大学联合国际学院，下文简称为中外合作办学机构或者合办高校，这是本文论述的主要高校（教公开告〔2020〕第28号）。

(一)独立自主招生

《高等教育法》第32条规定了高等学校普遍拥有的招生自主权,可自主调节系科招生比例,同时《中外合作办学条例实施办法》(以下简称《实施办法》)第26条规定“中外合作办学机构可以依法自主确定招生范围、标准和方式”,与之比较,中外合作办学机构的招生权更加独立。自主确定招生范围主要针对招生对象,中外合作办学机构的招生对象以中国公民为主,但是因为是中外合作办学,合办高校在国际学生招收入学方面拥有很多便利,因此,中外合作办学高校在国际学生方面的生源比例相对较高。在一定程度上,招生方式的选择影响着招生标准和招生范围,一般计划内招生就是通过高考,其招生范围主要是中国学生,招生标准则是高考成绩。而作为计划外招生的自主招生则不同,中外合作办学高校的本科招生仍然是以计划内招生为主,大多采用以高考成绩、高中阶段成绩和院校评价为主的综合评价方式,高考成绩仍然占据60%以上;中外合作办学高校的自主招生主要是研究生教育领域的,9所高校研究生招生基本上采取自主招生方式,自主招生的招生标准相对就更为灵活多样,主要通过入学前成绩来判断,也会依据高校排名或者等级作为申请要求,主要借鉴外方合作高校入学标准,同时强调外语水平。

总体来看,9所具有法人资格中外合作办学机构的自主招生比例能够达到1/3,招生标准不限于考试,也包括申请审核,招生范围既包括国内学生也包括国际学生。放在当前国内高校取消自主招生②的大背景下,中外合作办学的独立招生权弥足珍贵,在国家招生权主导下为高校招生权留白。

(二)依法独立管理

合办高校实行董事会或者理事会领导下的校长负责制。《中外合作办学条例》(以下简称《条例》)第14条第1项规定合办高校在筹备设立时需提交含有内部管理体制的申办报告,这里可以发现内部管理体制其

---

② 参见教育部:《教育部关于在部分高校开展基础学科招生改革试点工作的意见》,载中华人民共和国教育部网,http://www.moe.gov.cn/srcsite/A15/moe_776/s3258/202001/t20200115_415589.html,最后访问日期:2020年7月5日。

实是建校之初由学校举办者即中外双方确立的；根据《条例》第 17 条第 4 项和第 6 项规定，正式设立时需提交包括章程、理事会、董事会或者联合管理委员会组成人员名单和校长资格证明文件，他们构成学校的管理团队，在《实施办法》中，进一步提出了章程应该规定合办高校的办学体制、管理体制、经费体制。在《条例》第三章“组织与管理”中进一步规定了详细的运行机制，第 23 条规定了合办高校董事会、理事会或者联合管理委员会的八项职权，包括校董会改选补选、校长聘任、章程修订、发展规划、经费筹措管理、人事薪酬、学校废立和其他职权，董事会或理事会是高校决策层；《条例》第 26 条规定了校长拥有执行权、发展规划实施权、聘任权、组织教学科研权、日常管理权以及其他职权等六项。《实施办法》第 22 条明确提出“校长或主要行政负责人依法独立行使教育教学和行政管理职权”，校长的独立地位和董事会（或者理事会）的领导地位是相对应的，董事会或者理事会是最高决策层，校长执行董事会或者理事会决策。

值得注意的是，合办高校在依据法律和大学章程进行独立管理的同时，还需要遵守办学协议，办学协议的签订在时间上要早于合办高校章程的制定，因此章程中许多关键性问题实际上在签订办学协议时已经基本确定，章程需要依据办学协议中的规定。契约精神在中外合作办学机构的办学活动中更有利于保障学术自由和大学自治。

从各合办高校的实际运营来看，无论是决策层还是管理层，他们各自的职权在不同的高校是不同的，这首先涉及不同国家的高等教育治理模式。“西交利物浦大学的董事会负责监督大学的治理，学校高管团队则负责把握大学的战略方向和日常管理运营”，③西交利物浦大学的英国模式强调校长和董事会的分工在学校治理中的核心地位。而昆山杜克大学则延续美国高校治理模式，重视董事会的领导地位。“昆山杜克大学的最高权力机构是理事会，对昆山杜克大学进行有效治理并制定学校的规章制度。践行昆山杜克大学的使命并提供战略指导；监督学校的

---

③ 西交利物浦大学：《大学领导》，载西交利物浦大学网，https://www.xjtlu.edu.cn/zh/about/people/leadership/，最后访问日期：20020 年 7 月 5 日。

财务资源和其他资产;遴选校长和常务副校长并对其业绩进行定期评估;审批学校所有的规定和流程。"④昆山杜克大学强调战略问题由理事会决定,尤其是规章制度的制定审批,这与西交利物浦大学不同。但是我们同时发现无论是西交利物浦大学还是昆山杜克大学,都提到了董事会(或理事会)的监督职权,广东以色列理工学院亦是如此,强调董事会"负责监督学校的运转"⑤,这一词语表达的是董事会(或理事会)的监督职权对应校长的执行职权。

(三)独立的法人财产权

《条例》第五章第 37 条明确规定合办高校在存续期间享有法人财产权,这种权利不受任何组织和个人侵占,是独立自主的,因此说合办高校享有独立的法人财产权,能够以民事法人身份独立地占有、使用、受益、处分这些资产。从当前的资产投入来看,包括土地使用权、资金、知识产权、实务设施以及其他财产等。具体来说,除了土地、资金以及基础设施等,还包括学校品牌、课程教材等教育教学资源、师资和管理等人力资源。依据办学协议,这些财产经中外各方办学者投入进来后,就归为学校占有,登记到学校法人名下,学校以法人名义经营,自负盈亏。

广东以色列理工学院则是由汕头市政府、汕头大学、以色列理工学院、李嘉诚基金会等四方组建,其中,"李嘉诚基金会向以色列理工学院捐资 1.3 亿美元促成其在汕头合作创办学院。广东省、汕头市政府支持前期办学资金 9 亿元人民币。2013 年,广东省、汕头市两级政府决定拿出 9 亿元及 623.4 亩土地"。⑥ 中方合作者投入有李嘉诚基金会的资金和在他捐助下的汕头大学、省市政府的资金和土地,外方投入则包括:①李嘉诚基金会向以色列理工学院捐助的 1.3 亿美元;②学术资源和课程资源——以色列理工学院优良的学术传统和学科优势,尤其是全面引

④ Duke Kunshan University, *Board of Trustees*, Accessed July 5, 2020. https://dukekunshan.edu.cn/en/about/board-of-trustees.

⑤ 广东以色列理工学院:《领导架构·董事会》,载广东以色列理工学院网,https://www.gtiit.edu.cn/leadership.aspx,最后访问日期:20020 年 7 月 5 日。

⑥ 广东以色列理工学院:《广东以色列理工学院大事记》,载广东以色列理工学院网,https://www.gtiit.edu.cn/milestones.aspx,最后访问日期:2020 年 7 月 5 日。

入以色列理工学院基于“知识三角”模式的办学战略，借助以色列理工学院在技术商业化方面的经验；③人力资源——60%以上教师由以色列理工学院派出；④国际化平台资源——广东以色列理工学院也是以色列理工学院国际交流网络中的一员，到以色列理工学院读暑期课程或进行一个学期的交换学习；⑤品牌资源——授予以色列理工学院学位。⑦

中外合作办学的各利益相关者则只能通过股权组织形式的董事会或者理事会行使决策权。这进一步体现在广东以色列理工学院的董事会和管理团队当中，董事会共8名成员，其中中方和外方各4名，学院董事会中方成员由汕头大学党委书记、校长，广东以色列理工学院校长，汕头市人大常委会原副主任、汕头市教育局原局长和汕头大学执行校长四人组成，学院董事会以方成员由以色列理工学院校长、以色列理工学院校长派驻广东以色列理工学院特使、以色列理工学院高级副校长和以色列理工学院执行副校长兼总干事四人组成。而学术管理团队全部由以色列理工学院教师组成，他们进入学校管理团队当中并占大多数。但是校长和董事会主席为中方成员。法人财产权的占有决定了其使用、受益和处分，这充分体现在广东以色列理工学院的治理结构当中。中外双方办学者的办学权利融入合办高校的法人治理结构当中，以法人财产权的形式表现出来。从高等教育成本分担理论来看，谁受益谁出资的原则反之亦然，谁出资谁受益即是法人财产权的体系。

（四）相对自主的教育教学权

中外合作办学高校在学制设立、教学语言选择、课程教材资源引进方面拥有较大的自主权。学制设定权利早在办学合同中得到确认，由合办高校自己设定学制。在《条例》第30条明确提出合办高校引进教材的权利“国家鼓励中外合作办学机构引进国内急需、在国际上具有先进性的课程和教材”，《学校选用境外教材管理办法》进一步得到确认。⑧《条

⑦ 参见广东以色列理工学院：《广东以色列理工学院学校特色》，载广东以色列理工学院网，https://www.gtiit.edu.cn/colleges.aspx，最后访问日期：2020年7月5日。

⑧ 王家源、林焕新：《全面落实教材建设国家事权——访国家教材委员会办公室和教育部教材局负责人》，载《中国教育报》2020年1月8日，第1版。

例》第 31 条规定"中外合作办学机构根据需要,可以使用外国语言文字教学",合办高校有教学语言选择权。

从合办高校学制来看,在研究生教育阶段实施的并非国家统一的研究生教育学制——学术型硕士研究生 3 年、专业型硕士研究生 2 年、博士研究生 3 ~4 年,而是借鉴外方高校学制设立制度,每所学校各不相同。例如,宁波诺丁汉大学规定全日制硕士 1 年或 2 年,在职硕士 2 ~4 年,全日制博士 3 ~4 年,在职硕士 4 ~6 年;⑨温州肯恩大学外国硕士研究生教育全日制 1 ~3 年、在职 2 ~4 年,外国博士研究生教育全日制 3 ~5 年,在职 4 ~7 年;⑩而西交利物浦大学外国学位教育的学制更短,其中全日制硕士 1.5 ~2 年,在职硕士 2 ~3 年,全日制博士 2 ~4 年,在职博士 4 ~6 年。⑪ 课程教学安排和人才培养方案与各个合办高校不同的学制密切相关,这种不同的人才培养方案充分体现在各自的办学特色当中,正如上文中广东以色列理工学院明确提出要在创新创业方面向以色列理工学院借鉴引进课程方案,宁波诺丁汉大学则采用全英文教学,沿用诺丁汉大学教学质量保障体系——获得英国高等教育质量保障署认可这一国际化质量评估,同时共享英国诺丁汉大学网络和教学资源,"从课程、教学方法、体系、语言和资源配置来看,宁波诺丁汉大学采用英国诺丁汉大学的办学模式和标准"⑫。总体来看,在学制、教学语言、课程教学资源等方面,合办高校大多采用了与外方高校相似的学制、英文教

⑨ 参见中华人民共和国教育部:《教育部予以资格认定的中外合作办学单位 宁波诺丁汉大学(The University of Nottingham-Ningbo)》,载中华人民共和国教育部中外合作办学监管工作信息平台网,http://www. crs. jsj. edu. cn/aproval/detail/111,最后访问日期:2020 年 7 月 5 日。

⑩ 参见中华人民共和国教育部:《教育部予以资格认定的中外合作办学单位温州肯恩大学(Wenzhou-Kean University)》,载中华人民共和国教育部中外合作办学监管工作信息平台网,http://www. crs. jsj. edu. cn/aproval/detail/1116,最后访问日期:2020 年 7 月 5 日。

⑪ 参见中华人民共和国教育部:《教育部予以资格认定的中外合作办学单位西交利物浦大学(Xi'an Jiaotong-Liverpool University)》,载中华人民共和国教育部中外合作办学监管工作信息平台网,http://www. crs. jsj. edu. cn/aproval/detail/112,最后访问日期:2020 年 7 月 5 日。

⑫ 宁波诺丁汉大学:《大学概况》,载宁波诺丁汉大学网,https://www. nottingham. edu. cn/cn/about/who-we-are. aspx,最后访问日期:2020 年 7 月 5 日。

学和引进外方高校课程和教学资源等，这其实也是外方高校的办学投入，也正是我们需要借鉴学习的地方。因此合办高校在学制、教学语言、课程和人才培养方案等方面具有较大的灵活性。

（五）独立的学位授予权

合办高校拥有独立的学位授予权，该类型高校学生可以获得国家颁发的毕业证书、学位证书，也可获得外方高校颁发的学位证书。根据《条例》第34条第3款规定，合办高校可以颁发与外方教育机构相同且获得承认的学历学位证书。从实际情况看，合办高校在本科学历教育阶段既可以获得国家颁发的普通高等学校本科毕业证书、学士学位证书，也可以获得外方高校的学士学位证书，在硕士研究生学位教育阶段和博士研究生学位教育阶段则获得外方高校的硕士学位证书和博士学位证书，另外两种情形则是只获得外方学位证书，或在本科阶段获得中方毕业证书和学位证书，硕士和博士阶段获得外方证书。

独立的学位授予权在于合办高校的多样性，从高校选择学生的招生自主权到人才培养的教育教学权，再到达到毕业条件的外方学位授予权，是一个完整的教育链条。从学生的角度看，合办高校的整个培养过程是一个外方教学资源本土化的过程，合办高校授予外方学位就是其价值外化表现；而对于合办高校而言，两种学位制度的结合正是其特色创新所在。

（六）灵活的外事权

中外合作办学作为教育对外开放的重要组成部分，从其师资构成来看，本身就包含频繁的教育外事活动，这包括人员流动和信息流动。从人员流动看，中外合作办学高校的外事权相对其他高校外事审批更为灵活便捷，一方面在于流动频次高，这包括外方教师到合办高校任教，也包括国际教育活动；另一方面在于流动规模大，合办高校的国际留学生比例高于其他类型高校，同时合办高校学生能够获得更多学校层面的境外学习机会，包括宁波诺丁汉大学、上海纽约大学、广东以色列理工学院等，它们都直接成为外方高校国际教育网络中的一部分，这意味着跨境跨校区的同一个高校学习机会。从信息流动来看，合办高校能够引进外方课程教材,这是区别其他高校的特别事项,更为重要的是能够共享信息网络资源,校内网的直接访问。

相对于公办高校而言,中外合作办学机构的出访来访外事审批政策更加灵活和简便,来华留学生、外国专家和外籍教师等来访人员的教育签证办理手续和办理时间周期更加便捷,出国留学人员、高级访问学者等教育人文交流等出访的审批权限的管理重心更低。概言之,中外合作办学机构在教育外事的权限主要是基于人员流动规模和审批程序方面,合办高校基于教育人文交流的外事活动更为丰富,人员流动规模大,外事审批程序相对便捷,出访和来访的经费、频次限制较低。

概言之,中外合作办学机构的办学自主权是以独立为核心的法人办学权利,它遵循中国法律、中外合作办学协议和合办高校章程等规定,除了享有法律规定的办学自主权外,依法、依合同、依章程还享有在招生、管理、财产、教学、学位、外事等六个方面的特别自主权利。

二、以经验共享为导向的中外合作办学机构自主办学权的法制价值

中外合作办学机构拥有区别公办和民办高校的办学自主权,在我国办学模式中也被赋予了独特的意义,坚持经验共享的价值导向,它必须处理好以下三对关系:外部治理结构中自主办学和主权维护的关系,内部治理结构中规范办学和促进发展的关系,进而才能够在扩大和深化教育开放的背景下推动第三种高等教育办学模式的发展,处理好异质创新和文化冲突的关系。

(一)外部治理结构中自主办学与主权维护的关系

新中国成立初期的历史实践表明,在我们自己掌握最高的教育立法权、行政权、司法权的前提下,引进域外的优质教育资源不会损害教育主权。⑬

⑬ 参见陈鹏:《加入 WTO 对我国教育主权的影响》,载《中国教育学刊》2003 年第 4 期。

《条例》第 1 条、第 3 条、第 5 条就明确指出,中外合作办学是为了促进交流合作,引进优质资源,但不得危害国家教育主权和教育安全。中外合作办学有利于提升我国办学水平,促进质量提升,而中外合作办学又涉及教育主权让渡问题,从让渡的内容,即合办高校的办学自主权来看,它属于非核心层次的权力,国家加强中外合作办学的立法和司法的同时,拥有合办高校的学费定价权和行政审核权。

主权维护多为否定性规范,即表述为"不",例如,《条例》第 6 条要求中外合作办学不得举办义务教育和特殊性质教育,第 7 条规定宗教机构和人员不得从事中外合作办学活动,这样的表述在《条例》中多达三十余处,是一种底线规范,设定了限制的区域,不得涉入,立足价值序列的底部,保证中外合作办学的有序开展。而质量提升多为肯定性规范,即表述为"应当",这种表述在《条例》中多达五十余处。例如,《条例》第 5 条第 2 款"中外合作办学应当符合中国教育事业发展的需要,保证教育教学质量,致力于培养中国社会主义建设事业的各类人才"。这是一种积极的引导,设定了努力的方向,主动地介入,立于价值序列的顶部,促进中外合作办学的持续开展。从教育主权让渡的角度看,在不损害国家教育安全的前提下,一定程度上主权维护应当服务于质量提升。也就是说,应当保障中外合作办学机构的办学自主权,这是教育主权有限让渡的结果。

一方面,中外合作办学机构基于独立法人地位所获得的办学自主权,是保证办学质量提升的关键,进而能够形成可供借鉴的经验共享模式,这是合作办学的内在价值。另一方面,合办高校所拥有的特殊的办学自主权源自国家教育主权的有限让渡,外方介入到我国教育事业当中,或者说我们引进外方优质教育资源,就存在一定的国家教育安全风险,存在危害国家教育主权和安全的可能。但是我们必须认识到,主权让渡行为的主动性和协商一致,也就是基于协议的中外合作办学应当尽可能地保障自主办学。自主办学和主权维护是中外合作办学的一体两面,不能顾此失彼。

(二)内部治理结构中规范办学与促进发展的关系

合办高校的办学自主权不仅涉及国家教育主权的让渡,还影响着合办高校师生的合法权益,从其法律关系来看,包括中外合作办学机构与政府、教师和学生的法律关系,而内部治理结构的核心议题就是要理顺中外合作办学机构与师生的法律关系,作为第三种高等教育办学模式的合办高校由于享有不同于公立高校、民办高校的办学自主权,导致它在处理与师生的法律关系时需要特别的规范。例如,在独立招生权中,合办高校在招生范围、招生标准和招生方式方面享有自主权力,尤其是研究生招生方面,它享有目前其他高校不能享有的自主招生权力,同时也存在一系列招生问题——“发布虚假招生简章或广告,骗取钱财,擅自增加收费项目或者提高收费标准,未按国家有关规定进行财务管理对办学结余进行分配,筹备设立期间招生”⑭。因此,合办高校的独立招生权就应当受到特别的规范,合办高校的招生简章和广告应当向教育行政部门备案,违法广告应当及时向当地工商行政管理部门通报;对于国外学位招生情况则要监督其招生方案执行情况,其录取标准是否低于外方标准,对违法招生行为依法进行惩处等。从中外合作办学机构的独立办学权及其监管来看,规范办学行为和促进其发展是合办高校内部治理机构中的核心议题。

国家依法保障中外合作办学机构的办学自主权,不得随意干涉合办高校在招生、教育教学、管理、学位授予、财产和外事等方面的自主权力,这些权力是基于独立法人地位的,但同时其自主办学权也不得损害其师生的合法权益。相对于学校而言,师生作为个体与组织的权力相比是处于弱势的。这就需要国家来规范中外合作办学机构办学自主权的行使,监管其办学行为,协调好中外合作办学机构规范办学和促进发展的关系。

(三)第三种办学模式下教育创新与文化冲突的关系

通过合办高校的办学自主权,我们能够看到合办高校并不仅仅是作

⑭ 广西壮族自治区教育厅:《中外合作办学机构发布虚假招生简章或广告,骗取钱财,擅自增加收费项目或者提高收费标准,未按国家有关规定进行财务管理对办学结余进行分配的处罚办事指南》,载广西壮族自治区教育厅网,http://jyt.gxzf.gov.cn/zfxxgk/fdzdgknr/xzcf/t7206759.shtml,最后访问日期:2021年3月31日。

为教育对外开放的窗口，将优质的教育资源引进来。事实上，超越资源层面，在我国它更代表着一种新的办学模式，资本是同质的，逐利的本性不分国界，但是合办高校的办学投入，更重要的是知识产权的投入，在中外双方的办学投入中知识产权更多的是外方的股本。也就是说，外方多以课程教学教材资源和教师、行政等人力资源的投入为主，这是异质的，是两种文化的碰撞和磨合，更多的是借鉴和吸收，异质性对于创新基因的丰富是至关重要的，从这里看中外合作办学高校作为第三种类型的创新模式。

但从实际的法律规制来看，我们并没有意识到这一点，仍然是以简单套用民办高校或者公办高校的发展框架、监管措施来指导和评价中外合作办学高校的发展。从具体的办学行为来看，合办高校运行依然采用公立高校的经费筹措使用模式，其经费主要源于政府财政投入，这严重磨灭了其创新活力。以温州肯恩大学为例，从其部门决算公开表来看，已经纳入事业单位财政当中，财政收入占总收入比重由 2014 年的 49% 上升到 2018 年的 63%，公共经费投入不断增长，公办性质的经费管理模式与公办高校并无差别。

把中外合作办学高校作为第三种类型的创新模式，要求我们不能简单套用民办或者公办高校的发展框架，应当针对合办高校的现实状况和未来使命制定一个新的指导框架，这一框架首先要服务于其引进外方优质教育资源，提升合作办学质量，进而形成优质经验共享机制的这一价值定位。也就是说，应当保障合办高校独立法人地位基础上的办学自主权，应当基于办学协议促进合办高校规范办学，办学协议不同于合办高校章程，办学协议本身对中方办学者具有约束力，同样也对外方办学者具有约束力。也就是说，基于办学协议，中外合作办学各方都应该平等协商，应当遵循契约精神，在办学协议中探讨中外合作办学的创新与发展。那么，在办学协议中，同样应当纳入维护国家主权这一义务和权利，对外方而言，外方必须尊重中方的国家教育主权和安全需要，中方有权利要求外方不得损害我国国家教育主权和安全；对于中方而言，中方也有义务维护国家教育主权和安全。

20世纪的中国高等教育,“不同时期有来自截然不同文化背景的多种多样的外部影响”,因此20世纪对于中国大学而言,历经“文化冲突”,⑮我们学习日本、德国,也学习美国、苏联,尽管是为了引进优质教育资源,但这种学习带着后殖民主义色彩,浓厚的意识形态观念主导着我们认识中外两者的关系,教育主权和安全深受其害。但当前的中外合作办学形成了一种更为自主的学习方式,我们能够更加主动地甄别,通过中外合作办学的模式促进优质教育经验共享。

三、以质量提升和主权维护为核心的中外合作办学机构办学自主权的法律规制

教育的公益性要求国家必须介入教育,这包括公立教育、民办教育和中外合作办学,因此合办高校必须遵循教育法律规范,并受其规制。同时中外合作办学高校享有独立法人为基础的办学自主权,而这正是从国家教育权中让渡给合办高校的,这也要求合办高校应当受到国家相应的监督。从中外合作办学机构当前的办学实践来看,合办高校在行使办学自主权时也存在问题,⑯而这些乱象归根到底是违反办学协议和合同的;从办学活动的实质性细节来看,合办高校在执行不低于外国相关标准时,往往采用模糊处理的办法,甚至简单套用公办高校的招生标准、教学标准和毕业标准。例如,西交利物浦大学中国学生研究生招生标准是“本科成绩加权平均分75%以上的211高校且是当年上海软科学排名前100名的高校,而不是这类学校的学生就需要视本科成绩加权平均分80%~85%以上且要以本科毕业学校的具体情况而定”⑰,这与当前凭

⑮ [加拿大]许美德:《中国大学——1895~1995一个文化冲突的世纪》,许洁英主译,教育科学出版社2000年,第1~2页。

⑯ 参见浙江省教育厅:《教育厅权责清单》,载浙江政务服务网,http://www.zjzwfw.gov.cn/zjservice/matter/list/showadmins.do?webId=1,最后访问日期:2020年7月5日。

⑰ 西交利物浦大学:《入学要求》,载西交利物浦大学网,https://www.xjtlu.edu.cn/en/study-with-us/admissions/entry-requirements,最后访问日期:2020年7月5日。

借学校等级录取的高考志愿填报第一批次、第二批次的老办法没有区别，如何实现不低于外方标准的要求。加强对中外合作办学机构办学自主权的法律规制，也需要推动合办高校的信息公开，遵守高等学校信息公开制度。从目前的情况看，所有合办高校在经费使用的年度预决算、管理体制的基本规章制度等方面没有进行信息公开。

（一）以履行办学协议和合同规范合办高校办学活动

合办高校自筹办之日起，协议与合同就贯穿其始终。《条例》第 14 条第 2 项和《实施办法》第 5 条第 2 款就要求提供具有中外合作办学机构基本信息、权利义务、争议解决机制等合作协议，这是每一所合办高校所必须明确的；同时还包括《条例》第 14 条第 4 项规定的捐赠协议，广东以色列理工学院在筹办过程中就签订了这一协议；《实施办法》第 11 条规定的作价协议，这多是知识产权投入的外方优势所在，另外还包括在办学过程中与教师签订的劳动合同，与学生发生教学关系的隐性协议等。合办高校自筹办起，在办学过程中与办学者、教师、学生等相关主体签订了合作协议、捐赠协议、作价协议、劳动合同、买卖合同等各种协议。中外合作办学活动中多元利益交杂，主体繁多，进而合同类型也相对复杂，这就更需要各方在平等协商的基础上签订和执行协议，即《实施办法》第 5 条第 1 款。在办学过程中，更应当按照协议积极履约，即《实施办法》第 9 条。这一类明确性质的协议或者合同，尤其是办学协议在《条例》《实施办法》中得到了清晰的确认和立法保障。

从市场思维出发，学生与合办高校之间的一系列互动也是一种合同，从学生入学与合办高校招生一体两面的行为开始，学生根据招生广告和招生简章选择学校入学缴纳学费之后，学校依据本校招生标准招收学生授予学籍，双方达成事实上的协议，之后达成毕业标准授予学位证书等。学生一旦选择学校并缴纳学费后，一定程度上单方面失去了约束学校的权利，并且受制于学校执行协议的义务。也就是说，入学后学校与学生之间存在不平等的地位，这就需要国家在中外合作办学立法中对学校与学生之间的事实性合同予以监管，包括招生专业达标审核、招生广告真实性审核、学位授予权审核，督促合办高校诚信招生，这就不仅仅是政府通过学费定价权约束高校招生,也是对合办高校进行市场行为的监管,对办学各方履行办学协议进行立法监管。

在当前的《条例》和《实施办法》中,我国立法主要是针对合办高校的明确的办学协议的规定,即要求办学各方保障办学经费的充足,政府有合办高校学费定价权,但是针对合办高校与师生之间事实性合同的规制则是不足的。概言之,对于合办高校的监管既要有行政主体对行政相对人的监管,也要有对民事主体的监管,对于合办高校市场行为的监管区别于行政相对人的监管。从办学协议本身来看,中外合作办学者是基于平等协商签订的办学协议,因此,国家应督促办学各方遵守契约精神,以此规范办学行为,加大对办学者违约的惩罚以此维护履约者的合法权益。从目前行政监管的案例看,对虚假承诺的招生广告和不诚信招生行为要加强监管,这涉及在招生入学时承诺的教育教学服务,包括赴外交流、学位颁发、奖学金等,在教师招聘时的休假、培训、薪酬等承诺,应当以合同形式予以确认保障。

(二)以细化不低于外方标准提升合办高校质量

中外合作办学的目的是引进外国优质教育资源,因此在《实施办法》等文本中屡次提到“不低于外方标准”,《实施办法》第 48 条第 2 款规定合办高校颁发外方学历学位证书的,其课程设置、教学内容应当不低于该外国教育机构在其所属国的标准和要求。在办学协议当中,规定自主招生标准不低于外方高校标准;⑱在毕业授予学位时,“与其在本(所属)国所颁发的证书在效力、层次方面是否一致”,⑲从招生入学到教育教学再到毕业,已经覆盖人才培养的全部内容,主要是学生评价标准的控制,要求以外方高校标准为依据。从学校办学活动核心来看,教育教学等培养过程的外方标准充分体现了引进外国优质教育资源的目标。

⑱ 参见中华人民共和国教育部:《教育部予以资格认定的中外合作办学单位——宁波诺丁汉大学》,载中华人民共和国教育部中外合作办学监管工作信息平台网,http://www.crs.jsj.edu.cn/aproval/detail/111,最后访问日期:2020 年 7 月 5 日。

⑲ 中华人民共和国教育部:《对办学者学历学位颁发实施监管》,载中华人民共和国教育部中外合作办学监管工作信息平台网,http://www.crs.jsj.edu.cn/news/index/35,最后访问日期:2020 年 7 月 5 日。

办学活动中的评价事务在其他高校一般情形下属于高校办学自主权,尤其是涉及评价实质性内容的审查更少,但是从提升中外合作办学高校办学质量的视角出发,明确设定最低标准对于合办高校而言又十分必要,这是对于合办高校的特殊监管,其目的在于通过引进优质教育资源以提高我国办学水平。

但是从实际操作来看,不低于外方标准的具体实施细节有待进一步细化。合办高校的研究生自主招生标准与外方合作高校在招生政策和招生标准方面是存在较大差异的,这种差异有不同评价模式的因素,但也有操作繁简程度的差异。一方面,从招生政策来看,外方高校招生政策由高校自身决定,即招生权完全属于高校,中外合作办学高校虽是独立法人但仍然要接受国家对于招生专业、招生规模等内容的审查。另一方面,从招生标准的制定权限看,合办高校拥有较大的独立招生权,可以自己决定招生范围、标准和方式,从谁应该上大学的实质性内容看,招生标准的制定权属于合办高校。但是相对于外方高校的招生标准,中外合办高校的入学标准过于简化,从而失去了原本赋予高校的独立招生权概念和积极探索招生经验的先行试验区意义。合办高校对于研究生入学要求主要是本科成绩、个人自述、两封推荐信以及语言证书成绩要求,与其他类型高校实无差异,反而增加了一些原本就深受诟病的条款。进一步说,又如何能实现引进优质教育资源的目标。同样强调学校的参考价值,诺丁汉大学考虑到申请人所提供的学历及其背后的潜在差异,进而认识到学校成为招生标准中隐含学生的能力和学习背景的关键因素,因此英国诺丁汉大学要求招生办公室在其撰写的参考文献中确认可能影响申请者成绩的任何已知因素,这些因素可能与学生的个人情况、背景或者教育经历等有关,同时如果学校没有提供允许学生学习 A-Level 以上三门科目的广度课程,应当予以说明。实际上英国诺丁汉大学也认识到学校在学生学术水平中的影响,但是它并未直接以学校为依据,而是通过让学校参与到学生学术水平的评价当中,将学校对申请者的影响具体地记录在由招生人员撰写的参考文献中。[20] 相对于合办高校对学校作用的认识,诺丁汉大学的做法更为客观和深入。并且对于科学的评价方法运用得当。从肯恩大学、杜克大学等外方高校的入学要求来看,它们都明确提出了对于成绩的重视,但同时也提出了可行的替代资格用于招收那些没有连续在校学习的社会人员,关注社会经历和职业经历,外方高校对于入学的要求是灵活的、丰富的,虽然繁杂,但整个标准体系完备。从这里看,细化不低于外方标准这一政策要求对于提高办学质量具有举足轻重的价值。

概言之,粗糙的标准体系和程序是高校办学自主权和法律规制的相互妥协,其最终影响中外合作办学的本意。因此,细化不低于外方标准这一措施既要加强立法引导,从法律层面尤其是在《实施办法》中加强对于这一问题的详细规定,也要立足合办高校办学自主权,用好独立招生权、相对自主的教育教学权、独立学位授予权等,以提升办学质量为核心。

(三)以信息公开透明维护国家教育安全和主权

推动中外合作办学信息公开,不仅有利于扩大社会监督,还有助于维护国家教育主权和教育安全,这是其特殊使命。在中国境内由中外双方共同举办学校,本身就是将国家教育权中的部分教育主权让渡于外方,包括教学语言文字的选择、共同出资办学等,尤其是国有资产管理,因此中方在合办高校中必须要维护国家教育主权和教育安全。推动合办高校信息公开,尤其是资产经费筹措使用、社会主义教育方针的贯彻实施等,必须像其他类型学校一样,坚持年度信息公开制度,制定中外合作办学机构信息公开目录,在中外合作办学监督工作信息平台上及时公布,以供社会和师生监督。

从合办高校信息公开的实际情况来看,教育部通过中外合作办学监督工作信息平台对于中外合作办学的项目与机构基本信息、质量评估、政策法规等方面的内容进行了网上信息公开。与部属院校制度化、定期

---

[20] See University of Nottingham, *Already Applied*, Accessed July 5, 2020. https://www.nottingham.ac.uk/coronavirus/applicants/already-applied.aspx#exams.

制的措施相差甚远，合办高校仅仅在其官网上公开了领导层、管理者和师资信息，没有公布管理体制、财务资产经费等重要信息，包括高校章程、议事规程、年度经费收支情况、资产使用情况等全部没有公开，这些信息属于高校信息公开办法中明确要求公开的信息。同时作为中外合作办学高校，其办学协议履约情况、办学自主权行使情况等尤其是理事会和董事会决议等中外双方决策信息应当列入信息公开目录。应当在教育部中外合作办学监督工作信息平台加入合办机构的信息公开目录。

高校重要事项信息公开制度已成惯例。《高等学校信息公开办法》第 2 条规定了信息公开的原则，《高等学校信息公开事项清单》则列举 10 个类别 50 项信息公开清单，同时《高等学校信息公开办法》第 4 条和第 10 条明确了高校信息公开的底线，涉及国家安全和不宜公开的信息不在此列。因此，从上述法律规范来看，中外合作办学信息公开有法可依，有例可循。

On the Autonomy and Legal Regulations of Chinese-Foreign Cooperative Institutions in Higher Education

Li Wei

Abstract: From the point of view of the existing activities of Chinese-foreign cooperation in running schools and the existing laws and regulations, Chinese and foreign cooperative school-running institutions, as the third mode of running a school in higher education and independent legal entities, enjoy a batch of rights in the six aspects of school-running autonomy, such as independent enrollment, relatively independent right to education and teaching, independent management according to their agreements and articles of association, independent legal entities' property rights, independent degree grant rights, flexible foreign affairs rights. The legislative value of school-running autonomy should be guided by a series of principles, including sharing experience, handling the relationship between independent running and sovereignty maintenance, standardizing the relationship between running a school and promoting development, and promoting educational innovation and reforming with a positive and open practice model of people-to-people exchanges. With regard to the improvement of the quality of Chinese-foreign cooperatively running schools and the maintenance of educational autonomy, the institutions should regulate their school-running activities from three aspects, such as complying with school-running agreements and contracts, refining the standards which is equal to solely foreign-funded institutions, and implementing the information disclosure system.

Key Words: Chinese-foreign cooperation in running schools, school autonomy, independent legal entity, legal regulations

学问人生

高山仰止：杨永华教授学术人生追思录*

陈　玺**　范　强***

摘　要：杨永华教授是我国杰出资深法学家，全国著名中国法制史专家和法学教育家，是陕甘宁边区法制史研究领域的开拓者和主要奠基人。在学术研究中，杨永华教授开创运用司法档案资料的研究方法，在陕甘宁边区法制史研究等领域取得一系列举足轻重、影响广泛的研究成果。杨永华教授是中国法律史学会的创始人之一和重要建设者，是西北政法大学法律史学科的主要奠基人，为中国法制史"西北学派"的开创做出了杰出贡献。

关键词：杨永华　法学研究　法学教育　陕甘宁边区　法制史

杨永华教授（1937～2020年）是中国共产党优秀党员，全国杰出资深法学家，全国著名中国法制史

* 基金项目：本文系2019年西北政法大学教学改革重点课题"人工智能视域下法学实践基地建设研究"（项目编号：XJY201901）的阶段性成果。

** 陈玺，西北政法大学教授，历史学博士。研究方向：中国法制史。

*** 范强，西北政法大学博士研究生。研究方向：中国法制史。

专家和法学教育家,是陕甘宁边区法制史研究领域的开拓者和主要奠基人。2020 年 9 月 4 日,杨永华教授学术思想研讨会在西北政法大学雁塔校区隆重举行。西北政法大学校长杨宗科教授、西北大学段秋关教授、西北工业大学肖周录教授、天津财经大学侯欣一教授、中国社科院法学所张生教授和西北政法大学汪世荣教授、闫晓君教授、冯卫国教授、陈玺教授以及中国海洋大学刘远征副教授等校内外专家学者以及西北政法大学部分师生代表参加了本次研讨会。

杨永华教授的一生,是秉持"堂堂正正做人,圆圆满满治学"信念的一生,是忠诚党的教育事业的一生,是潜心教书育人的一生,是为党和人民著书立论的一生,是为中国法治建设和法学教育事业辛勤奉献的一生。本文拟通过回顾与总结杨永华教授的学术思想、学术贡献、学术地位,追思杨永华教授厚重而大写的学术人生,以期对西北政法大学法学学科的创新性建设、对我国法学教育事业的创造性发展有所裨益。

一、杨永华教授的学术思想

(一)扎实的基础是学术研究的根基

或许是得益于自己早年的学习经历,杨永华教授无论是进行学术研究,还是指导学生读书学习,都非常重视对基础知识的掌握,认为打下扎实的基础是想要做好学术研究所必不可少的前提。

幼时在山东东营农村的"义学"就读,杨永华教授所学的主要是四书五经。老师检查学习的主要方式就是抽查背诵这些经典古籍中的某些段落,如果背不出,就会被老师用戒尺惩罚。杨永华教授生前回忆:"我从来没有受过惩罚,因为我读书用功而且记忆力非常好,老师怎么抽背,我都能让老师满意。"①考入北京大学后,由于社会主义法律体系还不健全,杨永华教授在 5 年的本科学业中主要学习了马克思主义经典作

① 何勤华主编:《中国法学家访谈录》(第 2 卷),北京大学出版社 2010 年版,第 183 页。

家的论著。生前接受采访的杨永华教授在谈到这一时期的学习态度时说："当时大家的学习热情非常高涨……在本科期间，我通读了《列宁全集》，这为我在法律理论基础和从事法律文化方面的研究打下了较为坚实的基础。"②当时，中国共产党元老、无产阶级革命家董必武在北京大学选择一些学生作为学术助理，杨永华教授即是其中之一。在给董老做文秘工作的日子里，杨永华教授抄录了数量众多的各类型文件。学生时代的这一特殊经历，无疑对杨永华教授日后学术志向的选择和研究方法的探索产生了重要影响。

追忆昔日与杨永华教授交往的点点滴滴，后学、弟子们对其重视基础的言谈和教诲即使是在几十年后也难以忘怀。西北工业大学肖周录教授回忆："我到西安请教杨永华老师，我说书怎么读？法制史怎么学？杨老师说你先别急，要想学好法制史先把基础打好。老爷子给我开了一个书单，我现在大概记得是，刑法（实体法、程序法）两门、民法（实体法、程序法）两门、行政法（实体法、程序法）两门、法理、宪法。他说好好地读，不要急功近利，然后我就把这几本书读来读去，时常不断地请教老师。把这个书读完了以后，他给我讲了他在北大的一个经历。他说当时他们在学习法制史的时候，法律史的必备课——《唐律疏议》要倒背如流。他们在学校读研的时候，每天在未名湖畔背《唐律疏议》，这是什么功夫啊？这是杨老师亲自给我讲的。"③西北政法大学闫晓君教授说："我到了西北政法以后，也处处感受到了杨老师的种种关爱，因为我是史学出身，到了西北政法以后，杨老师告诫我要补自己的短板，他告诉我你去听课，听法学的课，比如说他推荐我听法理学、听杨校长的课，还有其他学科都让我去听。"④西安市中级人民法院李少学法官说："跟杨老师学习，我们这些学生从来不敢偷懒，从来不敢投机取巧，更不敢走捷径。都是扎扎实实，兢兢业业的。一看杨老师去看你的文章，我们浑身都冒

② 何勤华主编：《中国法学家访谈录》（第2卷），北京大学出版社2010年版，第185页。

③ 根据肖周录教授2020年9月4日在杨永华教授学术思想研讨会上的发言整理。

④ 根据闫晓君教授2020年9月4日在杨永华教授学术思想研讨会上的发言整理。

汗。他就是这样严谨,对每一个学生都是呕心沥血、言传身教。"⑤

(二)客观的态度是学术研究的原则

杨永华教授在学术研究上始终秉持客观的态度。研究法律史的学者,既是法学工作者,也是史学工作者。史学研究必须基于史料,即所谓论从史出。杨永华教授坚持学术研究之实事求是的客观态度集中体现在他对史料的无比重视上,强调法制史研究的所有结论必须基于史料的支撑。杨永华教授生前曾说:"掌握翔实的第一手资料和刻苦钻研的决心,才是做好学术研究最为基础的要素。因为仅读别人的文章,往往会带上他人思想的烙印,实际上别人说的对不对还是一个值得考虑的问题。"⑥"从事科研,要大量占有第一手资料,不能人云亦云。当然,科学研究也要实事求是,不能凭主观臆断。"⑦

杨永华教授读研期间,张国华老师等法律史学者和研究生对"海瑞罢官"进行研究。在张国华老师的带领下,杨永华教授等研究生把当时能找到的海瑞判决的案件全部整理了出来,一共64个案件。杨永华教授生前回忆说:"在对这64个案件进行仔细分析后,我们得出结论,海瑞断案不受任何因素的干涉,他是严格依封建法律办事的。"⑧为了研究陕甘宁边区法制史,探寻隐藏在历史尘埃中的真相,杨永华教授一方面挖掘、摘抄、整理边区的档案,掌握了百万余字的第一手资料;另一方面,走访了时任陕甘宁边区政府秘书长李维汉、时任陕甘宁边区高等法院典狱长党宏魁、"刘巧儿"原型封芝琴等边区法制史上的重要当事人和参与者。基于这些扎实的、丰富的多类型史料,杨永华教授学术研究中的观点与结论更显实事求是的客观态度,也更能经得起时代的检验。

对于杨永华教授的这种可贵品质,他的学生亦深有体会。刘全娥教

---

⑤ 根据李少学先生2020年9月4日在杨永华教授学术思想研讨会上的发言整理。

⑥ 何勤华主编:《中国法学家访谈录》(第2卷),北京大学出版社2010年版,第187页。

⑦ 何勤华主编:《中国法学家访谈录》(第2卷),北京大学出版社2010年版,第190页。

⑧ 何勤华主编:《中国法学家访谈录》(第2卷),北京大学出版社2010年版,第187页。

授说:“在陕甘宁边区的研究中,杨老师就告诫我们说:‘一定要重视史料,一定要客观,要实事求是,不要随意地拔高。’我们在研究中一直遵循着杨老师的教导。我写杨老师传记的时候,本来是‘陕甘宁边区法制史的奠基人’,稿子写了之后给杨老师审阅。杨老师说不能这么写,因为陕甘宁边区法制史稿的诉讼狱政篇,是杨老师、方老师一起合著的。他说方老师也是奠基人之一,一定不能忽视,这是方老师的功劳。所以我就把题目改成了‘陕甘宁边区法制史的主要奠基人’,这是杨老师提议的。”⑨汪世荣教授说:“关于陕甘宁边区人权法的研究,只有杨老师做了基础的、扎实的、调研的工作,才有可能得以推动。关于‘三三制’政权组织的研究,也只有(杨老师)做着深度的访谈,了解当时革命家、普通群众的感受,才能够做这些研究。还有关于监狱管理制度的研究,所有这些开创性的领域,跟杨老师独特的研究方法、独到的研究视角都有密切的关系,这些都是我们西北政法大学宝贵的财富。”⑩

(三)为现实服务是学术研究的旨归

“法律的生命在于实施,法治的价值在于实践。”⑪法学是一门注重实践性、经验性的学科,脱离了社会实际的法学学术研究如同无源之水,最终将会在世界发展变化的大潮中迷失方向。经历旧中国积贫积弱的社会环境,怀抱建设社会主义新中国的远大理想,杨永华教授等老一辈学者有着强烈的现实关怀,主张学术研究要为现实服务。

杨永华教授第一次和自己的硕士生导师、我国著名法学家张友渔先生见面时,张友渔先生就曾鼓励他要树雄心,立大志,把中国法制史的研究中心从日本转移回我们自己的国家。从此,杨永华教授牢记张友渔老师把中国法制史研究中心移回中国的殷切期望,开始了数十年研究中国法制史的漫漫长途。

在陕西省档案馆摘抄、整理边区档案资料的过程中,杨永华教授无

---

⑨ 根据刘全娥教授2020年9月4日在杨永华教授学术思想研讨会上的发言整理。

⑩ 根据汪世荣教授2020年9月4日在杨永华教授学术思想研讨会上的发言整理。

⑪ 杨宗科:《论法治学的创建及其学科范围》,载《法律科学(西北政法大学学报)》2020年第5期。

意中发现了黄克功案的卷宗,并在浏览卷宗的时候发现了一封毛泽东主席写给时任陕甘宁边区高等法院院长雷经天的亲笔信。杨永华教授生前接受采访时,仍对当时的情景历历在目:“我马上意识到这份案卷的重要性。接下来,我便开始仔细阅读其中的内容,发现这是毛主席在成为党的第一领导人以后,最早提出的关于坚持法律面前人人平等的材料。”⑫时值学界广泛探讨法律面前人人平等原则,杨永华教授和方克勤教授写了《黄克功案》一文,并在《民主与法制》刊发。很快,这篇文章被几十家报纸和刊物转载,《人民日报》也在第一版刊登了《毛泽东给雷经天的信》,在全国产生了广泛的影响。而黄克功案的正本清源,也促成了中央对黄克功家属和刘茜及其家人的平反。

面对改革开放后国家健全民主与法制的现实需求,有感于毛泽东主席与民主人士黄炎培在20世纪40年代关于“历史周期率”的谈话,杨永华教授申报并主持了国家社科基金“九五”重点项目——中国共产党廉政法制史研究。在项目的最终成果《中国共产党廉政法制史研究》一书的序言中杨永华教授指出该研究的目的在于“力图实事求是地总结中国共产党执政前后的廉政法制建设的思想和历程、理论和实践、经验和教训,探索具有中国特色的廉政法制”。经过艰辛的探索与写作,杨永华教授和项目组的段秋关教授、侯欣一教授、肖周录教授、蒙振祥教授一道为中国特色社会主义廉政法制建设贡献了西北方案。

杨永华教授的学术研究当为现实服务的思想,对西北政法大学法制史研究的学术风格产生了潜移默化的影响。汪世荣教授认为:“我们西北政法大学陕甘宁边区法制史的研究,在全国是独树一帜的。我们的研究成果深刻地体现了法制在社会生活当中、在司法实践当中的作用和发挥的功能。所以我们的研究超越了对法学研究的文本的解释,深入到了社会生活、深入到了司法实践。”⑬

---

⑫ 何勤华主编:《中国法学家访谈录》(第2卷),北京大学出版社2010年版,第189页。

⑬ 根据汪世荣教授2020年9月4日在杨永华教授学术思想研讨会上的发言整理。

二、杨永华教授的学术贡献

(一)开创运用司法档案资料的研究方法

传统的中国法律史研究,注重以"纸面上的法"特别是以律典为代表的历代官方法律文献为中心进行考察,对司法档案等能够窥视法律实践与运行的史料则关注不足。即使有少量的司法档案被研究所运用,也是从属于立法文本,主要发挥对文本进行诠释与解读的功能。而司法档案在法律史研究中的独立意义,从西北政法大学刘全娥教授对陕甘宁边区司法档案在边区法制史研究中的重要地位的论述中管中窥豹,可见一斑:"档案是由原始文件和原始资料组成,是未经加工的原始信息,是边区司法实践活动最直接的记录,是研究边区史的第一手原始资料。"⑭

难能可贵的是,杨永华教授很早就注意到了司法档案在法史研究中的重要价值,是当代较早在著作中大量运用司法档案进行法律史研究的学者。1979 年调入西北政法学院后,杨教授着手开展陕甘宁边区法制史的研究,主要利用的史料即是陕甘宁边区司法档案。当时陕西省档案馆保存了大量的边区司法档案,杨永华教授和方克勤教授等前往档案馆,进行了长达 9 年的摘抄、整理档案的工作。由于陕西省档案馆离学校比较远,杨教授常常在中午啃个馒头,下午继续档案的抄录工作。筚路蓝缕,日复一日,前后积累了百万余字的研究资料。在其后的研究过程中,这些丰富的资料被大量运用,成为杨永华教授学术研究中史料运用之主体。以杨永华教授代表性著作之一的《陕甘宁边区法制史稿(诉讼狱政篇)》为例,在该书第二章论述"陕甘宁边区司法机关的组织及其职权"时,杨教授即运用了雷经天撰《陕甘宁边区法院两年来司法工作总结》(1940 年)、朱婴撰《论检察制度》(1941 年)、李木庵撰《陕甘宁边区高等法院工作总结》(1942 年)、雷经天撰《改造司法工作的意见》

⑭ 刘全娥、李娟:《陕甘宁边区高等法院档案及其学术价值》,载《法律科学(西北政法大学学报)》2006 年第 1 期。

（1944年12月18日）、李木庵撰《对二届司法会议工作总结报告的意见》（1945年12月29日）、习仲勋撰《在边区第二届司法会议上的讲话》（1945年12月30日）、马锡五撰《致边区民政厅王厅长信》（1949年）等司法档案。在第五章分析陕甘宁边区的上诉制度时，杨教授则运用了《华池县司法工作报告》（1944～1945年）、陕甘宁边区高等法院《为严格遵行上诉程序》的第二四七号训令（1941年12月17日）、《高等法院函字第355号批答》（1946年7月11日）等资料。这样的例子不胜枚举，形成了杨永华教授因大量运用司法档案而使其著作具有生动鲜活特色的学术风格。

曾长期与杨永华教授在西北政法学院共事的全国政协委员、天津财经大学侯欣一教授在谈到杨永华教授时说道："杨老师在史料的使用上，在国内法律史学界开创了几个第一。第一，他是最早运用司法档案的学者。而这个'最早运用'，还不只是在国内法史学界，甚至在全世界乃至全球。就全世界运用司法档案研究历史，黄宗智是开创者，他于1985年在美国提出。大家想一想，杨老师的第一本书是什么时候出版的？他在那个时候已经在做司法档案的整理研究。而在杨老师之前那些从事法制史研究的学者，基本上是运用公开出版的法规。第二，他是最早利用口述史的学者。这两年学界特别重视口述史的史料，而杨老师是国内第一个自觉或不自觉地利用口述史史料的学者。20世纪80年代初，刚到西北政法学院，他就开始做口述史。到处去走访那些还健在的有关陕甘宁边区的那些人，包括大家都知道的，李维汉的那本回忆录，杨老师深深参与其中，帮他（李维汉）记录整理。那本书现在是我们党史中一本经典性著作，杨老师在书里大量运用了口述史。第三，他是最早注意到影像史的学者。20世纪90年代，在西北政法大学的帮助下，我陪着杨老师把陕甘宁边区所有的区县走了一遍，所有东西全拍了录像，他开始注意到影像史，影像史是近几年学界才开始兴起的方法。我觉得正是这样的运用史料的三个方法，使他有别于同时代的其他学者，使他的书有深度，书写得立体、写得活。大家看所有那些研究共产党、根据地的著作，很多人说实话，对那些书尊重，但是没有情境感，而杨老师的书，我们看了以后觉得不一样，这些大家认真看他的著作就能体会到。”⑮

（二）取得举足轻重影响广泛的研究成果

杨永华教授在数十年从事中国法制史和陕甘宁边区法制史研究的学术生涯中，发表论文 80 余篇和专著 8 部，取得了丰硕的研究成果。其中，杨永华教授独著的《陕甘宁边区法制史稿（宪法、政权组织法篇）》获得全国高等学校人文社会科学优秀成果二等奖，与方克勤教授合著的《陕甘宁边区法制史稿（诉讼狱政篇）》获得陕西省第三次社会科学优秀成果二等奖。杨永华教授的这两部代表性作品，是国内学界对陕甘宁边区法制史进行研究的奠基之作，对于此后陕甘宁边区法制史的研究产生了广泛的影响。以《陕甘宁边区法制史稿（宪法、政权组织法篇）》为例，该部著作在中国引文数据库当中的总被引频次达到 103 次。引用论著中包括吉林大学、厦门大学、中国政法大学等高校的博硕士毕业论文 39 篇。引用该部著作的学者包括原西北政法大学校长、浙江省人民检察院检察长贾宇，原中共上海市委宣传部副部长、华东政法大学教授郝铁川，中国法理学研究会原副会长谢晖，郑州大学法学院教授梁凤荣，黑龙江大学法学院教授孙光妍等知名专家。引用该部著作的论文发表在了《法学研究》《法商研究》《南京社会科学》等核心期刊。杨永华教授的研究成果还引起了日本学界的关注，日本东京专修大学研究中国法制史的宫坂宏教授，就曾在日本的中国法制史学会上报告了杨永华教授的研究成果，并给予了很高的评价，还慕名来访，与杨永华教授进行了学术成果的交流。

陕西省社会科学院副研究员樊为之认为：“《陕甘宁边区法制史稿（宪法、政权组织法篇）》和《陕甘宁边区法制史稿（诉讼狱政篇）》等著作对陕甘宁边区的司法领域建设给予较全面的研究，丰富了我党司法理论和司法史的内容。”⑯西北政法大学刘全娥教授在谈到边区法制史研究成果时认为：“杨永华教授、方克勤教授的著作《陕甘宁边区法制史稿

---

⑮ 根据侯欣一教授 2020 年 9 月 4 日在杨永华教授学术思想研讨会上的发言整理。

⑯ 樊为之：《陕甘宁边区研究著述述评》，总结历史经验，全面建设小康社会——纪念陕甘宁边区政府成立 70 周年学术研讨会会议论文，延安，2007 年 8 月，第 502 页。

(宪法、政权组织法篇)》及《陕甘宁边区法制史稿(诉讼狱政篇)》运用了大量的档案史料,当属这一领域中最重要的成果。"这两部著作"仍是迄今为止的边区法制史研究专著中的奠基作品"。⑰ 河南大学近代中国研究所黄正林教授认为:"杨永华主编的《陕甘宁边区法制史稿》是一部全面反映边区法制建设的重要著作。"⑱可以说,杨永华教授的研究成果是后继学者进行陕甘宁边区法制史研究,无论如何也绕不过去的经典著作。

此外,杨永华教授撰写的《中国法律思想通史》现代卷获得了陕西省第五次哲学社会科学优秀成果一等奖;杨永华教授主编的《中国共产党廉政法制史研究》获得陕西省第八次哲学社会科学优秀成果一等奖,该部著作也是国家社科基金"九五"重点项目的最终成果。杨永华教授还以副主编身份编写了《中国革命法制史》《革命根据地法制史》《中国法制通史(新民主主义政权卷)》等著作,参编了司法部统编教材《中国法制史》、原国家教委高等学校自考统编教材《中国法制史简明教程》、山东省高等政法院校统编教材《中国简明法制史》、中国政法大学与西北政法学院两校通用教材《中国法制史纲要》、本校教材《中国法制史教程》等,参编了《陕西省审判志》《陕西省司法志》等方志著作。⑲

对于杨永华教授所取得的学术成就,西北工业大学肖周录教授有着自己独特而深刻的见解。肖周录教授认为:"(杨永华教授的研究成果)是马克思主义法律思想中国化发展阶段研究的标志性成果,是陕甘宁边区法制建设研究的重大成果,是红色法律文化研究的奠基性成果之一。"⑳

习近平总书记在中国政法大学考察时强调,我们有我们的历史文

⑰ 刘全娥、李娟:《陕甘宁边区高等法院档案及其学术价值》,载《法律科学(西北政法学院学报)》2006年第1期。

⑱ 黄正林:《20世纪80年代以来国内陕甘宁边区史研究综述》,载《抗日战争研究》2008年第1期。

⑲ 参见刘全娥:《陕甘宁边区法律史研究的开拓者和主要奠基人——杨永华教授访谈录》,载《法学教育研究》2013年第2期。

⑳ 根据肖周录教授2020年9月4日在杨永华教授学术思想研讨会上的发言整理。

化，有我们的体制机制，有我们的国情，我们的国家治理有其他国家不可比拟的特殊性和复杂性，也有我们自己长期积累的经验和优势，在法学学科体系建设上要有底气、有自信。要以我为主、兼收并蓄、突出特色，深入研究和解决好为谁教、教什么、教给谁、怎样教的问题，努力以中国智慧、中国实践为世界法治文明建设做出贡献。对世界上的优秀法治文明成果，要积极吸收借鉴，也要加以甄别，有选择地吸收和转化，不能囫囵吞枣、照搬照抄。杨永华教授正是立足于我国新民主主义革命法制建设的实践，以惊人的毅力对陕甘宁边区法制史进行了探索、梳理与总结，成为了陕甘宁边区法制史的开拓者和主要奠基人。

三、杨永华教授的学术地位

（一）中国法律史学会的创始人之一和重要建设者

杨永华教授参与创建了中国法律史学会。1979 年，老一辈研究法律史的专家学者齐聚长春，召开了全国法制史、法律思想史学术讨论会。杨永华教授与方克勤教授代表当时的西北政法学院参加了这次会议，成为了中国法律史学会发展史上的“一大”代表。该次会议上，杨永华教授与方克勤老师、李文彬老师共同提交了参会论文《抗日战争时期陕甘宁边区的选举制度》，与其他代表们一起研讨了“法律史学科的研究对象”和“法律史这门学科的任务”等影响今后学科发展的核心问题，并通过了《中国法律史学会章程》。

杨永华教授推动了中国法律史学会的改革。1995 年 8 月 11 ~ 14 日，中国法律史学会第五届会议暨 1995 年学术年会在南京召开。在这次会议上，杨永华教授和同人对学会的办会制度和领导体制等方面进行了改革，确定了实行执行会长的制度，决定由执行会长负责筹办年会并筹资出版年会文集《法律史论丛》。与此同时，杨永华教授和韩延龙、公丕祥、徐显明、钱大群一道被选举为中国法律史学会执行会长。谈到这次改革对学会的重要意义，中国法律史学会会长张生深有感触：“杨老师在 1995 年的南京会议上,和钱大群老师等人,确立了一个执行会长的制度,学会的挂靠单位——社科院法学所秘书处,有五个执行会长,每人每年举办一次年会,这个制度是中国学术团体里的首创。法律史学会不是一个和实务、和市场紧密结合的学会,所以它的资源是非常有限的。当时设五个执行会长,每个会长最单纯的一个任务就是要办一届年会,这个传统延续下来了,所以这个制度在很大程度上解决了学会的筹资问题。"㉑

杨永华教授深度参与了中国法律史学会的学术任务。在 1979 年的长春会议上,与会的专家学者们听取了李光灿关于编写《中国法律思想史》(多卷本)、张晋藩关于编写《中国法制史》(多卷本)的初步设想,最后确定了两个多卷本的方案。1991 年,张晋藩任总主编的《中国法制通史》(10 卷本)由法律出版社出版,杨永华教授担任第 10 卷《新民主主义政权》的副主编。1998 年,李光灿和张国华任总主编的《中国法律思想通史》(11 卷本)由山西人民出版社出版,杨永华教授担任第 11 卷"现代"一章的主编。这两部皇皇巨著,凝聚了杨永华教授等法律史学者 20 余年的心血,对中国法制史、中国法律思想史进行了一次大规模的系统梳理,推动了中国法律史学科的繁荣,向世界集中展示了中国法律史学研究的实力与水平,被誉为法律史学的世纪之作。

此外,杨永华教授在西北政法大学任教期间还为学会培养了中国法律史学会第八届、第九届执行会长汪世荣教授和现任中国法律史学会会长的张生研究员。另外,现任中国法律史学会执行会长的侯欣一教授亦曾作为杨永华教授的学术助手和同事与其共事长达 17 年。杨永华教授本人也是中国法律史学会第三届、第四届副会长和第五届执行会长。在中国法律史学会 40 年的光辉发展历程中,杨永华教授做出了重大的、不可磨灭的贡献。

(二)西北政法大学法律史学科的主要奠基人

从 1979 年 4 月由西北大学调入西北政法学院法律系任教,到 2002

㉑ 根据张生教授 2020 年 9 月 4 日在杨永华教授学术思想研讨会上的发言整理。

年3月退休，杨永华教授在自己的岗位上坚守了23年。在这23年中，杨永华教授及其同人见证了法律史学科在西北政法大学从无到有、从小到大、从西北一隅到走向全国的发展历程。在这光辉的征程中，杨永华教授发挥了主要的奠基性作用，堪称西北政法大学法律史学科的主要奠基人。

杨永华教授刚到西北政法学院时，学校并没有独立的法制史教研室，法制史教研室与法理学教研室合并在一起。并且，讲授法制史的专职教师仅有杨永华与方克勤两位老师，法律史学科的基础不可谓不薄弱。经过杨永华教授的努力，学校成立了独立的法制史教研室，并且"明确了学科梯队多元化，研究方向特色化的发展目标"。[22]

传承学统、奖掖后学是杨永华教授始终秉承的学科建设基本宗旨。法制史教研室成立后，吸引了一批优秀青年学者加入，如教研室的陈涛老师、侯欣一老师、张飞舟老师、蒙振祥老师、汪世荣老师、闫晓君老师等。杨永华教授勤勤恳恳、不遗余力地对青年学者予以帮扶、提携、培养，为西北政法大学法律史学科培育了人才，厚植了根基。汪世荣教授回忆："杨老师做得最好的，也是最值得今天我们学习的，就是提携后学。杨老师退休以后，始终关心我们青年教师的成长。我和刘全娥老师、李娟老师，在2005年申请到了国家社科基金项目《陕甘宁边区高等法院研究》，杨老师在整个研究过程当中，给我们进行了精心的指导。2008年项目结项的时候，杨老师、段老师、肖老师，都给我们提出了非常宝贵的修改意见和建议，我们这本书在2010年入选了'国家社科基金优秀成果文库'，这是第一批国家社科基金优秀成果。"[23]2017年，在80高龄的杨永华教授的直接指导、帮助下，西北工业大学韩伟副教授、西北政法大学马成教授撰写的《陕甘宁边区法制史稿（民法篇）》业已付梓。在杨永华教授所开创的这片学术领域，一代又一代学者推陈出新，结出了累累硕果。

---

[22] 刘全娥：《陕甘宁边区法律史研究的开拓者和主要奠基人——杨永华教授访谈录》，载《法学教育研究》2013年第2期。

[23] 根据汪世荣教授2020年9月4日在杨永华教授学术思想研讨会上的发言整理。

杨永华教授目光如炬,非常重视对学科布局的建设,为中国法制史"西北学派"的开创做出了杰出贡献。众所周知,法律史虽然在学科划分上属于法学,但法律史更是法学与史学的交叉学科。要想深入进行法律史研究,特别是中国古代法律史的研究,对学者的史学功底具有很高的要求。而在当时的法制史教研室,老师们基本都是法学出身。鉴于此,杨永华教授特意亲自到西北大学,表示要从西北大学引入一位历史文献学专业的学者。1995年的这次西北大学之行,杨永华教授成功引入了而立之年、风华正茂的闫晓君教授。闫晓君教授回忆:"我现在还能感受到杨老师对我们年轻人的关爱,尤其是他平易近人的作风。我记得我们以前的操场还是土操场,每天早晨在操场散步的时候碰见杨老师,他都挽着我的胳膊一起走。"㉔如今,闫晓君教授作为西北政法大学法律史学科的带头人,在秦汉法律史、陕派律学等研究领域取得了具有全国影响的优秀成果。

杨永华教授春风化雨,非常重视对优秀学生的培养。西北政法大学是国内较早获得法学一级学科硕士点的院校,在杨永华教授担任西北政法大学法律史学科的硕士研究生导师组副组长、组长期间,招收了硕士生21届,共计104人。在研究生的培养上,杨永华教授倾注了大量的心血。说起导师杨永华教授,当年的学生均深有感触。西北政法大学1988级研究生汪世荣回忆:"在研究生学习期间,我们西北政法大学研究生的学习,不仅仅重视科研的训练,还重视教学的培养,杨老师带着我们到课堂上给本科生授课,培养我们对教学的热情,我觉得这对我们的影响是终生的。"㉕西北政法大学1994级研究生张生回忆杨永华教授时说:"在治学方面,杨老师给我们说的更为深刻。刚开始我们入门的时候,我问杨老师是不是我也要做边区法制史,杨老师说边区法制史要做的功夫太多,它出成果也非常慢。你们在念硕士阶段,就不一定非要设计这样一个大的题目,如果在这样的一个题目的基础上去做,那你首先要看几年的材料,所以说单纯地从一个三年的学业上来讲,你可以先切

㉔ 根据闫晓君教授2020年9月4日在杨永华教授学术思想研讨会上的发言整理。

㉕ 根据汪世荣教授2020年9月4日在杨永华教授学术思想研讨会上的发言整理。

一个小的切口,从这个小切口去做一个有限的题目。后来我就选择了孙中山的人权思想,这是先生的一个方法论和价值取向上的一个指导。在完成这篇论文准备答辩、手写稿即将复印的时候,杨老师还提了一些问题,并且说这些问题你要带着去继续思考,这些问题是给你下一个阶段的,这些问题未必是现在可以解决的。我也是带着这些问题毕业的,然后继续读了博士,然后在博士期间,在评职称的过程中,实际上我一直在做近代的主体这样一个研究领域。"㉖

学为人师,行为世范。除了耳提面命,杨永华教授更是以身作则,为学生树立了堂堂正正做人的榜样。当年招考研究生时,曾有一名学生拜访杨永华教授,临走时塞下了几千元钱。杨永华教授连夜打电话给弟子刘远征,让他联系那名学生把钱带走。杨永华教授对此表示:"一个是我们做老师的,不能这个样子,也不公平。再一个这孩子是农村的,家庭情况也不好,更不能这样做。"㉗西北政法大学 1997 级研究生刘远征回忆导师杨永华教授时几度哽咽:"杨老师的这种高尚的道德品格,给我很深的印象。很可惜在学校三年,虽然我跟杨老师有很多谈话的机会,但是我发现自己对老师的了解,其实不太多。因为总是想着以后有很多的时间可以和老师见面,可以继续交谈,但是很多事情错过了可能就再也没有了。杨老师的光辉形象会永远激励我努力治学,做杨老师那样的好老师。"㉘桃李不言,下自成蹊,此诚杨永华教授之谓也。

"进入新时代,建设新法学,是法学研究和法学教育适应中国特色社会主义进入新时代的新的历史方位、社会主要矛盾发生深刻变化的历史要求,实现法学发展回应时代发展要求的必然选择。"㉙2020 年 11 月,中央全面依法治国工作会议召开,我们党正式提出"习近平法治思想"。"习近平法治思想"是一个内涵丰富、论述深刻、逻辑严密、体系完备、博大精深的法治思想理论体系。其核心要义中强调"坚持建设德才兼备的

㉖ 根据张生教授 2020 年 9 月 4 日在杨永华教授学术思想研讨会上的发言整理。
㉗ 根据刘远征副教授 2020 年 9 月 4 日在杨永华教授学术思想研讨会上的发言整理。
㉘ 根据刘远征副教授 2020 年 9 月 4 日在杨永华教授学术思想研讨会上的发言整理。
㉙ 杨宗科:《论"新法学"的建设理路》,载《法学》2020 年第 7 期。

高素质法治工作队伍,是全面推进依法治国的组织保障”。传承以杨永华教授为代表的老一辈学者的学术精神、学术品格、学术智慧,发扬具有西北政法大学特色的学术风格、办学方式、育人理念,坚持立德树人,德法兼修,为全面依法治国培养造就高素质法治人才,是时代赋予我们的义不容辞的责任。

Respecting as a High Mountain: Memoir of Professor Yang Yonghua's Academic Career

Chen Xi　Fan Qiang

Abstract: Professor Yang Yonghua is an outstanding senior jurist in China, a well-known expert in Chinese legal history and legal educator. He was also a pioneer and major founder in the field of legal history research in the Shanxi-Gansu-Ningxia Border Region. In his academic research, Professor Yang explored the research methods by using judicial archives and obtained a series of important and influential research achievements in the study of legal history of Shanxi-Gansu-Ningxia Border Region. Professor Yang Yonghua is one of the founders and important builders of the Chinese Legal History Society, and the primary founder of the legal history discipline of Northwest University of Political Science and Law. He has made outstanding contributions to the creation of the "Northwest School" of Chinese legal history.

Key Words: Yang Yonghua, legal research, legal education, Shanxi-Gansu-Ningxia Border Region, legal history

书　　评

一部生动的法科留学教育史

——评王伟《中国近代留洋法学博士考》

谢行焱*

摘　要：《中国近代留洋法学博士考》收录了我国1905～1950年在美国、欧洲和日本共11个国家的397名获得法学博士学位的留学生。作品综合运用法学和史学方法，勾勒出中国近代留洋法学博士的群体形象，史料翔实，考证严谨，坚持以史带论、论从史出，臧否人物客观公正，以丰富的图表生动形象地再现史实。

关键词：法律史　留学史　留洋法学博士　法科留学教育

20世纪90年代以来，国内学界掀起研究近代留学史的热潮，出版了相关著作。但是，这些著作大都是研究总体留学史，如李滔主编《中华留学教育史录(1840—1949)》(高等教育出版社2005年版)；或研究国别留学史，如钱钢、胡劲草的《留美幼童——中国最早的官派留学生》(文汇出版社2004年版)、沈殿成主编《中国人留学日本百年史》(1896～1996)》

* 谢行焱，华东政法大学法律学院2019级法律史专业博士研究生，江西财经大学法学院讲师。研究方向：中国法律史。

(辽宁教育出版社 1997 年版)。研究某个学科专业留学教育史的比较少见,而专门研究法科留学教育史的著作,王伟教授的《中国近代留洋法学博士考》①(以下简称《博士考》)可能是第一部。

一、"法""史"融合:勾勒近代法科留学生群像

好的法律史研究,应是研究成果既能为历史学界所认可,也能为法学界的研究提供资源性的参考。"如果法律史学者能够在史料发掘、史实考证方面下足功夫,清楚展现相关法律概念、理论、制度的历史脉络,辨析源流,则可为法理学者和部门法学者提供良好的智识资源。"②写好一部法科留学教育史,其重点在"史",难点在"法"——要符合历史学研究的一般方法原则,即以丰富的史料为基础,进行全面、理性的分析和深入细致的考证,勾勒出一段历史的大体轮廓,描绘历史人物个体或群体的生动形象,全面客观评价有关人物的是非功过;同时,要突出法学特色,有关国家法学教育制度及其特点要贯穿始终,并要突出其法学教育制度的历史性。《博士考》就是这样一部法科留学教育史。

《博士考》收录了 1905~1950 年我国在美国、英国、法国、比利时、德国、瑞士、意大利、奥地利、荷兰、加拿大和日本 11 个国家的 397 名获得法学博士学位的留学生。在论述留学每一个国家的法学博士时,基本上都是先介绍该国法学学位制度的历史演变,接着以简述生平的方式列出相关法学博士的名录,再从年代分布、籍贯分布、留学高校分布、在华高校分布、博士论文有无及题目几个方面,对中国近代留学该国的法学博士作出统计分析,最后是这一章的小结。在论述时,如果有一些特殊问题,则单列一节或者一章进行论述。比如在第一章论述近代中国留美法学博士时,在介绍美国法学学位制度演变之后,就专门用一节论述了中

① 王伟:《中国近代留洋法学博士考》(第 2 版),上海人民出版社 2019 年版。

② 胡永恒:《法律史研究的方向——法学化还是史学化》,载《历史研究》2013 年第 1 期。

国近代留美法学博士的身份问题,对包括“混淆专业”“混淆学校”“混淆年代”“虚构法学博士头衔”几个关于身份方面的问题一一辨析。在讨论留英法学博士时,也专门利用一节厘清后人对伍廷芳、刁作谦、周鲠生三人的错误认识。在讨论留法法学博士时,因“法国学位体系将政治学、法学、经济学统统置于法学这一学科门类之下,这三种专业的博士均被冠以法学博士的头衔”,③所以不能因其获得的是法学学位就认为其学的是法学专业,需要通过博士论文加以区分,因而作者专门利用一节来介绍法国法学博士与政治学博士、经济学博士的融合。美国的法科哲学博士也具有一定的特殊性,其授予的是哲学博士学位,但学的却是法学,“近代留洋法科哲学博士也可以称为公法科哲学博士”,④作者以第二章“中国近代留美法科哲学博士”专章加以讨论,以此区别于第一章的“中国近代留美法学博士”。

在分别对近代留学各国法学博士进行考证之后,作者对近代留洋法学博士作了总体上的统计分析,考察了近代留洋法学博士留学国别、留学年代、籍贯、留学高校、在华高校几个方面的分布情况,并对近代留洋法学博士的性别、留学费用来源作了统计,梳理了近代留洋法学博士亲属师生关系录。作者把近代留洋法学博士的结局分为留在我国大陆、去往我国台湾地区和定居欧美等地的近代留洋法学博士三个类别进行考察,分别制作了包括姓名、博士学位年代、学校及简况(或去台后情况简介、定居国家/地区)的详细表格。作者认为,“近代留洋法学博士对于中国法律和社会的贡献并不仅仅局限于近代时期,其影响一直深入到21世纪”。但是,“由于种种原因,近代留洋法学博士并没有最大程度地发挥他们的作用”。⑤ 1949年以后,“留洋法学博士被视为旧法人物”,受到排挤、打压。他们通常无法站上讲台讲授法学知识,而是被迫改行

③ 王伟:《中国近代留洋法学博士考》(第2版),上海人民出版社2019年版,第213页。

④ 王伟:《中国近代留洋法学博士考》(第2版),上海人民出版社2019年版,第137页。

⑤ 王伟:《中国近代留洋法学博士考》(第2版),上海人民出版社2019年版,第422页。

或者失业、赋闲在家,遭受不公正的对待。在特殊时期,留洋法学博士大都不敢写文章、出著作,宁可做些翻译也不轻言写作。⑥ 不过,一些历经磨难的留洋法学博士在改革开放后重新走上工作岗位,活跃于教学、科研一线,以突出贡献"为近代留洋法学博士这一群体画上了一个具有代表性的句号"。⑦

二、论从史出:结合时代背景的人物臧否

《博士考》坚持以史为据、以史带论、论从史出,而非以论代史。历史上,针对中国近代留洋法学博士的批评,既有合情合理之处,有的评论也有失偏颇或不符实际。作者以史料为依据,通过对尽可能多的各方面史料的爬梳、分析、考证,并结合当时的时代特点、历史人物所处大环境状况,对中国近代留洋法学博士群体或其中的个体进行臧否、褒贬。对于以往的批评,作者认同其中的合情合理之处,对不切实际之处则予以反驳。

对于留洋法学博士的博士论文造假与质量低劣的批评,作者认为确有其事,并以胡适、留比法学博士凌其翰与郑毓秀私人秘书李鹤林熟识的李季伟等人的日记、回忆录中的有关内容,证明获巴黎大学法学博士学位的郑毓秀博士论文是由王宠惠用英文代写,再由谢东发博士译成法文。当然,作者指出,"博士论文造假之留学生不独法学专业",而且,以造假博士论文获取的博士学位证书本身是真实的。⑧ 另外,对于针对留洋法学博士不学无术、不合国情,外国大学对中国留学生的特殊照顾、速成博士、只求博士学位不求博士学问、拉帮结派等批评,作者也一一作了

⑥ 参见王伟:《中国近代留洋法学博士考》(第2版),上海人民出版社2019年版,第429页。

⑦ 王伟:《中国近代留洋法学博士考》(第2版),上海人民出版社2019年版,第432页。

⑧ 参见王伟:《中国近代留洋法学博士考》(第2版),上海人民出版社2019年版,第436~437页。

评析，认为确实有留洋法学博士不学无术，也确实有外国大学对中国留学生予以特殊照顾。但是，作者以多个留洋法学博士的个案证明，“批评留洋法学博士‘找不着实际问题’、引进的法令‘不适合国情’”，却是有失公允的。[⑨] 而某些法学博士留学期限比较短，一两年甚至几个月就可以拿到博士学位，其原因在于外国高校对留洋学生在中国学习成绩的认可，在于美国法学教育制度，“先有速成博士制度，后有速成博士，制度在先，博士在后”。[⑩] 近代留洋学生对于学位有四种态度：“不求不得；不求而得；求之而得；求之不得。”[⑪]作者认为，关于中国近代留学生拉帮结派的说法“从来没有经过充分论证”，[⑫]中国近代留洋法学博士群体并没有形成明显的帮派。

《博士考》从立法贡献、司法贡献、外交成就、法学和教育成就、爱国心与爱国举动几个方面，考察了近代留洋法学博士的历史贡献。作者认为，“近代中国留洋法学博士在整体上是爱国的”。[⑬] 在结论中，作者指出，近代留洋法学博士教育并不是西方列强对中国进行文化侵略的手段，没有培养出一批洋奴。相反，“近代留洋法学博士的留学史本身也可以构成近代法律教育史的一个组成部分”。“中国近代留洋法学博士是各国法律教育制度的结晶”，因而研究中国近代留洋法学博士的教育背景，“对于中国当代法学学位制度的改革与完善具有一定的参考作用”。同时，留洋法学教育也是中国与西方法律文化交流的一种方式。留洋法学博士把西方的法律文化带到中国，是“西法东渐”；他们也把中国的法

---

⑨ 王伟：《中国近代留洋法学博士考》（第2版），上海人民出版社2019年版，第441页。

⑩ 王伟：《为速成博士辩护——兼论美国法学院博士学位制度的衍生与变化》，载《法学教育研究》2018年第1期。

⑪ 王伟：《中国近代留洋法学博士考》（第2版），上海人民出版社2019年版，第457页。

⑫ 王伟：《中国近代留洋法学博士考》（第2版），上海人民出版社2019年版，第464页。

⑬ 王伟：《中国近代留洋法学博士考》（第2版），上海人民出版社2019年版，第495页。

律文化介绍给西方,则是“东法西渐”。⑭

三、史家功夫:翔实的史料与严谨的考证

写一部好的法律史著作,掌握丰富、翔实的史料是前提和基础,开展严谨细致的考证是难点和关键。正如黄宗智所说,法律史研究要“突出中国过去的法律……的实际运作”,“要用多元的现实感和历史感来取代简单的意识形态化的理论分割”。⑮《博士考》作者指出,写作该书“难就难在‘中西结合’上”。⑯ 留洋法学博士一般都有国内外双重教育背景,在出国学习之前,他们往往在国内获得了学士或硕士学位。而且,有些留洋法学博士在国内或国外还读过两个以上的学校,甚至在两个不同的国家留过学。因此,他们的档案资料就可能散存于多个国家。

就留学前国内毕业学校来看,有的留洋法学博士曾在国内多个学校就读。例如,马景行先后毕业于沪江大学和东吴大学,再赴美国西北大学学习;查良鉴在赴密歇根大学学习之前,先后毕业于南开大学和东吴大学。从国外留学学校来看,有的留洋法学博士先后毕业于相同国家的不同学校,或先后留学于不同国家。例如,王毓英先后获美国西北大学法学学士学位、芝加哥大学法律博士学位(J. D.);梅汝璈先后获斯坦福大学文学士学位(B. A.,经济学专业)、芝加哥大学法律博士学位(J. D.);吴昆吾先后留学于法国巴黎大学和瑞士日内瓦大学,分别获法学士学位和法学博士学位;朱文黼也是先后在法国获法学士学位、在瑞士日内瓦大学获法学博士学位;曾勉在国内先后毕业于震旦大学法学院和辅仁大学,在国外先后获瑞士弗莱堡大学法学博士学位、美国天主教大学社会学博士学位。对于这类留洋法学博士,要查清楚他们在国内学习

⑭ 王伟:《中国近代留洋法学博士考》(第 2 版),上海人民出版社 2019 年版,第 501 页。

⑮ [美]黄宗智:《〈中国法律——历史与现实丛书〉总序》,载黄宗智、尤陈俊主编:《从诉讼档案出发——中国的法律、社会与文化》,法律出版社 2009 年版,第 1 页。

⑯ 王伟:《中国近代留洋法学博士考》(第 2 版),上海人民出版社 2019 年版,第 1 页。

的情况，则需分别查阅他们在国内或国外多个学校，甚至是在不同国家学习的档案。为此，作者在利用自己在国外留学的机会搜集相关资料的同时，还委托在相关国家学习的朋友、学生帮忙搜集材料，并且遍访国内各相关高校、档案馆、图书馆，还采访了诸多留洋法学博士的后人。

在广泛搜集材料的基础上，作者仔细梳理这些资料，进行认真、细致的辨析、考证，判断其真伪与得失，解决了很多前人研究成果中因资料不足、考证不细而产生的疑点乃至谬误，弥补了档案资料记载的欠缺。如混淆专业问题，有人认为著名法学家钱端升是哈佛大学“法学博士”，但作者根据哈佛大学图书馆所藏钱端升博士论文，认为钱端升获得的应是政治学博士学位，并且以“哈佛大学官方出版的博士名录清清楚楚地将钱端升归入政治学博士一类”相佐证。⑰ 又如混淆学校问题，厘清了美国国家大学、华盛顿大学、乔治·华盛顿大学的关系，提出“华盛顿大学的陷阱”这个问题，经考证发现丘汉平并不是如国内很多较为权威的资料及著作所记载的“华盛顿大学”法学博士，实际上丘汉平获得的是美国国家大学(1954 年并入乔治·华盛顿大学)法学博士学位。而且，乔治·华盛顿大学和华盛顿大学并非同一所学校。⑱ 此外，还有混淆年代、虚构博士头衔等问题。这些问题的发现与解决，都得益于作者扎实的史料功夫、考据功底。再如，经过细致考证，《博士考》否定了王宠惠是中国第一位留洋博士，也是第一位留洋法学博士的一般认识。“几乎所有的记载都显示，王宠惠是中国第一位留洋博士，也是中国第一位留洋法学博士”，但作者查阅耶鲁大学有关档案资料发现“王宠惠取得耶鲁大学法学博士学位(D. C. L.)的时间是 1905 年 6 月 28 日，严锦镕取得哥伦比亚大学哲学博士(Ph. D)的时间是 1905 年 6 月 14 日”，“严锦镕的博士学位授予时间比王宠惠早 14 天。”严锦镕获得的是哲学博士学位，所学专业是宪法学专业。因而得出结论：“王宠惠既非中国第一位留洋博士，也非中国第一位留洋法学博士。中国第一位取得留洋法学博士

---

⑰ 王伟：《中国近代留洋法学博士考》(第 2 版)，上海人民出版社 2019 年版，第 27 页。

⑱ 参见王伟：《中国近代留洋法学博士考》(第 2 版)，上海人民出版社 2019 年版，第 28～30 页。

学位的是严锦镕。”参阅伍连德后人引用的剑桥大学官方档案文件,作者还发现,作为马来西亚(时为受殖民统治地区)籍的华裔伍连德取得剑桥大学医学博士学位的时间是 1905 年 5 月 25 日,比严锦镕和王宠惠都早一些。这个发现纠正了伍连德发表在民国时期杂志《良友》上的自述“1902 年 4 月,在剑桥得医学博士学位”的说法。[19]

四、图表“解”史:生动直观地再现史实

如何让学术著作更为生动、直观?对于法律史著作来说,一方面,档案文献资料展示出历史法律实践的生动而复杂的面相,“中国法律的面貌,也因此逐渐向原本多向度的历史实践复原”;[20]另一方面,《博士考》合理运用一些图片,弥补了文字叙述的平淡和乏味。此外,表格是处理数据的绝佳工具,能让复杂的数据一目了然。精心挑选的图片、大量的表格和详细的索引,也是《博士考》的一大特点。

全书一共收入 80 幅图片,其中正文插图 61 幅,扉页和目录之间有 19 幅插图。这些插图,有部分留洋法学博士的学位证书或毕业文凭,有留洋法学博士个人生活照、证件照或毕业照、同学合影,有他们在国内学习或国外留学期间的成绩单,有博士论文、手迹、留学期间或在国内工作期间、“文化大革命”时期的签名。此外,还有些比较独特的照片,比如卢峻的复旦大学法学院聘书、曾勉 1940 年中正大学聘书、巴黎大学法学院门楣、饶蓉华亲笔填写的“湖北省自费留学生调查表”、路式导在鲁文大学的学籍卡、李士彤学历及履历栏、瑞士弗莱堡大学法学博士曾勉 1947 年的国民身份证、国民政府教育部颁发给自费生饶汉礽的留学证书、南锡大学法学博士吕渭亲笔撰写的奖学金申请书、庞德与杨兆龙的

[19] 王伟:《中国近代留洋法学博士考》(第 2 版),上海人民出版社 2019 年版,第 141 ~ 143 页。

[20] 尤陈俊:《“新法律史”如何可能——美国的中国法律史研究新动向及其启示》,载《开放时代》2008 年第 6 期。

师生合影、杨兆龙的平反判决书等。其中有些照片是在国内首次公开发表，可以说是比较珍贵的。

《博士考》全书正文中有73个表格，正文后有一个索引。表格包括留学相关国家法学博士的学位类别、年代分布、籍贯分布、留学高校分布、在华高校分布、博士论文一览，以及近代女性留洋法学博士一览，近代留洋法学博士自费生一览，近代留洋法学博士父子关系、兄弟关系、夫妻关系、师生关系一览，1949年后留在我国大陆的留洋法学博士一览，去往我国台湾地区的留洋法学博士一览，定居欧美等国的留洋法学博士一览，担任各级法院、检察院重要职务的留洋法学博士一览，1932年司法行政部的留洋法学博士，在国际司法机构任职的近代留洋法学博士一览，民国政府历任外交部长学历表（1912～1949年），近代具有留洋法学博士学位的外交官一览，担任大学校长、法学院系主任的近代留洋法学博士一览等。表格短则三五行（如表3.7　近代留英法学博士之民商法学博士论文一览，就3行内容），长则超过100行（如表9.1　1949年后留在我国大陆的留洋法学博士一览，包括表头在内101行）。表格设计合理，留洋法学博士的有关信息一目了然。

全书最后是长达14页的索引。索引内容是书中的专有名词，主要包括正文所提及的人名、校名及其他专有名词，如巴黎大学、朝阳大学、王宠惠、庚款、辛亥革命等。索引按音序排列，每个专有名词后面列出该词在书中出现的所有页码，查找极为方便。另外，本书还在附录中列了中国近代留洋法学博士毕业年表、中国近代留洋法学博士中西名对照表、外国大学中外文名称对照表。附录中的这三个表，增强了本书的系统性，对于全面了解中国近代留洋法学博士的情况，对中国近代留洋法学博士作出比较分析，辨析相关资料中有关人名、校名的正误，具有重要的参考价值。

五、结语

陈新宇在《寻找法律史上的失踪者》一书中说："通过发掘前辈的法

律故事,能使近代法治的潜德幽光不至泯灭于历史长河,这是法史学人的职责本分。"[21]长期以来,国内对近代留洋法学博士群体乃至整个留洋博士群体的研究都是较为欠缺的、片面的。正如作者所言,研究中国近代留洋法学博士,拨开笼罩在他们头上的那团迷雾,"不是为了摘下那些光环,也不是为了将他们重新请上神坛,而是要弄清楚那些光环背后的真实身份,而是为了还原这段历史的本来面目"。[22]

当然,不仅中国近代留洋法学博士值得研究,留洋哲学博士、经济学博士、政治学博士、理学博士、工学博士乃至医学博士等,都值得研究。考察他们在国外攻读博士学位期间的学习情况,探究各国相关教育制度,其意义不言而喻。

A Vivid History of Overseas Legal Education

—A Review on Wang Wei's Research on the Doctors of Law in Modern China Studying Abroad

Xie Xingyan

Abstract: The Research on the Doctors of Law in Modern China Studying Abroad included 397 foreign students who obtained doctoral degrees in law from 11 countries in the United States, Europe and Japan from 1905 to 1950. This literature comprehensively uses legal and historical methods to outline the group image of modern Chinese scholars studying abroad. The historical materials are detailed and rigorous. The research insists on the writing method of history and comment embedding the comments in the

㉑ 陈新宇:《增订版序:寻找法律史上失踪者的意义》,载陈新宇:《寻找法律史上的失踪者》(增订版),商务印书馆 2019 年版,第 2 页。

㉒ 王伟:《中国近代留洋法学博士考》(第 2 版),上海人民出版社 2019 年版,第 600 页。

description of history. The recorded characters are objective and fair, and the historical facts are vividly reproduced with rich pictures.

Key Words: legal history, history of studying abroad, doctors of law studying abroad, legal education abroad

《法学教育研究》稿约

《法学教育研究》创办于2009年，是国内较早系统关注法学教育研究的专门性学术出版物，由西北政法大学高等教育研究所主办、法律出版社定期出版。2017年起本书每年出版4卷，现已入选南京大学CSSCI来源集刊。

宗旨：本书恪守科学性、实践性、创新性、开放性原则，集中出版法学教育教学研究成果，探索法学教育教学规律，促进法学教育事业的发展。

主要栏目有理论探讨、教学研究、比较研究、教材体系、管理经纬、学问人生、教育法制、法务反哺、法学资讯、书评等。

《法学教育研究》致力于搭建高水平的学术探讨平台，所有来稿均以学术价值为遴选标准。敬请作者来稿时提供：(1)中英文题目及作者姓名，标题尽量确切、简洁；(2)中英文摘要(不超过200字)；(3)中英文关键词(3～5个)；(4)作者简介(含姓名、工作单位、职称、学历学位、研究方向、通信地址、邮政编码、联系电话、电子邮箱)，如果来稿系作者承担的省级以上科研基金项目，请注明项目名称和编号；(5)正文；(6)注释。

注释：是对文内某一特定内容的进一步解释或补充说明。用①②③……数字标注序号，采用当页脚注整篇连续编号形式。著作类包括“序号,著者:《书名》,出版社出版年,起止页码”。论文类包括“序号,作者:《题目》,载《报刊名》出版日期或期号”。

声明:《法学教育研究》已许可中国学术期刊(光盘版)电子杂志社在中国知网及其系列数据库产品中以数字化方式复制、汇编、发行、信息网络传播全文。《法学教育研究》已许可北大法宝法学期刊数据库以电子形式对本书进行制作、以不脱离于数据库的形式进行传播和销售;《法学教育研究》被北京万方数据股份有限公司、万方数据电子出版社数据库收录,相关著作权使用费和稿费一并支付;《法学教育研究》已被维普网全文收录。如无特别说明,作者提交文章发表的行为即视为同意上述声明。

本书的微信公众号为 fxjyyj-xfd,定期发布相关信息,敬请关注,官方网站为 http://ler. nwupl. cn/。本书的网络采编系统现已开通,网址为 http://fxjy. cbpt. cnki. net,请通过网络采编系统投稿。

联系方式:

E-mail: fxjyyj@126. com

电话:029-88182796

地址:西安市长安区西长安街 558 号

西北政法大学长安校区 80 号信箱

邮编:710122

图书在版编目(CIP)数据

法学教育研究. 第34卷 / 杨宗科主编. -- 北京 : 法律出版社, 2021

ISBN 978-7-5197-6059-5

Ⅰ. ①法… Ⅱ. ①杨… Ⅲ. ①法学教育-研究-中国 Ⅳ. ①D92-4

中国版本图书馆CIP数据核字(2021)第209707号

法学教育研究(第34卷)
FAXUE JIAOYU YANJIU (DI-34 JUAN)

杨宗科 主编

责任编辑 孙东育 曲 杰
装帧设计 李 瞻

出版发行 法律出版社
编辑统筹 学术·对外出版分社
责任校对 杨锦华 王沁陶
责任印制 陶 松
经　　销 新华书店

开本 710毫米×1000毫米 1/16
印张 19　**字数** 258千
版本 2021年10月第1版
印次 2021年10月第1次印刷
印刷 北京建宏印刷有限公司

地址:北京市丰台区莲花池西里7号(100073)
网址:www.lawpress.com.cn
投稿邮箱:info@lawpress.com.cn
举报盗版邮箱:jbwq@lawpress.com.cn

销售电话:010-83938349
客服电话:010-83938350
咨询电话:010-63939796

书号:ISBN 978-7-5197-6059-5
定价:88.00元
凡购买本社图书,如有印装错误,我社负责退换。电话:010-83938349